商务印书馆文库
THE COMMERCIAL PRESS LIBRARY

江村经济

——中国农民的生活

费孝通 著

商務印書館
创于1897 The Commercial Press

图书在版编目(CIP)数据

江村经济:中国农民的生活/费孝通著.—北京:商务印书馆,2001(2020.8重印)
(商务印书馆文库)
ISBN 978-7-100-02795-3

Ⅰ.①江… Ⅱ.①费… Ⅲ.①农村—社会调查—江苏—吴江县 Ⅳ.①D668

中国版本图书馆CIP数据核字(98)第38726号

本书于1986年由江苏人民出版社翻译出版。现据此版本重新排印出版。

商务印书馆文库
江 村 经 济
——中国农民的生活
费孝通 著

商 务 印 书 馆 出 版
(北京王府井大街36号 邮政编码100710)
商 务 印 书 馆 发 行
北京通州皇家印刷厂印刷
ISBN 978-7-100-02795-3

2001年3月第1版 开本880×1230 1/32
2020年8月北京第16次印刷 印张11 插页4
定价:42.00元

1985年10月费孝通在江村调查

作者和农村姑娘

木桥

沿河的房屋

炉灶和灶王爷的神龛

新近过世的祖宗
牌位神龛

地上葬

运输航船

穿夏装的农村妇女

典型的房屋正面图

羊　圈

木匠的房屋

鱼鹰

捕虾篓

茂盛的稻田

集体排水

与河上售货者在进行交易

村庄店铺

驶往城镇的航船

合作丝厂

《商务印书馆文库》编纂大意

本馆自 1897 年始创，随着意译介西学，编纂课本，以昌明教育、开启民智为务。

迨五四新文化运动起，学界亟需高等书籍，本馆张元济、高梦旦诸先生乃与蔡元培、梁启超等学界前辈擘画宏图，组编诸科新著，以应时需。是为本馆出版学术著作之始。

尔后数十年，幸赖海内外学人伐山开辟，林林总总，斐然可观。若文学，若语学，若史学，若哲学，若政治学，若经济学，若心理学，若社会学以及其他诸科学门类，多有我国现代学术史上开山之著、扛鼎之作。学术著作的出版使本馆进一步服务于中国现代教育事业的培植和民族新文化的构筑，而分享中国学界的历史光荣。

五十年代以后，本馆出书虽以移译世界名著、编纂中外辞书为先，而学术著作的出版亦未曾终止。近年来已先后有多种问世，今后拟更扩大规模，广征佳作，以求有为于未来中国文化的建树。

转瞬百年。同人等因念本馆素有辑印各种丛书的传统，乃议无论旧著新书，凡足以反映某一时期学术思潮、某一流派学术观点、某一学科新的建树、某一问题新的方法以及其他足资长期参阅的作品,均拟陆续选汇为《商务印书馆文库》而存录之,俾有益于文化积累而取便学林。顾兹事体大,难免力不从心,深望各界学者、学界通人共襄助之。

商务印书馆编辑部

1997年10月

总 目 录

著者前言…………………………………………………………………… 1

江村经济——中国农民的生活………………………………………… 5

重访江村…………………………………………………………………253

三访江村…………………………………………………………………285

附录 重读《江村经济·序言》 …………………………………………305

著者前言

本书是 1939 年英国 Routledge 书局出版我所写 Peasant Life in China 一书的中译本，原书扉页有《江村经济》中文书名，今译本即沿用此名。这书的翻译工作原应由我自己动笔，但在该书有条件翻译时，我一直忙于其他事务，无暇及此。今由戴可景同志译出，无任感激。应译者要求，我在书前说一说这书写作和翻译的经过。

这本书的写成可说是并非出于著者有意栽培的结果，而是由于一连串的客观的偶然因素促成的。话要从 1935 年我从清华大学研究院毕业时说起。我毕业后由该校社会学及人类学系推荐，取得该校公费留学资格。按惯例应于该年暑假出国，但出于指导我研究工作的导师史禄国教授的主张，在出国前应到少数民族地区实地调查一年，因偕妻子王同惠赴广西大瑶山。该年冬，在瑶山里迷路失事，妻亡我伤。经医治后，我于翌年暑期返乡休息，准备出国。在此期间，我接受家姊费达生的建议，去吴江县庙港乡开弦弓村参观访问，她在该村帮助农民建立的生丝精制运销合作社。我被这个合作社所吸引，在该村进行了一个多月的调查。在出国前夕才离开该村。这次调查并不是有计划的，是出于受到了当时社会新事物的启迪而产生的自发行动。

我去英国，乘坐一艘意大利的邮轮“白公爵”，从上海到威尼斯航程要两个多星期。我在船上无事，趁我记忆犹新，把开弦弓调查的资料整理成篇，并为该村提了个学名叫“江村”。到了英国，进入伦敦经济学院人类学系。最初见到该系弗思（Reader, Raymond Firth）博士，他负责指导我选择论文题目。我原来打算以“花篮瑶社会组织”作底子编写论文。随后我谈到曾在江村进行过调查，他看了我已经整理出来的材料，主张编写“江村经济”这篇论文。不久该系教授马林诺夫斯基（B. Malinowski）从美国讲学返英，我向他汇报了江村调查经过和内容，他决定直接指导我编写这篇论文的工作。该论文中主要的几章都在他主持的有名的“今天的人类学”讨论班上宣读、讨论、修改、重写过的。1938 年春季，我申请论文答辩，通过后，由伦敦大学授予我博士学位。博士证明书上所标明的论文题目是：“开弦弓，一个中国农村的经济生活”。

论文通过的那天晚上，由导师马林诺夫斯基把这篇论文介绍给 Routledge 书局出版。书局编辑阅后建议书名改为《中国农民的生活》。我看过该书清样后，离英返国，已是 1938 年的初秋。我记得，由于在轮船上得到广州沦陷的信息，所以临时决定在西贡登陆，直奔云南、昆明。到了云南，不久就开始我的内地农村调查。

该书是 1939 年出版的，其时欧洲已发生战事。全球战乱连年，我已把这书置之脑后。我仿佛记得直到战后我回到清华园，才接到书店寄给我的这本书。当时届解放前夕，时局紧张，我哪里有闲情来想到翻译此书。解放后，我参加民族调查工作，此书的译事提不到日程上来。1956 年英伦老同学格迪斯（W. R. Geddes）博士，澳大利亚悉尼大学教授，参加该国文化代表团访华，得到周恩来总理的同意，访问了江村。他引起了我重访江村的兴趣。翌年成行，在调查工作进行过程中，有事返京，适逢反右斗争。在《新观察》发表的《重访江村》连载报告尚未结束，我已遭殃及，被错划右派。在被批判中,即使这本书并未译成中文发行,它还是作为一项“流毒深远”的“罪证”。

“文革”后期,我国对外开放,不断有西方学者来华访问,从他们的口上,我才知道,该书已重印了三次。在许多大学的人类学课程中把它列为必读参考书。还有不少现已成名的人类学者告诉我,这本书启发了他们研究人类学和研究中国社会的兴趣。我当时不免担心,深恐其“流毒”太广,增加我的“罪行”。这种历史条件排除了翻译该书的可能性。

这一页历史终于翻过去了。1981 年我得到老师弗思的来信,他告诉我:英国皇家人类学会将在 1981 年授我赫胥黎奖章。这是这门学科中最高的荣誉。他并说《中国农民的生活》又重印发行,建议我在接受奖章时要宣读的论文,最好是叙述江村在四十多年中的变化。我因此又到江村进行了短期的访问,写了《三访江村》这篇文章。

从伦敦回国,我又回江村继续我的农村调查。1982 年就从江村作为起点“更上一层楼”开始研究作为农村政治、经济、文化中心的小城镇。从吴江县各镇入手,逐步扩大研究范围,包括苏州、无锡、常州、南通四个市。1984 年又扩大到苏北及南京、镇江两市。小城镇的研究,从我个人来说是江村研究的继续。在这段工作中,我已感到有需要把《江村经济》翻译出来给一起调查的同仁们作参考之用,而且江苏人民出版社已约定出版这个译本。但是我自己这几年恢复了学术活动,任务较重,实在抽不出时间和精力来做这项翻译工作。所以只能委托戴可景同志代劳。她在 1984 年就已经完成译稿,又请潘乃穆同志校阅过一遍。她把译稿交给了我,搁在我书架上,一搁几乎有一年。我应该对译者表示歉意。

屈指一算，离我最初在江村调查时，明年是整整半个世纪了。我自幸在今生能看到这项偶然形成的研究成果取得了国际上的承认，又在国内恢复了名誉。另一方面，经过这将近五十年的阅历，自己对这本早年的著作，总觉得有许多不能惬意之处。作为我个人在人生道路上的一个脚印，自当珍惜；作为国家社会历史的一些历史记录，固然也有它存在的价值；但是我既然还活着，而且尚能工作，自觉有责任再把江村在这半个世纪里的变化写下来，作这本书的续编，并当尽力把这段时期自身的长进来补足早年的不足。因而，我决定和上海大学社会学系合作进行为期两年的江村再调查，编写一本《江村五十年》。在准备这项研究计划时，我才挤出时间，把译稿重读了一遍，做了些必要的修正后，交付出版。至于它的续编在两年之后是否能出世，目前还是难于预知之事，但是我自己是有决心去完成这个自己给自己规定的任务。

以上是本书中译本诞生的经过，就以此作为前言，写在译本的前面。

费　孝　通

1985 年 4 月 15 日

江村经济

——中国农民的生活

长江流域农村生活的实地调查

戴可景　译

献给我的妻子王同惠

致　　谢

我由衷地感谢所有鼓励我并帮助我进行实地调查和撰写此书的人。首先,我必须对以下的老师和朋友表示谢意:

吴文藻教授和史禄国教授是我早年攻读社会学和人类学的老师,他们鼓励我用深入实地调查的方法来研究中国文化。我的姐姐把我介绍给这个村庄并资助我工作;她那为改善农民生计的热忱,确实激励了我从事这项调查研究工作。后来,清华大学授予我一笔奖学金,使我有可能到英国去求学,也就是说,进入了布·马林诺夫斯基教授的"门下"。过去两年来,他对我知识上的启示和亲长般的情谊使我感到对他一生具有承上启下的责任——以我所理解的说,我必须在建立一门研究人的科学以及在使一切文明之间真正合作上分担他那沉重的负担。

我一定要感谢 G. F. A. 温特先生,雷蒙德·弗思博士和夫人;感谢 M. H. 里德博士,C. 朗先生和 M. 朗小姐,感谢他们阅读了我的手稿并润色了我的英文。伦敦经济学院讨论班成员,特别是 P. N. 哈克塞先生和许烺光先生也为我提供了各方面的帮助。

最后,请允许我以此书来纪念我的妻子。1935 年,我们考察瑶山时,她为人类学献出了生命。她的庄严牺牲使我别无选择地永远跟随着她。谨以此书献给我的妻子。

目　　录

序言 …………………………………………… 布·马林诺夫斯基 13
第一章　前言 …………………………………………………… 20
第二章　调查区域 ……………………………………………… 24
1. 调查区域的界定 …………………………………………… 24
2. 地理状况 …………………………………………………… 26
3. 经济背景 …………………………………………………… 31
4. 村庄 ………………………………………………………… 33
5. 村里的人 …………………………………………………… 36
6. 选择这个调查区域的理由 ………………………………… 39
第三章　家 ……………………………………………………… 41
1. 家,扩大的家庭 …………………………………………… 41
2.“香火”绵续 ……………………………………………… 43
3. 人口控制 …………………………………………………… 46
4. 父母和子女 ………………………………………………… 47
5. 教育 ………………………………………………………… 50
6. 婚姻 ………………………………………………………… 52
7. 家中的儿媳妇 ……………………………………………… 56
8. 表亲婚姻与“小媳妇” …………………………………… 59
第四章　财产与继承 …………………………………………… 64
1. 所有权 ……………………………………………………… 64
2. 家产 ………………………………………………………… 66

3. 财产的传递 …… 69
4. 继承对婚姻和继嗣的影响 …… 73
5. 赡养的义务 …… 76
6. 新的继承法 …… 81
第五章　亲属关系的扩展 …… 84
1. 父系亲属关系的扩展 …… 84
2. 母系亲属关系的扩展 …… 86
3. 名义上的收养 …… 87
4. 村庄的亲属关系基础 …… 89
第六章　户与村 …… 93
1. 户 …… 93
2. 邻里 …… 95
3. 宗教和娱乐团体 …… 96
4. 村政府 …… 101
5. 保甲——强加的行政体制 …… 104
第七章　生活 …… 110
1. 文化对于消费的控制 …… 111
2. 住房 …… 113
3. 运输 …… 114
4. 衣着 …… 115
5. 营养 …… 116
6. 娱乐 …… 118
7. 礼仪开支 …… 120
8. 正常生活的最低开支 …… 123
第八章　职业分化 …… 126
1. 农业——基本职业 …… 126

2. 专门职业…… 127

3. 渔业 …… 129

第九章 劳作日程…… 131

1. 计时系统…… 131

2. 三种历法…… 135

3. 经济活动和其他社会活动时间表 …… 137

第十章 农业…… 140

1. 农田安排…… 141

2. 种稻 …… 144

3. 科学与巫术 …… 148

4. 劳动组织…… 151

第十一章 土地的占有…… 154

1. 湖泊、河流及道路…… 155

2. 农田的所有权 …… 156

3. 雇农及小土地出租 …… 158

4. 不在地主制 …… 159

5. 完全所有制 …… 167

6. 继承与农业 …… 169

第十二章 蚕丝业…… 172

1. 变迁过程图解 …… 172

2. 促进工业变迁的条件 …… 176

3. 变革的力量及其意图 …… 177

4. 当地对变革的支持 …… 182

5. 养蚕的改革计划 …… 184

6. 合作工厂…… 186

7. 政府的支持 …… 193
8. 改革中的困难 …… 195
9. 对亲属关系的影响 …… 198
第十三章　养羊与贩卖 …… 201
第十四章　贸易 …… 204
1. 交换方式 …… 204
2. 内外购销 …… 206
3. 小贩 …… 207
4. 零售店 …… 209
5. 航船,消费者的购买代理人 …… 210
6. 航船,生产者的销售代理人 …… 214
7. 其他收集方式 …… 216
8. 贸易区域和集镇 …… 216
9. 销售与生产 …… 218
第十五章　资金 …… 221
1. 积蓄与亏空 …… 222
2. 互助会 …… 224
3. 航船,信贷代理人 …… 230
4. 高利贷 …… 231
5. 信贷合作社 …… 234
第十六章　中国的土地问题 …… 236
附录　关于中国亲属称谓的一点说明 …… 240
译者说明 …… 252

序　　言

布·马林诺夫斯基

我敢于预言费孝通博士的《中国农民的生活》①一书将被认为是人类学实地调查和理论工作发展中的一个里程碑。此书有一些杰出的优点，每一点都标志着一个新的发展。本书让我们注意的并不是一个小小的微不足道的部落，而是世界上一个最伟大的国家。作者并不是一个外来人，在异国的土地上猎奇而写作的；本书的内容包含着一个公民对自己的人民进行观察的结果。这是一个土生土长的人在本乡人民中间进行工作的成果。如果说人贵有自知之明的话，那么，一个民族研究自己民族的人类学当然是最艰巨的，同样，这也是一个实地调查工作者的最珍贵的成就。

此外，此书虽以中国人传统的生活为背景，然而它并不满足于复述静止的过去。它有意识地紧紧抓住现代生活最难以理解的一面，即传统文化在西方影响下的变迁。作者在科学研究中勇于抛弃一切学院式的装腔作势。他充分认识到，要正确地解决实际困难，知识是必不可少的。费博士看到了科学的价值在于真正为人类服务。对此，科学确实经受着严峻的考验。真理能够解决问题，因为真理不是别的而是人对真正的事实和力量的实事求是。当学者被迫以事实和信念去迎合一个权威的教义的需要时，科学便被

① 此为本书的英文版书名的译名。——译者

出卖了。在欧洲某些国家里就有这种情况。

费博士是中国的一个年轻爱国者,他不仅充分感觉到中国目前的悲剧,而且还注意到更大的问题:他的伟大祖国,进退维谷,是西方化还是灭亡?既然是一个人类学者,他毕竟懂得,再适应的过程是何等地困难。他懂得,这一过程必须逐步地、缓慢地、机智地建立在旧的基础之上。他深切地关注到,这一切改变应是有计划的,而计划又须是以坚实的事实和知识为基础的。

此书的某些段落确实可以被看作是应用社会学和人类学的宪章。“中国越来越迫切地需要这种知识,因为这个国家再也承担不起因失误而损耗任何财富和能量。”费博士清晰地看到,纵然有最好的意图和理想的目的,如果一开始对变化的环境有错误的理解和看法,那么,计划也必定是错误的。“对形势或情况的不准确的阐述或分析,不论是由于故意的过错或出于无知,对这个群体都是有害的”,因为这会造成这样的错误:预先假设了不存在的力量或是忽视了前进道路上的障碍。

我感到,还必须引述前言中的一段话,“如果要组织有效果的行动并达到预期的目的,必须对社会制度的功能进行细致的分析,而且要同它们意欲满足的需要结合起来分析,也要同它们的运转所依赖的其他制度联系起来分析,以达到对情况的适当的阐述。这就是社会科学者的工作。所以社会科学应该在指导文化变迁中起重要的作用。”这充分表达了中国文化和我们自己的文化的最大需要,也就是说,我们必须认识到,即使在机械工程中,只有傻子或疯子才会不顾科学的物理和数学而作出规划、设计或计算,故在政治行动中同样需要充分发挥理智和经验的作用。

我们的现代文明,目前可能正面临着最终的毁灭。我们只注意在机械工程中使用最合格的专家。但在政治、社会和道德力量控制方面,我们欧洲人越来越依从于疯子、狂人和歹徒。在界线的一边正越来越多地责备着那种个人随心所欲、毫无责任感或毫无恪守信义的道德义务的倾向,而在另一边我们尽管仍然可以在财富、权力和实力上具有压倒的优势,近数年来却始终不断地暴露出软弱、涣散以及对荣誉所负的神圣义务的忽视。

我怀着十分钦佩的心情阅读了费博士那明确的令人信服的论点和生动翔实的描写,时感令人嫉妒。他书中所表露的很多箴言和原则,也是我过去在相当一段时间里所主张和宣扬的,但可惜我自己却没有机会去实践它。我们中间绝大多数向前看的人类学者,对我们自己的工作感到不耐烦,我们厌烦它的好古、猎奇和不切实际,虽然这也许是表面上的,实际并不如此。但我的自白无疑是真实的,我说过,“人类学,至少对我来说是对我们过分标准化的文化的一种罗曼蒂克式的逃避。”

然而补救办法近在咫尺,如果允许我再引述我的一些其他看法的话,我认为“那面向人类社会、人类行为和人类本性的真正有效的科学分析的人类学,它的进程是不可阻挡的”。为达到这一目的,研究人的科学必须首先离开对所谓未开化状态的研究,而应该进入对世界上为数众多的、在经济和政治上占重要地位的民族的较先进文化的研究。本书以及在中国和其他地方开展的广泛的工作,证实了我的预言:“未来的人类学不仅对塔斯马尼亚人、澳洲土著居民、美拉尼西亚的特罗布里恩德群岛人和霹雳的俾格米人有兴趣,而且对印度人、中国农民、西印度群岛黑人、脱离部落的哈勒姆非洲人同样关注。”这一段引语中还包含着对现代实地调查和理论工作提出了重要的基本要求:研究文化变迁、文化接触的现象、现代文化的传播。

因此,约两年前,当我接待了燕京大学杰出的中国社会学家吴文藻教授来访,感到极大的欣慰,从他那里得知,中国社会学界已独立自发地组织起一场对文化变迁和应用人类学的真正问题进行学术上的攻关。这一学术进攻表达了我梦寐以求的愿望。

吴教授和他所培育的年轻学者首先认识到,为了解他们的伟大祖国的文明并使其他的人理解它,他们需要去阅读中国人生活这本公开的书本,并理解中国人在现实中是怎样思考的。正因为那个国家有着最悠久的没有断过的传统,要理解中国历史还必须从认识中国的今天开始。这种人类学的研究方法对于现代中国学者和欧洲的一些汉学家所进行的以文字记载为依据的重要历史工作,是一种不可缺少的补充。研究历史可以把遥远过去的考古遗迹和最早的记载作为起点,推向后世;同样,亦可把现状作为活的历史,来追溯过去。两种方法互为补充,且须同时使用。

费博士著作中的原理和内容,向我们揭示了现代中国社会学派的方法论基础是多么结实可靠。其本来的主要题材是对湖泽地带的平原乡村生活的一次实地考察。那水道纵横的平原是数千年来在物质上和精神上抚育中国人民的地方。不言而喻,在乡村生活、农村经济、农业人口的利益和需要中找到的主要是农业文化基础。通过熟悉一个小村落的生活,我们犹如在显微镜下看到了整个中国的缩影。

贯穿此书的两个主题是:土地的利用和农户家庭中再生产的过程。在本书中,费博士集中力量描述中国农民生活的基本方面。我知道,他打算在他以后的研究中说明关于崇祀祖先的详细情况以及在村庄和城镇中广为流传的关于信仰和知识等更复杂的体系。他还希望终有一日将自己的和同行的著作综合起来，为我们展示一幅描绘中国文化、宗教和政治体系的丰富多彩的画面。对这样一部综合性著作，像本书这样的专著当是第一步。费博士的书和他同行的贡献，将成为他们可能完成的精雕细琢的镶嵌品中的一件件珍品。①

序言作者的任务并不是再来复述一番本书已经动人地描述过的内容。随着本书的描述，读者本身将自然地被带入故事发生的地点：那可爱的河流，纵横的开弦弓村。他将看到村庄的河流、桥梁、庙宇、稻田和桑树的分布图，此外，清晰的照片更有助于了解这个村庄。他将欣赏到具体资料、数据和明晰的描述三者之间很协调的关系。对农村生活、农民生活资料、村民的典型职业的描述以及完美的节气农历和土地占有的准确定义等都为读者提供了一种深入的确实的资料，这在任何有关的中国文献中都是十分罕见的。

我已得到允许，引述 E. 丹尼森·罗斯爵士在读了该书手稿以后的一段话，他阐明了该书在科学文献中的地位："我认为这篇论文是相当特殊的。据我所知，没有其他作品能够如此深入地理解并以第一手材料描述了中国乡村社区的全部生活。我们曾经有过统计报告、经济研究和地方色彩浓厚的小说——但我未曾发现有一本书能够回答好奇的陌生人可能提出的各种问题。"这里所说的"好奇的陌生人"就是丹尼森·罗斯爵士，他恰是一个科学家、

① 这些已经完成的作品，大多用中文写成，有下列诸题：《山东的集市系统》，杨庆堃著；《河北农村社区的诉讼》，徐雍舜著；《河北农民的风俗》，黄石著；《福建的一个氏族村》，林耀华著；《变动中的中国农村教育》，廖泰初著；《花篮瑶社会组织》，费博士及夫人著。正在进行研究的有李有义的"山西的土地制度"，及郑安仑的"福建和海外地区移民的关系问题"。

历史学家和世界知名的东方学专家。

我个人认为或许有关蚕丝业的这一章是本书最成功的一章。它向我们介绍了家庭企业如何有计划地变革成为合作工厂，以适应现代形势的需要。它证明，社会学需要研究社会工程的有关实际问题。它提出了一些附带的问题，我想这些问题将成为中国和其他地方的另一些研究的起点。

在这一章和其他很多章节的论据中，我们能够发现著书的道德品质，请允许我强调提出这一点。虽然这本书是一个中国人写给西方读者看的，文字中没有特殊的辩护或自宥的流露。相反倒是一种批评和自我批评。在“中国的土地问题”这一章中我们可以读到“国民党政府在纸上写下了种种诺言和政策。但事实上，它把绝大部分收入都耗费于反共运动，所以它不可能采取任何实际行动和措施来进行改革，而共产党运动的实质，正如我所指出的，是由于农民对土地制度不满而引起的一种反抗。尽管各方提出各种理由，但有一件事是清楚的，农民的境况是越来越糟糕了。自从政府重占红色区域以来到目前为止，中国没有任何一个地区完成了永久性的土地改革。”这样一种公开批评政府不当行为的社会学工作，现在仍然进行着，想必得到了政府的鼓励，这一方面证明了中国青年社会学家的正直和团结，另一方面也说明了官方的明智。

作者的一切观察所具有的特征是，态度尊严、超脱、没有偏见。当今一个中国人对西方文明和西方国家的政治有反感，这是可以理解的。但本书中未发现这种迹象。事实上，通过我个人同费博士和他的同事的交往，我不得不羡慕他们不持民族偏见和民族仇恨——我们欧洲人能够从这样一种道德态度上学到大量的东西。看来中国人是能够区别民族和政治制度的。日本作为一个民族来说，他们对它甚至不怀仇恨。在本书第一页上，作者提到这个侵略国，冷静地评价它的作用在于迫使中国建立起一条统一战线并调整它的某些基本的经济和社会问题，从而巩固了中国。我们所了解、评价甚至逐渐依恋的那个村庄，现在可能已被破坏。我们只得响应作者预言式的愿望：在这个村庄和其他许多村庄的废墟中，"内部冲突和耗费巨大的斗争最后必将终止"，"一个崭新的中国将出现在这个废墟之上"。

于伦敦大学人类学系

1938 年 10 月 15 日

第一章　前　言

这是一本描述中国农民的消费、生产、分配和交易等体系的书，是根据对中国东部，太湖东南岸开弦弓村的实地考察写成的。它旨在说明这一经济体系与特定地理环境的关系，以及与这个社区的社会结构的关系。同大多数中国农村一样，这个村庄正经历着一个巨大的变迁过程。因此，本书将说明这个正在变化着的乡村经济的动力和问题。

这种小范围的深入实地的调查，对当前中国经济问题宏观的研究是一种必要的补充。在分析这些问题时，它将说明地区因素的重要性并提供实事的例子。

这种研究也将促使我们进一步了解传统经济背景的重要性及新的动力对人民日常生活的作用。

强调传统力量与新的动力具有同等重要性是必要的，因为中国经济生活变迁的真正过程，既不是从西方社会制度直接转渡的过程，也不仅是传统的平衡受到了干扰而已。目前形势中所发生的问题是这两种力量相互作用的结果。例如对我们观察的这个村庄的经济问题，只有在考虑到两方面的情况时才能有所理解：一方面是由于世界工业的发展，生丝价格下跌，另一方面是以传统土地占有制为基础的家庭副业在家庭经济预算中的重要性。对任何一方面的低估都将曲解真实的情况。此外，正如我们将在以后的描述中所看到的，这两种力量相互作用的产物不会是西方世界的复制品或者传统的复旧，其结果如何，将取决于人民如何去解决他们自己的问题。正确地了解当前存在的以实事为依据的情况，将有助于引导这种变迁趋向于我们所期望的结果。社会科学的功能就在于此。

文化是物质设备和各种知识的结合体。人使用设备和知识以便生存。为了一定的目的人要改变文化。一个人如果扔掉某一件工具，又去获取一件新的，他这样做，是因为他相信新的工具对他更加适用。所以，任何变迁过程必定是一种综合体，那就是：他过去的经验、他对目前形势的了解以及他对未来结果的期望。过去的经验并不总是过去实事的真实写照，因为过去的实事，经过记忆的选择已经起了变化。目前的形势也并不总是能得到准确的理解，因为它吸引注意力的程度常受到利害关系的影响。未来的结果不会总是像人们所期望的那样，因为它是希望和努力以外的其他许多力量的产物。所以，新工具最后也可能被证明是不适合于人们的目的。

对社会制度要完成一个成功的变革是更加困难了。当一种制度不能满足人民的需要时，甚至可能还没有替代它的其他制度。困难在于社会制度是由人际关系构成的，只有通过一致行动才能改变它，而一致行动不是一下子就组织得起来的。另外，社会情况通常是复杂的，参与改革的一个个人，他们的期望也可以各不相同。所以在社会变革的过程中，为组织集体行动，对社会情况需要有一个多少为大家所接受的分析和定义以及一个系统的计划。这种准备活动一般都需要一种语言形式。最简单的形式如一个船长在指挥一条船航行时，对他的船员们发出命令。又如在议会或国会里进行一场有准备的辩论。对形势或情况的不同解释和关于结果的各种期望形成辩论的中心。无论如何,这样的准备活动总是会在有组织的革新活动中出现的。

对形势或情况的不准确的阐述或分析,不论是由于故意的过错或出于无知,对这个群体都是有害的,它可能导致令人失望的后果。本书有许多例子说明了对情况或形势的实事求是的阐述或分析的重要性。下面我想先举几个例子:在亲属组织中,目前法律对财产继承问题的规定似已成为两性不平等的实例。一旦男女平等的思想被接受,这样的规定将产生一种修改单方亲属原则的行动。正如我要说明的,财产的继承是两代人之间相互关系的一部分。供养老人的义务,落在子女身上的社会里,在目前父居家庭的婚姻制度下,女儿和儿子不能分担同等的义务。因此,双系继承与单方立嗣相结合将形成两性的不平等。从这一点来看,立法的后果显然与期望是背道而驰的。(第四章第6节)

有时,对情况或形势的阐明或分析可能是正确的,但不完整。例如,在缫丝工业中,改革者主要从技术方面来分析情况,忽略了在丝价下降中国际贸易的因素,这就导致多年来,对村民许下的从工业中增加收入的诺言,未能实现。(第十二章第8节)

如果要组织有效果的行动并达到预期的目的,必须对社会制度的功能进行细致的分析,而且要同它们意欲满足的需要结合起来分析,也要同它们的运转所依赖的其他制度联系起来分析,以达到对情况的适当的阐述。这就是社会科学者的工作。所以社会科学应该在指导文化变迁中起重要的作用。

中国越来越迫切地需要这种知识,因为这个国家再也承担不起因失误而损耗任何财富和能量。我们的根本目的是明确的,这就是满足每个中国人共同的基本需要。大家都应该承认这一点。

一个站在饥饿边缘上的村庄对谁都没有好处。从这个意义上说，对这些基本措施，在中国人中间应该没有政治上的分歧。分歧之处是由于对事实的误述或歪曲。对人民实际情况的系统反映将有助于使这个国家相信，为了恢复广大群众的正常生活，现在迫切地需要一些政策。这不是一个哲学思考的问题，更不应该是各学派思想争论的问题。真正需要的是一种以可靠的情况为依据的常识性的判断。

目前的研究，仅仅是一群懂得了这一任务的重要性的中国青年学生的初步尝试。在福建、山东、山西、河北和广西都开展了同样的研究。将来还会有更广泛的、组织得更好的力量，继续进行研究。我不太愿意把这本不成熟的书拿出来，它之所以不成熟，是因为日本人占领并破坏了我所描述的村庄，我被剥夺了在近期作进一步的实地调查的机会。但我还是要把本书贡献出来，希望它能为西方读者提供一幅现实的画面，这就是：我的人民肩负重任，正在为当前的斗争付出沉痛的代价。我并不悲观，但肯定地说这是一场长期而严重的斗争。我们已作了最坏的准备，准备承受比日本的炸弹和毒气还会更坏的情况。然而我确信，不管过去的错误和当前的不幸，人民通过坚持不懈的努力，中国将再一次以一个伟大的国家屹立在世界上。本书并不是一本消逝了的历史的记录，而是将以百万人民的鲜血写成的世界历史新篇章的序言。

第二章　调查区域

调查区域的界定——地理状况——经济背景——村庄——村里的人——选择这个调查区域的理由

1. 调查区域的界定

为了对人们的生活进行深入细致的研究,研究人员有必要把自己的调查限定在一个小的社会单位内来进行。这是出于实际的考虑。调查者必须容易接近被调查者,以便能够亲自进行密切的观察。另一方面,被研究的社会单位也不宜太小,它应能提供人们社会生活的较完整的切片。

A. 拉德克利夫-布朗教授、吴文藻博士和雷蒙德·弗思博士[①]曾经讨论过这个基本问题。他们一致认为,在这种研究的最初阶段,把一个村子作为单位最为合适。弗思博士说,应当"以一个村子作研究中心来考察村民们相互间的关系,如亲属的词汇、权力的分配、经济的组织、宗教的皈依以及其他种种社会联系,并进而观

---

① A. 拉德克利夫-布朗(A. Radcliff-Brown)教授于 1935 年在北平燕京大学就深入研究中国农村的问题作了讲演;接着,吴文藻博士在天津《益世报》的《社会研究》周刊上就这个问题发表了一系列文章。近来,雷蒙德·弗思(Raymond Firth)博士在"中国农村社会团结性的研究"一文中讨论了这个问题。此文刊登在《社会学界》第十卷中。

察这种种社会关系如何相互影响，如何综合以决定这社区的合作生活。从这研究中心循着亲属系统、经济往来、社会合作等路线，推广我们的研究范围到邻近村落以及市镇。”①

村庄是一个社区，其特征是，农户聚集在一个紧凑的居住区内，与其他相似的单位隔开相当一段距离（在中国有些地区，农户散居，情况并非如此），它是一个由各种形式的社会活动组成的群体，具有其特定的名称，而且是一个为人们所公认的事实上的社会单位。

这样一个村庄并没有正式进入保甲制。保甲制是中国的一种新的行政体制，是为了某种特殊目的而人为地设置的（第六章第5节）。开弦弓村在1935年才有这种制度，因此很难说得清，这种法律上的保甲单位，究竟到什么时候才能以其不断增长的行政职能取代现存的事实上的群体。但目前，在实施过程中，保甲制仍然大多流于形式。因此，我们所研究的单位必须是实际存在的职能单位——村庄。我们研究的目的在于了解人民的生活。

在目前阶段的调查中，把村庄作为一个研究单位，这并不是说村庄就是一个自给自足的单位。在中国，地方群体之间的相互依存，是非常密切的，在经济生活中尤为如此。甚至可以说，在上半个世纪中，中国人民已经进入了世界的共同体中。西方的货物和思想已经到达了非常边远的村庄。西方列强的政治、经济压力是目前中国文化变迁的重要因素。在这一点上有人可能会问，既然如此，那么在这样一个小的地区，在一个村庄里搞实地调查，对于这种外来力量及其所引起的变迁会取得什么进

① 同前引文，英文文摘，第435页。

一步的了解呢?

显然,身处村庄的调查者不可能用宏观的眼光来观察和分析外来势力的各种影响。例如,由于世界经济萧条及丝绸工业中广泛的技术改革引起了国际市场上土产生丝价格的下跌,进而引起农村家庭收入不足、口粮短缺、婚期推迟以及家庭工业的部分破产。在这种情况下,实地调查者必须尽可能全面地记录外来势力对村庄生活的影响,但他当然应该把对这些势力本身的进一步分析留给其他学科去完成。调查者应承认这些事实,并且尽力约束自己去跟踪那些可以从村庄生活中直接观察到的影响。

对这样一个小的社会单位进行深入研究而得出的结论并不一定适用于其他单位。但是,这样的结论却可以用作假设,也可以作为在其他地方进行调查时的比较材料。这就是获得真正科学结论的最好方法。

2. 地理状况

我所选择的调查地点叫开弦弓村,坐落在太湖东南岸,位于长江下游,在上海以西约 80 英里的地方,其地理区域属于长江三角洲。G. B. 克雷西曾经这样描述该区域的地理概况:“在长江平原的土地上,布满了河流与运河。世界上大概再也没有其他地区会有那么多可通航的水路。长江、淮河及其支流形成了一条贯穿这个区域的通道,颇为壮观。不但河流多,而且还有许多大小湖泊,其中主要有洞庭湖、鄱阳湖、太湖、洪泽湖。然而赋予这个地貌以最显著的特征的是人工河渠。这些河渠正是生活的命脉。在长江三角洲地区,河渠形成了错综复杂的网络,起着人工水系的作用,取代了河流。据 F. H. 金的估计,仅三角洲南部的河渠长度就有 25,000 英里左右。

“这个地区是复合冲积平原,由长期以来河流带来的泥沙淤积而成,只有少数孤立的山丘,大部地区是平川。乡下土地平坦,但是无数的坟墩和村子周围的树林遮住了视线。这里,无论是乡村或城市的居住区都比北方地区人口密集。但由于气候、地理位置等因素的共同作用,使得这里成为中国最繁荣的地方。①

“长江平原……显然受夏季季节风的影响……也经受大陆性旋风的巨大威力。

“由于纬度偏南,夏季呈亚热带气候,气温经常升至 38℃(100 ℉)……。整个地区平均降雨量约为 1,200 毫米(45 英寸)……。春、夏季多雨,6 月份的雨量最多。自 10 月至来年 2 月,气候较为干燥,天空晴朗,气温宜人,这时候,是一年中最爽快的季节。

“冬天的气温,难得一连数日都在零下,在较冷的夜间才结薄冰,很少下雪……。在上海,夏季平均最高气温 37℃(91 ℉),冬季平均最低气温为−7℃(19 ℉)。

长江平原一年四季,大部分时间的气候条件都有利于农业,生长季节约持续 300 天。”②

① 《中国地理概况》(China's Geographical Foundation),1934 年,第 283 页。

② 同前引书,第 295 页。

这个地区之所以在中国经济上取得主导地位,一方面是由于其优越的自然环境,另一方面是由于它在交通上的有利位置。该地区位于长江和大运河这两条水路干线的交叉点上。这两条水路把这个地区与中国西部和北部的广大疆土联结起来。作为沿海地区,自从通过远洋运输发展国际贸易以来,它的重要性与日俱增。该地区的港口上海,现已发展成为远东的最大城市。这里的铁路系统也很发达,已经修建了两条重要线路,一条从上海经苏州至南京;另一条由上海经嘉兴至杭州。最近,也就是在 1936 年,苏州与嘉兴之间又增加了一条新线路,与上述两条干线形成环行铁路。为了便利地区内的交通,还修建了汽车路;除此之外,还广泛利用了运河及改成运河的河道进行交通运输。

该地区人口密集,大多数人口居住在农村。如从空中俯视,可以看见到处是一簇簇的村庄。每个村子仅与邻村平均相隔走 20 分钟路的距离。开弦弓只不过是群集在这块土地上成千上万个村庄之一。

在数十个村庄的中心地带就有一个市镇。市镇是收集周围村子土产品的中心,又是分配外地城市工业品下乡的中心。开弦弓所依傍的市镇叫震泽,在开弦弓以南约 4 英里,坐手摇船单程约需两个半小时。震泽地处太湖东南约 6 英里,大运河及苏嘉线以西约 8 英里。目前,可乘轮船或公共汽车到达苏嘉线的平望站。通过现有的铁路线,可在 8 小时以内从震泽到达上海。开弦弓的地理位置及其与上述各城市及集镇间的关系,详见所附地图(Ⅰ、Ⅱ)。

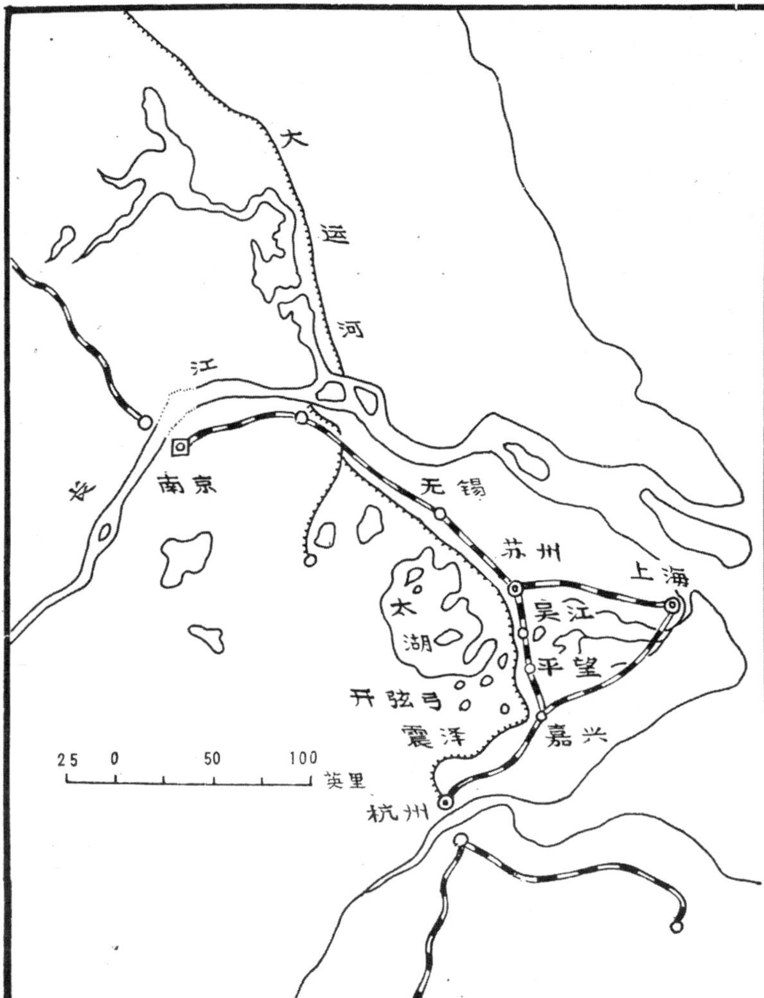

地图 I　长江下游流域

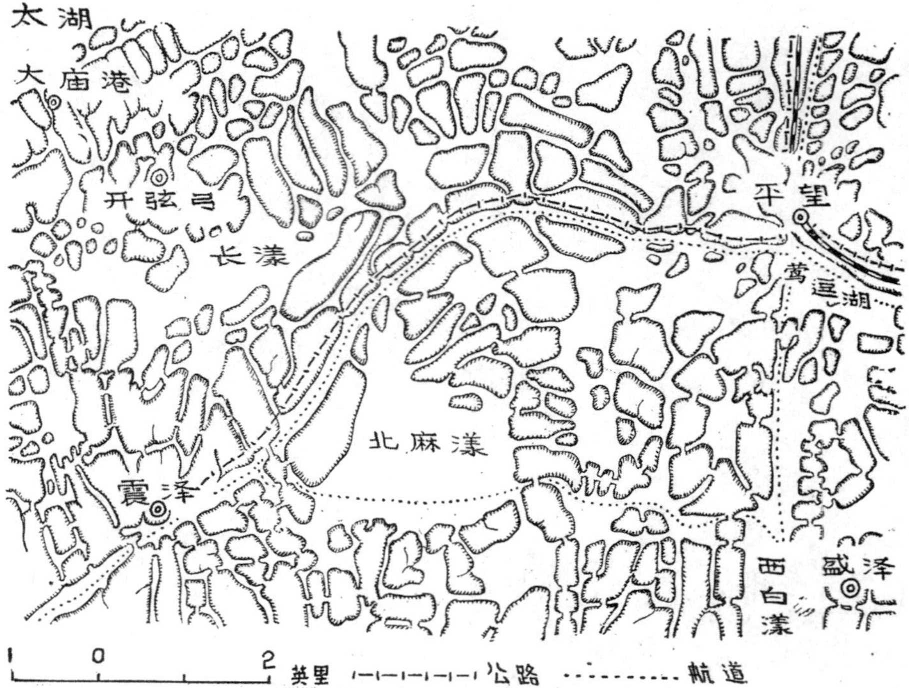

地图Ⅱ　开弦弓周围的环境

3. 经济背景

在这里，人文地理学者会正确地从人们所占据的土地的自然条件推论人们的职业。一个旅客，如果乘火车路经这个地区时，将接连不断地看到一片片的稻田。据估计，开弦弓 90% 以上的土地都用于种植水稻。该村每年平均产米 18000 蒲式耳（第十章第 2 节）。仅一半多一点的粮食为人们自己所消费（第七章第 5 节）。村里极少有完全不干农活的人家。占总户数约 76% 的人家以农业为主要职业（第八章第 1 节）。一年中，用于种稻的时间约占 6 个月（第九章第 3 节）。人们靠种稻挣得一半以上的收入（第十二章第 2 节）。因而，从任何一个角度看，种植水稻是居于首位的。

此地不仅产米，人们还种麦子、油菜籽及各种蔬菜，尽管它们与主要作物相比是无足轻重的。此外，江河里尚有鱼、虾、蟹及各种水生植物等，这些都是当地的食物。

桑树在农民的经济生活中起着重要的作用。人们靠它发展蚕丝业。赖特早在 1908 年写道："白色生丝，即欧洲市场中的'辑里丝'，是中国养蚕农家用手抽制的……。最佳生丝产自上海附近地区，该地区出口的丝占出口额的绝大部分"①。

蚕丝业在整个地区非常普遍，在太湖周围的村庄里尤为发达。据当地人说，它之所以成为该地特产是由于水质好。据说，所谓的"辑里丝"仅产于开弦弓周围方圆 4 英里的地带。这一说法的真

① 阿诺德·赖特（Arnold Wright）编《香港、上海及中国其他通商口岸二十世纪印象记》（*Twentieth Century Impression of Hong Kong, Shanghai and Treaty ports of China*），第 291 页。

实性暂且不论,但这个村庄在当地乡村工业中的重要地位确是毫无疑问的。在繁荣时期,这个地带的丝不仅在中国蚕丝出口额中占主要比重,而且还为邻近的盛泽镇(见地图Ⅱ)丝织工业的需要提供原料。在丝织业衰退之前,盛泽的丝织业号称"日产万匹"。

现代制丝业的先进生产技术引进日本、中国之后,乡村丝业开始衰退。这一工业革命改变了国内乡村手工业的命运。

"1909年以前……中国蚕丝出口量比日本大。例如1907年,两国出口量几乎相同。但到1909年,日本蚕丝出口便超过了中国,而且从此以后,日本一直保持优势。事实上近年来,日本的出口量几近中国的3倍。从我国外贸角度来看,自从1909年以来,蚕丝逐年减产。以前,蚕丝通常占我国出口总额的20%至30%,而从1909年至1916年的平均数下降至17%。"①

尽管如此,一直到1923年,蚕丝的产量虽不规则,但一直是在增加的。由于蚕丝价格下跌,出口量的增长并不一定意味着收入的增加。从1923年以后,出口量便就此一蹶不振。1928年至1930年间,出口量下降率约为20%②。1930年至1934年间,下降得更为迅速。"1934年下半年,由于日本向美国市场倾销蚕丝,中国蚕丝出口量随之降到最低水平。出口蚕丝量共计仅为1930年的五分之一。这一事实,说明了中国蚕丝贸易的不景气。

"1934年生丝价格跌到前所未有的更低的水平……,同样质量的丝,1934年的价格水平仅为1930年的三分之一。"③

① 刘大钧,《上海缫丝工业》(*The Silk Reeling Industry in Shanghai*),1933年,第9页。

② 同前引书,第9页。

③ 《1935—1936年中国年鉴·对外贸易》,第1094页。

工业革命影响丝织业的力量同样使国内蚕丝市场随之缩小。市场缩小的结果带来了农村地区传统家庭蚕丝手工业的破产。蚕丝业的传统特点及其近年来的衰落就形成了我们目前所分析的开弦弓村的经济生活背景。

4. 村庄

现在让我们来观察一下村庄本身。村里的人占有土地共11圩。圩是土地单位,当地人称一块环绕着水的土地单位为"圩"。每个圩有一个名字。圩的大小取决于水流的分布,因此各不相等。该村土地的总面积为3,065亩,或461英亩。据1932年官方勘测,各圩的名称及面积如下表所示,其中有两圩部分属于其他村子,由于无明显的界线,我只能粗略地估计属于开弦弓那部分土地的面积:

西长圩	986.402 亩
城角西多圩	546.141 亩
龟字圩	458.010 亩
城角圩	275 .110 亩
凉角圩	261.320 亩
西多圩	174.146 亩
潘乡背	173.263 亩
多字圩	70.540 亩
吴字圩	56.469 亩
北城角	55.858 亩
新添圩	8.545 亩
总 计	3,065.804 亩

土地可略分为两部分:庄稼用地及居住用地。住宅区仅占相

当小的部分,就在三条小河的汇集处,房屋分散在四个圩的边缘。这四个圩的名称及每个圩边的房屋数目如下:

Ⅰ城角圩 …………………………………………… 133
Ⅱ凉角圩……………………………………………… 95
Ⅲ西长圩……………………………………………… 75
Ⅳ谈家墩(吴字圩) ……………………………… 57
总　计 ……………………………………………… 360

研究住宅区的规划必须同村子的交通系统联系起来。在这个地区,人们广泛使用船只载运货物进行长途运输。连接不同村庄和城镇的陆路,主要是在逆流、逆风时拉纤用的,即所谓塘岸。除了一些担挑的小商人之外,人们通常乘船来往。几乎家家户户都至少有一条船。由于船只在交通运输上的重要位置,为便利起见,房屋必须建筑在河道附近,这就决定了村子的规划。河道沿岸,大小村庄应运而生;大一些的村子都建在几条河的岔口。正如我们可以从附图上看到,开弦弓的"脊梁骨"系由三条河组成,暂且定名为 A、B 和 C。河 A 是主流,像一张弓一样流过村子,开弦弓便由此而得名。字面上的意思就是:"拉开弦的弓"。

在住宅区内,用船装载轻微的东西,或作短距离运输,不甚方便。因此在住房之间修起了道路以利往来。在这种情况下,河流就成了交通的障碍。各圩被河流所分割,必须用桥来连接。

这个村的陆路系统不能形成完全的环行路。在圩Ⅲ的北部,大部分土地用来耕种,田间仅有小路,不便于行走,雨天尤其如此,因此,河 A 西端的桥便成了交通中心。小店铺大多集中在各桥附近。特别是集中在村子西边的桥旁。(第十四章第 8 节)

虽然如此,村庄的规划中却没有一个人们集中起来进行公共活动的专用场所。自从一年一度的唱戏停止演出后,除了夏天夜晚人们随意地聚集在桥边乘凉以外，十多年来，从未有过组织起来的公众集会。

村长的总部设在村子东端合作丝厂里面。厂址的选择是出于技术上的原因。河 A 的水自西向东流。由于河 A 供给沿岸居民的日常用水，所以把厂子建在下游，以免污染河水。

在住宅区外围有两座庙，一个在村西，一个在村北。这并不意

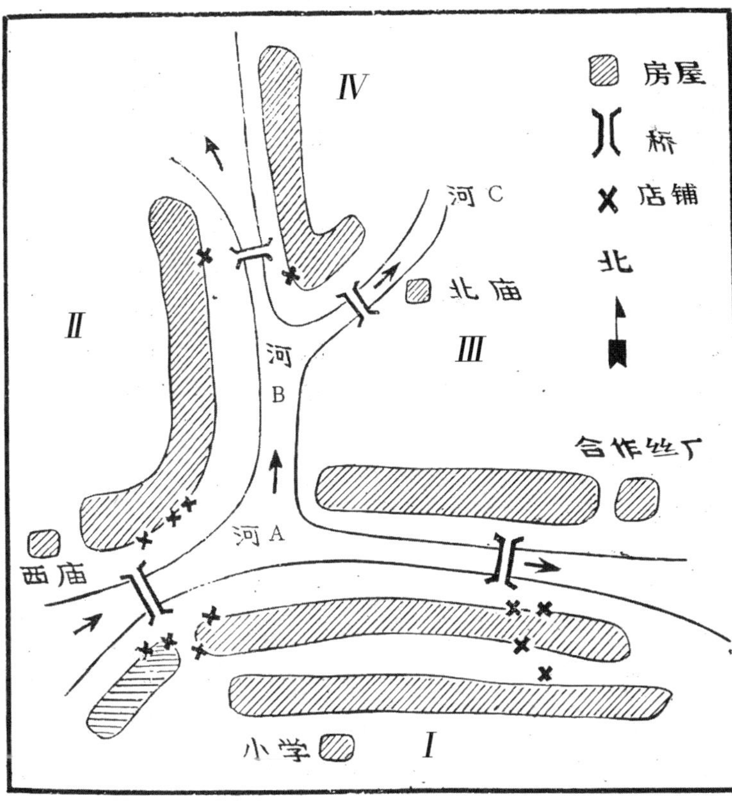

地图Ⅲ　村庄详图

味着人们的宗教活动都集中在村外边进行。实际上,他们的宗教活动多数都在自己家里开展。比较确切地说,庙是和尚及菩萨的住所。和尚、菩萨不仅同普通的人隔开一段距离,而且也与社区的日常生活隔开,但进行特殊仪式时除外。

公办小学在村的南端。校舍原先用作蚕丝改进社的办公室。合作丝厂建立以后便把房子给了学校。

住宅区周围都是农田,由于灌溉系统的缘故,农田地势较低(第十章第1节)。适宜于建筑的地区都已盖满了房屋,而且长期没有扩大。

新的公共机构,例如学校和合作丝厂,只有在老的住宅区外围找到地盘。它们的位置说明了社区生活的变化过程。

5. 村里的人

1935年该村的人口有过一次普查。因为出生、死亡情况一直没有连续的登记,所以我只能把这次普查结果作为分析的基础。在人口普查中,对村里的所有居民,包括暂时不在村里的人口,都做了记录。统计数字见下表:

年龄	男	女	总计
71+	4	15	19
66—70	10	19	29
61—65	14	32	46
56—60	30	39	69
51—55	40	38	78
46—50	26	29	55
41—45	45	38	83

续表

年　龄	男	女	总　计
36—40	69	55	124
31—35	64	45	109
26—30	75	61	136
21—25	63	52	115
16—20	68	54	122
11—15	72	61	133
6—10	73	59	132
—5	118	87	205
?	—	—	3
总　计	774	684	1,458

对那些暂时寄居在村里农户家里的人口，普查记录专设了一栏。这些人口未包括在上表中。这一栏的总人数为 25 人。

人口密度（计算时不包括水面面积）约为每平方英里 1,980 人。这个数字不能与本省的平均人口密度相比，因为省人口密度是根据全省总面积（包括水面及未耕地）来计算的，那是一个总密度。我的数字代表着人和被使用的土地之间的比率。托尼教授所引述的江苏省的人口总密度是每平方英里 896 人。①

人们并不认为所有住在村里的人一律都是本村人。如果问本村居民，哪些人是本村的，我们就会发现当地对于本村人和外来人有着明显的区别。但这种区别并不是法律上的；从法律观点看，一个人只要在某地居住三年以上，他就成为当地社区的一名成员②。可是在人们的眼里，这样的人并不是真正的本村人。

为说明这种区别，不妨举一些具体的例子：那些被当作外来户

① 托尼（R. H. Tawney），《中国的土地和劳动》（*Land and Labour in China*），第 24 页。

② 《人口登记法》，1931 年 12 月 12 日。

的村里人。这样的外来户共有 10 家,其职业和本籍分述如下:

理发匠	2 镇江(江苏)
磨工兼鞋匠	1 丹阳(江苏)
杂货商	1 横塥(同区—村庄)
纺织工	1 吴家村(同区—村庄)
和　尚	1 震泽
水泵操作者	1 宁波(浙江)
银匠	1 绍兴(浙江)
篾匠	1 金华(浙江)
药商	1 郧镇(浙江)

他们的共同特点是(1)都是移民(2)从事某种特殊职业。我未听说一个外来人究竟需要在本村住多久才能算作本村人,但是我却听说过:外来人的孩子,虽生于本村,仍像其父母一样,被视作外来人。由此看来,并非完全根据居住期的长短来确定这种区别的。

另一方面,值得研究的是这样一个事实:凡是外来户都不是农民。虽然并非所有特殊的职业都是外来人干的,但他们仍构成了这类人的三分之一(第八章第 2 节),从事特殊职业使他们不会很快被同化。

作为一个群体,本村人具有一定的文化特色。一个提供资料的本地人向我提到过三个显著特点:(1)本村人说话时,吐字趋于腭音化,例如"讲"、"究"等等;(2)妇女不下田干活;(3)妇女总是穿裙子,甚至在炎热的夏天也穿着。在这几方面,本村人甚至与最近的震泽镇人都不相同。

那些被视为外来户的人,在生活上一直未被同化。我注意到他们的非本地口音及非本地穿着方式,例如,药店里的妇女不穿裙子。

只要外来户保留着他们自己的语言和文化差别,而且本村人注意到这些差别,那么,在这个社区内,外来户总是过着多少有所见外的生活。对本村人及外来户作出区别是颇有意义的,因为这种区别已经具有广泛的社会意义。外来户全部从事特殊职业,没有土地,仅这一事实就足以说明,区别是有其深远的经济后果的。

6. 选择这个调查区域的理由

这个村庄有下列值得注意和研究之处:

(1)开弦弓是中国国内蚕丝业的重要中心之一。因此,可以把这个村子作为在中国工业变迁过程中有代表性的例子;主要变化是工厂代替了家庭手工业系统,并从而产生的社会问题。工业化是一个普遍过程,目前仍在我国进行着,世界各地也有这样的变迁。在中国,工业的发展问题更有其实际意义,但至今没有任何人在全面了解农村社会组织的同时,对这个问题进行过深入的研究。此外,在过去十年中,开弦弓村曾经进行过蚕丝业改革的实验。社会改革活动对于中国的社会变迁是息息相关的;应该以客观的态度仔细分析各种社会变迁。通过这样的分析,有可能揭示或发现某些重要的但迄今未被注意到的问题。

(2)开弦弓一带,由于自然资源极佳,农业发展到很高水平。有关土地占有制度在这里也有特殊的细节。开弦弓将为研究中国土地问题提供一个很好的实地调查的场地。

(3)这个地区广泛使用水上交通,有着网状分布的水路,因而城乡之间有着特殊的关系,这与华北的情况截然不同。这样我们就能够通过典型来研究依靠水上运输的集镇系统。

除去这些考虑之外,我调查开弦弓村还具备特殊便利的条件。

由于时间有限,我的调查必须在两个月之内完成。如果我在一个全然不熟悉的地方工作,要在这样短的时间内进行任何细致的研究是不可能的。开弦弓村属于吴江县,而我就是吴江人,我首先在语言上就有一定的有利条件。中国各地方言的差别是进行实地调查的实际困难之一。村里的人们除自己的方言外,一般不懂得任何其他方言。作为一个本地人,就不必再花费时间去学习当地方言。而且同乡的感情使我能够进一步深入到人们的生活中去,不致引起怀疑。

尤其是在这个村里,我可以充分利用我姐姐个人的联系。我姐姐负责蚕丝业的改革,村里的人确实都很信任她。我能够毫无困难地得到全村居民的通力合作,特别是村长们的帮助。他们理解我的意图,不仅尽一切可能提供材料,而且还提出一些可行的办法和有价值的建议,这使我的调查得以顺利进行。此外,我以前曾多次访问过该村,姐姐也继续不断地向我提供该村的情况。因此,我一开始就能直接进入调查本身,无须浪费时间去做那些初步的准备工作。

我的调查历时两个月,是在 1936 年的 7 至 8 月进行的。在这有限的时间内,我自然不能对完整的一年为周期的社会活动进行调查。然而,这两个月在他们的经济生活中是有重要意义的,包括了一年中蚕丝业的最后阶段及农活的最初阶段。以我过去的经历及人们口头提供的资料作为补充,到目前为止,我所收集到的关于他们的经济生活及有关社会制度的材料,足以进行初步的分析。

第三章　家

家，扩大的家庭——“香火”绵续——人口控制——父母和子女——教育——婚姻——家中的儿媳妇——表亲婚姻与“小媳妇”

农村中的基本社会群体就是家，一个扩大的家庭。这个群体的成员占有共同的财产，有共同的收支预算，他们通过劳动的分工过着共同的生活。儿童们也是在这个群体中出生、养育并继承了财物、知识及社会地位。

村中更大的社会群体是由若干家根据多种不同目的和亲属、地域等关系组成的。由个人成员组成的社团很少而且占次要地位。以下四章将提供该村的社会背景以便我们研究其经济生活。

1. 家，扩大的家庭

家庭这个名词，人类学家普遍使用时，是指一个包括父母及未成年子女的生育单位。中国人所说的家，基本上也是一个家庭，但它包括的子女有时甚至是成年或已婚的子女。有时，它还包括一些远房的父系亲属。之所以称它是一个扩大了的家庭，是因为儿子在结婚之后并不和他们的父母分居,因而把家庭扩大了。

家,强调了父母和子女之间的相互依存。它给那些丧失劳动能力的老年人以生活的保障。它也有利于保证社会的延续和家庭成员之间的合作。

在一定的经济条件下,这个群体本身无限的扩展很可能是不利的。在扩展进程中,其成员之间的磨擦增加了。我们即将看到,家是会分的,即所谓"分家"。而且,分家只要较为可取,它就分。因此,家的规模大小是由两股对立的力量的平衡而取决的,一股要结合在一起的力量,另一股要分散的力量。在下面几节里,我将分析这两股力量。

关于这村里家的规模,有一些定量的数据可以帮助我们进一步开展讨论。尽管大部分对中国的研究强调中国大家庭制度的重要性,但非常奇怪,在这个村里,大家庭很少。在家的总数中,我们发现有一对以上已婚夫妇的家不到总数的十分之一。

最常见的类型是,以一对已婚配偶为核心,再包括几个依赖于此家的父系亲属。事实上,超过一半的家,准确地说,占总数58%的家都属于此类。但并不是每一个家都有一对已婚配偶。有时候,在一个妇女丧夫之后,她就和她的子女在一起生活,而不去加入另一个单位。也有这样的情况,一个父亲和他儿子居住在一起,家中没有女人。这些都是社会解组的结果,主要是由于这个群体中从事劳动的成员死亡所致,因而它们是不稳定的。鳏夫会再结婚,孩子也会在不久的将来,一有可能就结婚。任何一种情况都能使一个不正常的家庭得到恢复。这一类不稳定的家占总数的 27%。[①]

村中，一个家的成员平均为 4 人。这说明这种群体是很小的，而且这绝不是一种例外的情况，从中国其他农村地区的材料也可以得出同样的结论。中国农村家庭，平均的人数大约是在 4 至 6 人之间[②]。所谓大家庭，看来主要存在于城镇之中，很明显，它们具有不同的经济基础。就现有材料看，可以说，这个村里的家是一个小的亲属群体，以一个家庭为核心，并包含有几个依靠他们的亲属。

2."香火"绵续

父母与子女、夫与妻这两种关系是家庭组织的基本轴心。但在中国所谓的家，前者的关系似乎更为重要。家的基本特征是已婚的儿子中往往有一个不离开他们的父母，父母之中如有一人亡故，更是如此。此外，为儿子找一个媳妇，被视为父母的责任。配

① 下表列出了各类不同的家的数字：

Ⅰ不包括一对已婚夫妇	99
(a)没有远亲	62
(b)有远亲	37
Ⅱ包括一对已婚夫妇	223
(a)完全与家庭一致	85
(b)有远亲	138
Ⅲ有一对以上的已婚夫妇	37
(a)父母和一个已婚儿子及其妻子	25
(b)父母之一，和两个已婚儿子及其妻子	9
(c)父母及两个已婚儿子及其妻子	3
总计(不包括和尚)	359

② R. H. 托尼，《中国的土地和劳动》，第 43 页，注 1。

偶由父母选就,婚礼由父母安排。另一方面,婚姻的法定行为尽管先于生孩子,但结婚总是为了有后代。生孩子的期望先于婚姻。在农村中,结成婚姻的主要目的,是为了保证传宗接代。选聘媳妇的主要目的是为了延续后代,保证生育男儿是向算命先生明白提出的要求。如果当媳妇的没有能力来完成她的职责,夫家就有很充足的理由将她遗弃而无需任何赔偿。妇女在生育了孩子之后,她的社会地位才得到完全的确认。同样,姻亲关系只有在她生育孩子以后才开始有效。因此,先从父母与孩子的关系着手来描述和研究家的组织是有根据的。

传宗接代的重要性往往用宗教和伦理的词汇表达出来。传宗接代,用当地的话说就是“香火”绵续,意思是,不断有人继续祀奉祖先。关于活着的子孙和他们祖先鬼魂之间联系的信仰,在人们中间是不太明确和没有系统的说法的。大致的观点是,这些祖宗的鬼魂生活在一个和我们非常相像的社会中,但在经济方面他们部分地依靠子孙所作的奉献,这就是定时地烧纸钱、纸衣服和其他纸扎的模拟品。因此,看来死者在阴间的福利还是要有活人来照管的。

有人用纯伦理的观点来解释生育子女的重要性。他们认为这是一种做人的责任,因为只有通过他们的子女才能向自己的父母偿还他们对自己的抚育之恩。因此,要有子女的愿望是出于双重的动机:首先是传宗接代;第二是向祖宗表示孝敬。

这些信仰,无疑地和宗教及伦理观念联系在一起,同时也有实际的价值。在以后的章节里我将说明子女如何有助于建立夫妇间亲密的关系,因为丈夫和妻子在结婚前是互不相识的。子女还起着稳定家庭群体里各方关系的作用。子女的经济价值也是很重要的。孩子很早就开始给家庭福利作出贡献,常常在10岁之前,就打草喂羊。女孩在日常家务劳动及缫丝工业方面是非常有用的。再者,孩子长大结婚后,年轻的夫妇代替父母担负起在田地上及家庭中的重担。当父母年老而不能劳动时,他们就由儿子们来赡养。这些可以由以下的事实来说明:这个村子中有145名寡妇,她们不能靠自己的经济来源维持生活,但这并没有形成一个严重的社会问题,因为她们之中的绝大多数都由成年子女赡养。从这个意义上来说,孩子是老年的保障,即所谓"养儿防老"。

亲属关系的社会延续问题,由于强调单系的亲属关系而变得复杂起来。一个人的身份和财产并不是平等地传递给子女的。总是把重点放在男性这一边。在幼年时期,男孩和女孩都由父母抚养。他们都用父亲的姓氏。但当他们长大成亲后,儿子在分家前还继续住在父母的房屋里,而女儿则离开父母去和自己的丈夫住在一起。她在自己的姓名前要加上丈夫的姓氏。她除了能得到自己的一份嫁妆外,对自己父母的财产不能提出什么要求。出嫁的女儿,除了定时给父母送礼品及有时给父母一些经济帮助外,她也没有赡养自己父母的责任(第十五章第2节)。财产由儿子继承,他的责任是赡养其父母(第四章第3节)。在第三代,只有儿子的儿子接续他的家系。女儿的孩子则被视为亲戚关系,他们使用自己父亲的姓氏。因此,在村子中,传代的原则是父系的。

然而,这个原则有时也可以根据需要加以修改。经过协议,女儿的丈夫也可以在自己的姓名前面加上他妻子的姓,他们的孩子则接续母亲的家系。也有时夫妇双方各自接续双方的家系。总之,这些是总的原则在特定条件下的次要变动(第四章第4节)。由于男女平等的新概念,现行的法律制度企图改变这种传统的偏重单系的亲属制度(第四章第 6 节)。关于这些变化,留到以后再加以讨论。

3. 人口控制

尽管村中的人认识到后代的重要性,但现实中还存在着必须限制人口的因素。儿童的劳动能对家庭经济作出贡献,这是事实,但必须要有足够的劳动对象来利用这些劳动力,由于拥有土地的面积有限,能养多少蚕也有限度,家中多余的成员,成了沉重的负担,有鉴于此,让我们先来观察一下这个村平均的土地拥有量情况。

该村的总面积为 3,065 亩,农地占 90%,如果将 2,758.5 亩农田平均分配给 274 家农户,则意味着每户只能有一块约 10.06 亩大的土地。正常年景,每亩地能生产 6 蒲式耳稻米。一男、一女和一个儿童一年需消费 33 蒲式耳稻米(第七章第 5 节)。换句话说,为了得到足够的食物,每个家庭约需有 5.5 亩地。目前,即使全部土地都用于粮食生产,一家也只有大约 60 蒲式耳的稻米。每户以 4 口人计算,拥有土地的面积在满足一般家庭所需的粮食之后仅能勉强支付大约相当于粮食所值价的其他生活必需品的供应。因此,我们可以看到,这个每家平均有 4 口人的村子,现有的土地已受到相当重的人口压力。这是限制儿童数量的强烈因素。

按照当地的习惯,孩子长大后就要分家产。有限的土地如果一分为二,就意味着两个儿子都要贫困。通常的办法是溺婴或流产。人们并不为这种行为辩护,他们承认这是不好的,但是有什么别的办法以免贫穷呢?从这个村子中儿童的总数可以看到这个结果:16 岁以下儿童,总共只有 47 名,平均每家 1.3 个。

杀害女婴就更为经常。父系传代及从父居婚姻影响了妇女的社会地位。在父母亲的眼中,女孩的价值是较低的,因为她不能承继"香火",同时,她一旦长成,就要离开父母。结果 0—5 岁年龄组的性比例是:100 个女孩比 135 个男孩(第二章第 5 节)。只在 131 家中,即占总数 37% 的家中,有 16 岁以下的女孩(不包括"小媳妇"),只在 14 家中,有一个以上的女孩。

正因为人口控制是为了预防贫穷,一些有着较大产业的家庭就不受限制地有更多的子女。他们对自己有为数众多的子女感到自豪,而在人们的眼中,又视之为富裕的象征。有后嗣的愿望,厌恶杀婴、流产及经济上的压力等等,这些因素同时发生作用使土地的拥有量趋向平均化(第十一章第 6 节)。

4. 父母和子女

孩子出生之前,当母亲的已经有了明确的责任。在妊娠期间,当母亲的要避免感情冲动,避免观看令人憎恶的事物,禁忌吃某些食物等。这种看法叫胎教。期望母亲的良好行为会影响到孩子将来的性格。对父亲则无特殊的要求,只是认为他应避免和妻子同房,因为这被认为对孩子的生理发育不利,甚至可能导致夭亡。

对生育的期待与恐惧,使家庭充满了紧张的气氛。怀孕的妇女被认为处于特殊地位并免除了她各项家务劳动。这是因为人们对性有一种不洁净的意识。她自己的父母也分担了这种紧张。小孩快出生之前,娘家的父母给她喝药汤。母亲要在女儿房里陪住几天,以便照顾她。她的母亲也有责任去洗涤污脏的衣服,并在产后，守在她身边。

孩子出生后，按习惯当母亲的不长期休息。她在一个星期之内便恢复家务劳动。当地向我提供情况的人认为，这种做法是造成妇女产后高死亡率的原因。真实的死亡率还不得而知，但在人口统计中，26—30 岁及 41—45 岁两年龄组妇女人数的明显下降（第二章第 5 节）说明了这个问题。

婴儿的死亡率也是高的。如果把年龄组 0—5 岁与 6—10 岁相比较，会发现人数有很大的下降。两组数字相差为 73 人，占这个组总数的 33%。这种现象也反映在当地人迷信“鬼怪恶煞”。孩子“满月”时要剃头，并由孩子的舅父起一个小名。这通常是一个带贬义的名字，如阿狗、阿猫、和尚等等。人们迷信孩子的生命会被鬼怪追索，受父母宠爱的孩子尤其如此。保护孩子的一种办法，就是向鬼怪表示，没有人对这孩子感到兴趣；其理由是鬼怪性喜作恶，看父母溺爱孩子，就要进行打击；孩子既然受到冷淡，鬼怪就不再继续插手了。甚至有时采取这样一些方法，名义上把孩子舍给那些被认为大有影响、甚至在神道面前也是很有影响的人物，以求得保护。这种假的领养孩子的办法以后还会讲到（第五章第 3 节）。因此，父母原来在表面上表露出来的对儿子的珍爱，被小心地掩藏起来了。

关于父母以及长亲对孩子的态度问题，必须联系下述各种因素来加以理解。这些因素是：由于经济压力需要控制人口；儿童为数很少；婴儿死亡率高；迷信鬼怪恶煞；要子嗣的愿望及有关的宗教伦理观念。从这众多因素的结合中可以看到，活下来的孩子便受到高度的珍爱，虽然从表面上看，对待孩子的态度是淡漠的。

村里的孩子整天依恋着他们的母亲。只要有可能，孩子总是被抱在手里,很少用摇篮。孩子吃奶要吃到 3 岁或更长的时间。喂奶无定时。每当孩子哭闹,母亲立刻就把奶头塞到孩子的嘴里,使他安静下来。村里的妇女不到田里劳动,整天在家中忙碌。因此在平常的环境里,母子的接触几乎是不间断的。

孩子与父亲的关系稍有不同。在妻子怀孕和生孩子时,丈夫并没有什么特殊的责任。在一年之中,男人有半年以上的时间在户外劳动。他们早出晚归,夫妻之间、父子之间的接触相对地比较少。在孩子的幼年,就孩子来说,父亲只是母亲的一个助手,偶然还是他的玩伴。在妻子养育孩子时,丈夫会接过她的一部分工作,甚至是厨房里的工作。我曾经看到,一些年轻的丈夫,经过一天忙碌的劳动,在傍晚余暇的时候,笨拙地把孩子抱在手里。

孩子大一些以后,父亲对孩子的影响就增加了。对男孩来说,父亲或为执行家法的主要人物,对女孩子,则管得较少些。母亲对孩子总有点溺爱。当孩子淘气时,母亲往往不惩罚他而只吓唬说要告诉他的父亲。而父亲经常用敲打的办法来惩罚他。傍晚时分,常常听到一所房子里突然爆发一阵风暴,原来是一个坏脾气的父亲在打孩子。通常这阵风波往往由母亲调解而告平息。有时,也在夫妻之间引起一场争辩。

孩子过了 6 岁就参加打草、喂羊的劳动。孩子们对这种劳动很感兴趣,因为可以和同伴们在田野里随便奔跑而不受大人的任何干涉。女孩子过了 12 岁,一般都耽在家中,和母亲共同操持家务和缫丝,不再和孩子们在一起了。

只有通过这样一个过程,一个依赖别人的孩子才逐渐成为社区的一个正式成员,同样,通过这种逐渐的变化,老年人退到了一个需要依靠别人的地位。这两个过程是总的过程的两个方面,这就是社会职能逐代的继替。虽然在生物学上一代代的个体是要死亡的,但社会的连续性却由此得到了保证。由于社区的物质条件有限,老的不代谢,新生力量的社会功能就得不到发挥。农村中物质基础的扩大极为缓慢,情况尤为如此。例如,在生产技术不改变的情况下,土地所需要的劳力总量一般来说是不变的。一个年轻人的加入便意味着生产队伍里要淘汰一个老人。

虽然这个过程是缓慢的,但老的一代逐步隐退。在这一过程中知识和物质的东西从老的一代传递给青年一代,同时,后者便逐步承担起对社区和老一代的义务。因此,也就产生了教育、继承和子女义务等问题。

5. 教育

孩子们从自己的家庭中受到教育。男孩大约从 14 岁开始,由父亲实际指导,学习农业技术,并参加农业劳动。到 20 岁时,他成为全劳力。女孩子从母亲处学习蚕丝技术、缝纫及家务劳动。

另外还要讲几句村里的学校教育。公立学校根据教育部的教学大纲进行教学。学生就学的时间为 6 年,是单纯的文化教育。如果孩子在 6 岁开始上学,在 12 岁以后还有足够的时间来学习他的主要职业技能,蚕丝业或农业劳动。但在最近的 10 年里,养羊开始成为一种重要的家庭副业。以后我们还要讲到这个问题。羊是饲养在羊圈里的,因此要为羊打饲草(第八章)。打草就成了孩子们的工作。因此,村子里的经济活动与学校的课程发生了矛盾。

再说,文化训练并不能显示对社区生活有所帮助。家长是文盲,不认真看待学校教育;而没有家长的帮助,小学校的教育是不易成功的。学校里注册的学生有100多人,但有些学生告诉我,实际上听课的人数很少,除了督学前来视察的时间外,平时上学的人很少超过20人。学校的假期很长。我这次在村中停留的时间比学校正式的放假时间长,但我仍没有机会看到村中的学校上课。学生的文化知识,就作文的测验看,是惊人的低下。

姓陈的村长,他曾经当过村中的小学校长,向我诉说,认为这种新的学校制度在村中不能起作用。很值得把他的理由引用在下面:第一,学期没有按照村中农事活动的日历加以调整(第九章第3节)。村中上学的学生大多数是12岁的孩子,他们已到了需要开始实践教育的年龄。在农事活动的日历中有两段空闲的时间,即从1月至4月及7月至9月。但在这段时间里,学校却停学放假。到了人们忙于蚕丝业或从事农作的时候,学校却开学上课了。第二,学校的教育方式是“集体”授课,即一课接着一课讲授,很少考虑个人缺席的情况。由于经常有人缺席,那些缺课的孩子再回来上课时,就跟不上班。结果是,学生对学习不感兴趣,并造成了进一步的缺课。第三,现在的女教员在村中没有威信。

在这里,我不能就此问题更深入一步进行讨论,但明显的是,村中现有的教育制度与总的社会情况不相适应。廖泰初①先生在山东地区对教育制度进行了实地调查。从他的材料中可以看到,不适应的情况不限于这个村子,而是中国农村中的普遍现象。应当进一步进行系统的调查以便提出更为实际的建议。

① 《动变中的中国农村教育》,燕京大学,1936年。

6. 婚姻

关于继承问题和子女的义务问题，在通常情况下并不会提出来，要到孩子长大成人并且要结婚的时候才会提出来。因此，我们首先要提到婚姻问题。

在这个村子里，儿女的婚姻大事完全由父母安排并且服从父母的安排。谈论自己的婚姻，被认为是不适当的和羞耻的。因此，这里不存在求婚的这个说法。婚配的双方互不相识；在订婚后，还要互相避免见面。

婚姻大事，在孩子的幼年，经常在 6—7 岁时就已安排了。如果要在较大的范围内进行选择，这是必要的，因为好人家的孩子往往很早就订了婚。村中向我提供情况的人曾多次说到，如果女孩订婚过晚，她就不能找到好的婚配对象。但由女孩的母亲来提亲也是不合适的。而且前面讲过，母亲和女儿之间的关系是极为紧密的。结婚意味着女儿和她父母的分离，因而当母亲的总是很勉强地来办这件事。女儿留在父母的家中时间过长也是不可能的。在父系社会里，女人没有权利继承她父母的财产。她的前途，即使是一个安定的生活，也只有通过她的婚姻才能得到。因此，需要有第三者来为双方的婚姻作出安排。村里的人说做媒是一件好差使，因为媒人从中说合可以得到很好的报酬。

媒人的第一件事是弄清楚女方的生日。就是在红帖上写明女孩的八字，即诞生的年、月、日及时辰。当父母的对媒人送去红帖子的那一家男方从来不表示反对，至少是假装不反对。媒人把红帖送到有合适男童的家庭时，把红帖供在灶神前面，然后媒人说明来意。一个普通家庭的男孩，同时会收到几张帖子，因而他的父母可以进行选择。

下一个步骤是男孩的母亲拿着红帖去找算命先生。他将根据生辰八字的一种特殊推算办法，来回答一些问题，即这个女孩的命与男孩家里人是否和谐。他要对每个女孩命中的优点加以介绍，并圆滑地让他的顾客来表示她的真实态度，并依此作出决定。即使算命先生的判断和顾客的意愿不一致，顾客的愿望通常是犹豫不定的，她不一定要把算命先生的话当作最后决定。她可以找这位算命先生再商量，或者另找一位算命先生。

用理智选择儿媳妇是一件很难的事情。没有一个女孩子是完美无缺的，但每户人家都想找到最好的。因此很容易出错。如果找不到其他出错的原因，那就要归罪于挑选的人了。因此，算命先生不仅是充当作出决定的一种工具，同时，也被用作把错误的责任推卸给上天意志的一个办法。如果婚姻不美满，那是命运。这个态度实际上有助于维持夫妻关系。但必须明白，真正起作用的挑选因素，首先是男孩父母的个人喜好，在表亲婚配时尤其如此（第三章第 8 节），但这都被假装说成为天意的决定。

挑选时主要考虑到两点：一是身体健康，能生育后代；二是养蚕缫丝的技术。这表明了对一个儿媳妇所要求的两个主要职能，即是，能绵续家世及对家中的经济有所贡献。

当一个对象被选中之后，媒人就去说服女方的父母接受订婚。按照风俗习惯，女方应当首先拒绝提亲。但只要不出现其他竞争者，一个会办事的媒人，不难使对方答应。为了作好以后的婚事安排，要进行长时间的协商，双方的协议要经过第三者，即媒人来达成。村里的人说，在协商的阶段双方家长相持如同对手一般。女孩的父母提出极高的聘礼要求，男孩的父母表示要求过高，难于接受，媒人则在中间说合。聘礼包括钱、衣服、首饰等，聘礼分三次送去。聘定所花的钱，总数约在 200 元至 400 元之间①。

如果把双方的争议看成一件经济交易是完全不正确的。财礼并不是给女孩父母的补偿。所有的聘礼，除了送给女方亲属的一部分外，这些聘礼都将作为女儿的嫁妆送还给男家，而其中还由女方父母增添了一份相当于聘礼的财物。究竟女方的父母增添多少嫁妆，是较难估计的，但按照一般能接受的规则来说，增添的财物如果抵不上聘礼，那就是丢脸的事，女儿在新的家中的地位也将是尴尬的。

尖锐而热烈的协商本身具有双重的意义。它是母爱与父系继嗣这两者之间斗争的心理反映。就像人们所说的，“我们可不能随随便便地把女孩子给人家。”从社会学方面看，它的重要性在于，这些聘礼与嫁妆事实上都是双方父母提供新家庭的物质基础，同时也是为每一家物质基础定期的更新。

应当明确，从经济观点来看，女儿的婚姻对女方父母是不利的。女孩一旦长成，能分担一部分劳动之后，却又被人从她的父母手中夺走，而父母为了把她抚育成人，是花了不少钱的。所收下的聘礼并不属于父母，这些聘礼要作为嫁妆陪嫁；此外，还要加上一份至少和聘礼相等的嫁妆在内。新娘婚后将要在她丈夫家里生活和劳动，这对她父母来说，是一种损失。再说女儿结婚后，她的父母和兄弟又对这门亲戚承担了一系列新的义务，特别是对女儿生的孩子将承担更多的义务。在现实生活中，不论父方还是母方的

① 按正常兑换率，中国币制一元等于英国货币约一先令至一先令三便士。

亲戚，都对孩子感到兴趣，但由于是单系继嗣，因而孩子对他母亲方面的亲戚承担的义务较小（第四章第 5 节及第五章第 2 节）。在女方父母方面，对女儿出嫁受到的损失所作出的反应，首先表现在整个安排过程及举行婚礼方面；同时，也表现为大量溺死女婴，从而造成人口的男女性别比例失调的现象。

婚礼照例有如下的一些程序。由新郎去迎亲，乘坐一条特备的"接亲船"。他要做到很谦逊而不惹事，他要面对的是新娘家的一群亲戚，他们对他的态度通常都是装得不友好的。他的一举一动必须严格按照习惯行事，一些专门管礼仪的人在旁进行指导。发生的任何一个错误都会使整个进程停下来。有时，这种仪式要延续整整一夜。最后结束的场面是新娘作出表示拒绝的最后努力。她在离开她父母的房子之前痛哭流涕，于是由她父亲进行"抛新娘"的仪式，把新娘送进轿子。如果她没有父亲，则由父方的最近男亲来代替。一旦新娘上了船，男方的迎亲队伍马上安静地离去，乐队默默无声，直到离开村庄。女方亲属的这种象征性的对抗，往往会引起男家亲戚们不愉快的感觉，如果他们缺乏幽默感的话。

下一步的程序是用"接亲船"接新娘、两人拜堂、新娘向丈夫的亲戚见礼，以及向男方的祖先祭拜等等。这些，我在这里就不详加描写了。新郎的父母为亲友准备了盛宴，这是亲属会集的一个场合，他们之间的联系因而也得到了加强。每门亲朋都要以现钱作贺礼，至于送多少钱，由他们之间的关系亲疏而定。举行婚礼的开支，在 200 元至 400 元之间。

7. 家中的儿媳妇

女孩子终于到了她丈夫的家中。她发现自己处在陌生人的中间,但这些人又属于和她有着最亲密的关系的人。她的地位是由习俗来支配的。夜间,她和丈夫睡在一起,她必须对丈夫十分恭顺。她只能和丈夫发生两性关系。白天,她在婆婆的监督下从事家务劳动,受她婆婆的管教。她必须对她的公公很尊敬但又不能亲近。她必须灵活机敏地处理她和小姑子、小叔子的关系,否则他们将同她捣乱。她要负责烧饭,而在吃饭的时候,她只能坐在饭桌的最低下的位置,甚至不上桌吃饭。

必须记住,她在娘家的时候,生活是相当自由的,因此,可以想象她进入了一个什么样的新环境。这是她要严守规矩的时候了。她偶然也被允许回家去看望她的母亲,并向她的母亲哭诉一番以解心头之闷,差不多所有的新娘都是这样做的。但正如俗话所说:“泼水难收”,没有人再能帮助她。她只能接受她的地位和处境。宗教信仰在此也起着促进的作用。人们相信,人间的姻缘是由月下老人用肉眼看不见的红线绿线牵在一起的。在结婚仪式上也象征性地用红绿绸带来表示这种结合。每一个结婚典礼中都可看到刻印在纸上的“月老”神像。人类本身无能为力的感觉,引起了这种宗教信仰,并借此减轻现实的压力。至少在这种情况下,可以缓和新娘的反抗倾向。

一般说来,新娘适应她夫家的状况并不需要很长的时间。她在家中,特别对从事蚕丝生产是很有用的。后面还要讲到,蚕丝业在家庭经济中占有很重要的地位(第七章第2节)。在结婚之后的第一个春天,新的儿媳妇必须经过这样的一种考试。新娘的母亲送给她一张特殊挑选出来的好蚕种。她完全靠自己的能力来养这批蚕。如果她养得好,显示了她的技能,就能赢得她婆婆的好感。这被认为是女孩子一生中的重要时刻,据此可以确定她在丈夫家中的地位。

同样,她如果能生一个孩子,特别是一个男孩,她的地位也可以得到提高。在生孩子之前,丈夫对她的态度是冷淡的,至少在公开场合是如此。在讲话的时候,丈夫都不会提到她。甚至在家中,只要有别人在场,她的丈夫如果表示出对她有一些亲密的感情都会被认为是不妥当的,结果会成为人们背后议论的一个话题。在这种情况下,夫妻之间坐也不挨得很近,而且彼此极少交谈。他们宁愿通过第三者来交谈,而且彼此还没有一个专门名词来称呼对方。但一旦生了孩子,当丈夫的就能称他的妻子为孩子的妈。从此之后,他们能比较自由地交谈,彼此之间也能较自然地相处。对于其他亲属来说,情况也是相同的。真正使丈夫的家接受一个妇女的,是那个孩子。对孩子的关怀是家中的一种结合力量。

然而,新娘和她的新的亲属之间的关系,要调整得好,总是有困难的。她对自己的丈夫,由于过去并不熟悉,也许不会很快就喜欢他。人们对一个妇女与婚姻之外的任一个男性比较亲密的关系都存在着偏见。为了防止这种可能性,社会上绝不允许成年的女孩和男孩有亲密的关系,以严格保持女孩婚前的贞洁。女方的任何失检将导致原定婚约无效,并亦为其他的婚事安排带来困难。对已婚妇女的通奸,看得更为严重。从理论上说,当丈夫的可以杀死奸夫而不受惩罚,然而在实际上很少这样做。由于结婚花费很贵,甚至防止人们遗弃有不轨行为的儿媳。晚上人们聚拢在一起时,也会很随便地谈到私通的事。我的情况提供者告诉我,有那么一个例子,有一个丈夫因经济上的原因纵容妻子另有一个男人。但毫无疑问的是,妻子的不忠实始终是家庭中发生争吵的一个因素。

但家庭纠纷更经常地发生在媳妇和婆婆之间。人们理所当然地认为婆婆是媳妇的潜在对手。她们之间发生摩擦是司空见惯的,因而关系和睦就会得到特殊的赞扬。有人如果听到老年妇女的私下议论,就会证实我的说法。那些老年的妇女总是喋喋不休地咒骂她们的儿媳。如果考虑到日常的家庭生活,婆媳之间存在的潜在冲突是可想而知的了。丈夫和公公白天不在家中,终日外出劳动,但婆婆总是在家。儿媳对婆婆本来毫无感情基础,来到这个家之后,感到自己被婆婆看管着,且经常受到批评和责骂。但她必须服从婆婆,否则,丈夫会替婆婆来打她。婆婆就代表着权力。

老年妇女都有类似的观点,认为儿媳妇总是不合意。我在前面已经指出过,父母和孩子之间的联系是紧密的。夫妻之间的关系,在一定的意义上说,是父母与儿女关系中的干扰因素。如果婆媳之间发生纠纷,当丈夫的不能完全置身事外。如果他站在母亲一边,这往往是结婚后不久发生的情况,夫妻之间将发生争吵。如果他站在妻子一边,就成为母子纠纷。我曾亲眼看到过这样一个例子,由于婆媳之间的纠纷,儿子对母亲大发雷霆以致打了母亲,受到社会的谴责。家庭中的这种三角关系使家庭很难保持和睦相处。

如果纠纷闹得忍无可忍,儿媳妇就可能被休弃。休妻通常是由婆婆提出,甚至违背自己儿子的意愿。如果婆婆能为采取这种行动找到一些站得住脚的理由,如儿媳通奸、不育等,则儿媳不能要求赔偿,否则必须给离弃的女方 60 至 70 元。当儿媳的没有权利来改变这种行动,但她可能说服她的丈夫坚定地站在她一边。如果发生后一种情况,就要闹分家。

媳妇无权提出离婚。她唯一可以采取的有效行动是放弃家庭。她可以逃奔到城里去,在那里找些事干来维持生活,直到有可能和家庭慢慢达成和解。如果她丈夫坚决地支持他的母亲,以致夫妻和好无望时,她可能采取更加绝望的行动,即自杀。人们普遍都迷信她将变成鬼为自己报仇。此外,她自己的父母、兄弟将要求赔偿,有时甚至把丈夫的房子部分拆毁。因此,仅仅是自杀的威胁,实际上已足以使人们重归于好。另一方面,当婆婆的由于害怕面临这种可能性,因而她通常还不敢把媳妇逼到这种地步,以免激起她自己都十分害怕的后果。

家中的不和睦也不应当加以夸张。在这群体中,基本的情况是合作的。当婆婆的有特权,这是事实,只要她得到她的丈夫和儿子的支持。但也应当考虑到她维护家规所具有的教育作用。男孩从父亲那里受到的管教,媳妇从婆婆处得到。而且正像人们所说的那样,日久天长总有公道。因为当这个女孩自己有了一个儿子并娶了妻,她自己也能享受当婆婆的特权。一个媳妇的经济价值和对小孩的共同兴趣,使家庭中得失相抵,大致上得到了和谐。

8. 表亲婚姻与“小媳妇”

我已扼要地叙述了父母与子女的关系及夫妻关系,并提出了这样的事实,在男方和女方亲家之间,很明显地缺少经济的互惠关系。而且婚姻的安排很少考虑到丈夫和妻子的爱好,因而存在着家庭不和睦的可能性，它会导致家的不稳定。从长远看来，经济互惠还是存在的，它是亲属制度的基本稳定力量；但在短时期内，媳妇的处境不利于这个群体的和睦相处。因此，表亲联婚成了一种解决问题的办法。

在村中可以看到有两种不同的“表亲”婚姻。一个女孩子嫁给她父亲的姊妹的儿子，叫做“上山丫头”，“上山”意味着家庭的兴旺。一个女孩子嫁给她母亲的兄弟的儿子，叫做“回乡丫头”，就是一个女孩又回到她的本地。这被认为对这家是不利的。可以从这字面上表达的意思，看到人们都喜欢“上山”的一类，而不喜欢“回乡”的一类。

让我们来看看这两种类型之间有哪些真正的不同。如甲家庭在第一代将一个女孩给乙家庭，成为乙家的儿媳妇；到了第二代，又重复了这个过程，这种婚姻就叫做“上山”型。如果这个过程在第二代向相反方向发展，这女孩子的婚姻就成了“回乡”型。在第一种情况下，这女孩子成为她父亲的姊妹的儿媳，她的婆婆是从她的父亲的家中来的，和儿媳的父亲还有着亲密的关系；而在第二种情况下，一个女孩成为她母亲的兄弟的妻子的儿媳。兄弟的妻子曾在婆婆手里受过苦的。兄弟的妻子的婆婆正是女孩的母亲的母亲。当母亲的总和她出嫁的女儿之间存在着一种亲密的关系，而这种亲密的关系往往被她的儿媳所忌恨。当这个女孩子落到了她母亲的兄弟的妻子手上当儿媳，而她的婆婆正是她母亲的母亲的儿媳，她正好成了她婆婆报复的对象。

在这种家庭情况下，可以看到心理上的因素往往超过了经济上的因素。因为从经济观点来看，第二种情况更利于两家在承担义务问题上取得平衡。

我不能证实每类表亲婚姻的准确数字。但向我提供情况的人认为,如果有合适的上山型婚配机会,往往就办成了。在邻村,只有一对“回乡”型的婚姻,恰好成为被引用来作为结局不愉快的最新证据。此外,从中国南部得到的对比材料也证明了这里所提出的结论。在那里,一样的父系家庭制度以及婆媳之间潜在冲突,同样,也存在着偏爱上山型表亲婚姻中的情况。[①]

女孩带来的经济负担导致了大量的溺女婴,这在前面的章节里已有所述。现存的两性比例的情况,使一些贫穷的男孩子难以找到对象。如果以 16 岁为结婚的最低年龄,我们发现有 128 个婚龄男子,占总数的 25%,仍是单身汉。另一方面,超过 16 岁的妇女只有 29 名,占总数的 8%,没有结婚。25 岁以上的妇女没有一个是未婚的,但村里却有 43 个 25 岁以上的男单身汉。

两性比例的不平衡也影响到夫妻之间的年龄差别。在 294 例中,夫妻之间的平均年龄差别为 4.9 岁,其中,丈夫比妻子平均大 3.65 岁。应当知道,在农村里娶年龄太小的妻子并没有什么好处,因为她们还不能分担家务劳动。有许多例妻子的年龄大于丈夫,事实上,有一对夫妻,女的比男的大 11 岁。

我必须进一步说明,这些数字仅限于这个村子,而大部分婚姻是本村与外村之间的。因此,我假定在别的村子中也存在着相同的情况。这种假设是由以下的事实来证明的,即进行婚配的地区与从事某种家庭工业的地区是相同的,而这地区的蚕丝业对女孩子的需求也是相同的。在城市中,情况可以不同,城市中的两性比

---

① 林耀华《福州的族村》,未出版的专著,燕京大学(汉文),及葛学溥(Kulp Ⅱ),《中国南方的农村生活》(*Country Life in South China*),第 167—168 页。

例尚不清楚。但农村中的人,常把女孩送到城里去给大家庭作养女,或把她们送到慈善机构里去,以代替溺婴。此外,我发现在城中较少溺婴。因此,可以预期在城市中女性的比例比农村中为高。由于农村和城市中两性比例的不同,导致了从城市中把妇女送到农村的现象。例如,在城里的年轻女佣,到了结婚的年龄,她的主人就为她安排一门农村的亲事。在这个村子中,我知道有 11 对(占已婚妇女的 2.5%)就属于这种情况。

晚婚也是由于婚事费用过高而造成的。虽然我还没有找到这种开支的一个肯定的数字,粗略地估计,大约需 500 元(第七章第 7 节)。这个数字相当于一个家庭一年的开支。由于近几年来经济萧条,村里几乎中止办婚事。农村工业的不景气从根本上向现存的婚姻程序进行了挑战。但由于成婚是不可能无限期推迟的,所以出现了另一种结婚的方式,这就是所谓的“小媳妇”制度,“小媳妇”的意思是年幼的儿媳妇,即别的地方所说的“童养媳”。

在女孩很小的时候,男孩的父母领养了她。她未来的婆婆甚至还要给她喂奶,并一直要抚养她到结婚。如果这女孩是在她丈夫家中养大的,那么婚姻的一切复杂程序如做媒、行聘、接亲船、轿子等等都不再需要了。有些“小媳妇”甚至不知道她自己的父母。而那些与自己父母还保持联系的女孩,由于早期即与父母分离,父母对她们也就没有特别的兴趣。婚事的费用,可以缩减到少于 100 元。

由于这种新的制度,家中的成员之关系和姻亲之间的关系起了很大的变化。我曾观察到,有许多从幼年起就被未来的婆婆带领大的女孩子,十分依附于她的婆婆,就像一个女儿对母亲一样。特别是,如果这家真的没有女儿,情况就更是如此。甚至那些受到未来的婆婆虐待者，逐渐习惯于自己的地位，在婚后也不至于经受不起。故婆媳之间的纠纷，即使不能完全避免却常常不是那么尖锐。姻亲关系是松散的，在许多情况下它已经消失了。

在最近的10年里，“小媳妇”的数字增加了。在已婚的439名妇女中，有74人，即17%，在婚前是“小媳妇”。但在未婚的妇女中，“小媳妇”有95人，而非小媳妇有149人，“小媳妇”占39%。平均起来，每2.7户人家就有一个“小媳妇”。这个数字是非常有意义的。但现在就来预测这种制度进一步发展的情况，为时尚早。从成婚率和人们关心的程度来看，传统的婚姻仍然是主要的制度。“小媳妇”制度是受到轻视的，因为它是在经济萧条的时候产生的，而且通常是贫困的人家才这么做。此外，它使姻亲联系松散，影响亲属结构的正常功能。它对妇女的地位，甚至对年轻夫妇建立一个独立的家庭都有不利的影响，因为他们缺少双方的父母供给的聘礼和嫁妆。有意思的是，据提供情况者说，此类型的婚姻，在太平天国运动(1848—1865年)之后，曾在很相似的情况下流行过。太平天国运动以后接着是普遍的经济萧条。但一旦情况恢复正常，传统婚姻就取代了这种类型的婚姻。

第四章　财产与继承

所有权——家产——财产的传递——继承对婚姻和继嗣的影响——赡养的义务——新的继承法

1. 所有权

在开始讨论财产和继承问题以前,有必要在本章加述一节所有权的问题。关于土地所有权问题,我将在以后章节中论述。

所有权是一物与个人或一组人之间的一定关系。所有者根据惯例和法律规定,可以使用、享有和处理某物。关于这一问题有下列三方面需要研究:所有者、物、所有者与物之间的关系。我们从村里的人了解到他们对财产的一种分类办法。他们是根据所有者的性质来分类的。

(1)"无专属的财产"。每个人,可以无例外地自由享用此类财产——如空气、道路、航道等。但自由享用必须是在不侵犯别人享用的条件下进行。以航道或水路为例:每个人均能享用村里的河流,但不允许其在使用时做出对当地居民有害的事。夜间停止使用河流,除得到守夜人许可外,任何人不得通过。又如,即使在白天,船只不得堵塞航道,船只停留时,必须靠岸以使他人通过。

（2）村产。凡该村居民，均有同等权利享用此类财产，如：周围湖泊河流的水产品、公共道路和“坟地”上的草。但在某些情况下，此类财产的处理权在村长手中。这将在土地占有这一章（第十一章第1节）中作更详细的描述。

属于其他地域群体的物很少，也许我们可以提到刘皇的偶像，它属于“段”这个群体所有（第六章第3节）。

（3）扩大的亲属群体的财产。村里的氏族没有任何共同的财产。但兄弟之间分家后，仍然可共用一间堂屋（第七章第2节）。祖坟不列入真正的财产，因为它对子孙后代没有任何用处，相反，后代有修缮祖坟的义务。同一祖宗的各家均有这种义务。

（4）家产。此类财产是下一节要讨论的主要题目。

村里的人告诉你的都可包括在这四类财产之中。村里全部东西也可依据这四类来分类。可能有人会惊奇地注意到，没有列出个人的所有权。实际上，个人所有权总是包括在家的所有权名义之下。譬如，你问一个人，他的烟斗是属于他的还是属于他家的，他会回答是属于这两者的。说烟斗是他家的，意思是别家的人不能用这烟斗。说烟斗是他个人的东西，指的是，他家里的其他成员不用这烟斗。这两种所有形式对他来说似乎并不互相排斥。个人拥有的任何东西都被承认是他家的财产的一部分。家的成员对属于这个群体内任一个成员的任何东西都有保护的义务。但这并不意味着这个群体中的不同成员对一件物的权利没有差别。家产的所有权，实际表示的是这个群体以各种不同等级共有的财产和每个成员个人所有的财产。

物还可以按其不同的用途来分类。

（1）用作生产资料的物，如土地养蚕缫丝用的房屋、羊栏、农具、厨房等。

(2)消费品。

a)用后未破坏或消耗尽的,如房间、衣服、家具、装饰物等。

b)用后被破坏或消耗的,如食物等。

(3)非物质的东西,如购买力(以钱币形式出现)、信贷、服务,以及相反方面的,如债务。

2. 家产

拥有财产的群体中,家是一个基本群体。它是生产和消费的基本社会单位,因此它便成为群体所有权的基础。但如前所述,家的集体所有权的部分,对这个群体的各个成员并不完全保持同等权利,所以必须分析不同种类的物,如何为不同的成员所拥有。同时也需要分析不同类型的所有权是如何在各成员之间分配的。

土地是由农户全体成年男子或一些成年男子耕种的。男孩有时帮助耕种,女人只帮着灌溉。产品部分被贮存起来供一家人消费之用,部分出售,以纳税、交租和支付工资,并买回其他消费物品。土地使用权和产品享用权有时通过契约扩大到雇工。收税和收租人的权利只限于从土地取得的利益的范围。在村里,除了例外,耕种者一般保留使用和处理土地的权利。如果他不付给任何人地租而向政府纳税,他可被认为是一个完全的所有者。如果他失去了法定的土地所有权,他必须对持所有权者交地租,持所有权者用所收地租的一部分向政府纳税,在任何情况下,耕种者受法律和惯例的保护,使其不离开土地,不受持所有权者的干扰。换句话说,耕种者拥有土地但有一个附带的条件,即与持所有权者分享部分产品(第十一章第4节)。

处理土地的权利掌握在家长手中。但在日常管理中,例如决定播种的作物、播种日期等,家长,特别若是女人的话,不行使权利,而把决定留给一个技术熟练的人来作。但出售或出租土地的事,除家长外,没有别人能作决定。实际上他的行动可能受其他成员所驱使或者是根据其他成员的建议来作出决定,但责任由他自己来负。在土地所有权这一问题上,我们可以看到,土地的使用权、处理权和利益的享用权是如何在这一群体的各个成员中分布的。

房屋用于蚕丝工业、打谷、烹饪及其他生产性工作。房屋也用作庇护、睡觉和休息的场所。这些不同的功能来自相当不同类型的所有权。养蚕时期,特别是最后两周需要很大的地方。在这一时期,除去厨房外,所有房间都可能用来养蚕。全家人都挤在一间卧室里。个人就暂时没有各自的房间。打谷时,中间的房屋公用,有时还需与新分家的兄弟合用。厨房主要是妇女用的场所,但做得的食品全体成员共同享用,偶尔有为特殊成员供食的情况。

个人所有权,意即某些人专用某些物的权利,绝大多数是消费物品。虽然,那些用后耗尽的物品必须归个人所有,但那些能够重复使用的物件,可由几个人连续共用。兄弟之间和姊妹之间,双亲和孩子之间在不同时期可共用衣物,但在一定时期内,或多或少是一个人专用的。贵重的首饰等归个别成员所有,多半属于妇女,而且是嫁妆的一部分。嫁妆被认为是妇女的"私房",但可与丈夫和儿女共享。它也是这个家的家产,遇到必要时,可以抵押出去来接济家里的困难。但在这种情况下,必须征得妇女本人的同意。未经妻子同意便出售她的首饰往往引起家庭纠纷。

分给个人住的房间,或多或少是小家庭专用的。部分家具系由妻子的父母提供。媳妇外出可以把房门锁上,虽然,一般认为这样做对婆婆是不很礼貌的。房内箱子和抽屉的钥匙由媳妇保管,这是家中的成员专有权的象征。

小家庭私用的卧室并不损害家长对房屋的最终处理权。幼辈成员不能出售或与任何人交换住房,这和土地的情况一样,家长对不动产的处理有最后决定权。对土地和副业的产品也是如此。妇女可以出售生丝,如果她不是家长,她必须把钱交给家长。在这个意义上,家长对财产具有较大的权利,超过这个群体中的任何一员。对非物质的物品的权利,包括作为购买力的钱,更为复杂。种稻、养蚕、养羊的主要收入来源由家长控制。钱主要在他手中。只有家长才能决定购买农具、肥料、添置新的土地或房屋。从理论上说,这个制度的理想做法是:每当其他成员从其他来源得到收入时,必须把钱交给家长,他们需要什么时,要求家长去买。这是一种非常集权的经济。但实际上,挣钱的人通常会保留他或她的全部或部分收入。例如在工厂做工的女孩通常不把她的工资交给父亲而是交给她母亲保存,以备她将来之用。儿媳妇认为工资是她自己的钱。如果一个媳妇不直接挣钱,她向家长要的钱往往超过实际的开支,把多余的节省下来。这样,她自己有少量储蓄,称为“私房”,她“私人的钱包”。这是媳妇秘密保存的,但总是受到婆婆严密的监视,最终往往成为冲突的缘由。

家庭的日常费用由公共财源开支。但每个人每月有一些零用钱可以自由处理。主要的项目如税金、工资、食物、衣服和其他开销由家长控制。个人在办理这类事务之前应先得到家长允许。除家长外,个人不准借贷。如果一个儿子秘密欠了某人的债,在邻居们看来就是个坏人,他父亲只要活着就可以拒付这笔债款,儿子只有在得到一份遗产后才能还债。因此,这样的贷款利息通常是很高的。

从经济地位来说,家长在这个群体中确实是有权威的。不是家长的人,对物的享有权既有限也不完整。

3. 财产的传递

广义地说,继承是根据亲属关系传递财产的整个过程。但它在法律上的用法限于指取得对已故祖先的财产的权利。① 在人类学中,通常是指一个已故者的财产处理问题。②

但如果把研究限制在这样一个范围内,势必把其他各种事实遗漏,例如父母活着时的财产传递,后代接受已故祖先的经济义务等。所有权是对物的各种权利的一个混合概念。传递的过程通常是一点一点进行的,甚至在祖先死后,还未必完成。惧怕惹恼祖先鬼魂的心理,或是子孙孝顺的伦理思想,都表明了死者对继承人自由处理遗产的缠绵不息的影响。因此为分析当前的问题,我将从广义方面来使用"继承"这个术语。

一个婴儿,一无所有,赤身裸体地来到这个世界。由于他的身体还不具备获得物体的能力,因此他全靠他人的供养。家庭的作用就是把一个没有独立生活能力的婴儿抚养成为社会中的一名完全的成员。父母对孩子的义务是根据亲属关系确定财产传递的一

① 《民法》第1,147条。《民法》译本(C. L. 夏等,凯林及沃尔什有限公司,1930年)用 Succession to Property 这一术语。我沿用 W. H. R. 里弗斯的定义:用 inheritance 一词表述财产的继承,用 succession 一词来表述职位的继承(《社会组织》第87页)。

② R. H. 洛伊(R. H. Lowie),《原始社会》(*Primitive Society*),第243—255页。

般原则的基础。

孩子通过父母同各种东西发生接触,从而满足其需要。最初时,未征得父母的同意,他不能使用任何东西。例如,对基本的营养需要依靠母亲的供应。当然,这种供应在一定程度上是受到人类感情和社会规则的保证的,但即使这一点也不一定总有保障。假如这孩子不受家庭的欢迎,他可能因为不喂奶而饿死。他长大后,归他用的东西增加了。但他不能自由取用那些东西。他的衣服,穿上或脱掉都需随他母亲的意愿。放在他面前的食品,必须经他母亲许可才能吃。亲戚送给他的礼物,由母亲保管。成人控制孩子同物之间的关系,主要是为了孩子的福利或为了防止孩子由于技术不熟练而用坏物品。所以当孩子懂得照顾自己并学会正确使用物品时,这种控制便减少了。孩子的技术知识增长并参加了生产劳动,就逐步获得了那些属于家的物品的使用权。但真正专门归他用的或可由他自由使用的物品极少。他所消费的物品类型和数量也总是在他长辈的监视之下。

财产传递过程中的一个重要步骤发生在结婚的时候。男女双方的父母都要以聘礼和嫁妆的名义供给新婚夫妇一套属于个人的礼物,作为家庭财产的核心。新婚夫妇现在有了一间多少是他们自己的房间。但从新娘的角度来看,她同时失去了使用自己娘家财物的一定权利。她出嫁后回娘家,便成了客人;如果父母去世,更是如此。家屋已归她兄弟所有。她住在丈夫的家中但却不能像在自己娘家那样自由自在。实际上,她对物的使用权非常有限。除去她丈夫的东西外,家中其他成员个人的东西,她无权共有。家的集体经济的分解倾向,往往是从她开始的。

上述集权的家庭经济体系削弱了年轻夫妇的独立性。在孩子的成长过程中,父母的控制是必要的,但婚后继续进行这种控制,就是另一回事了。社会的一个完全的成员,需要一定数量属于他自己支配的财物,同时一个家庭的正常功能需要较丰富的物质基础。但这些均受到家的集权经济体系的阻碍。年轻一代对经济独立的要求便成为家这一群体的瓦解力量,最终导致分家。

分家的过程也就是父母将财产传递给下一代的最重要的步骤之一。通过这一过程,年轻一代获得了对原属其父亲的部分财产的法定权利,对这部分财产开始享有了专有权。

父母和已婚儿子分家,通常是在某一次家庭摩擦之后发生的。那时,舅父便出来当调解人,并代表年轻一代提出分家的建议。他将同老一代协商决定分给儿子的那份财产。父母去世后,已婚的兄弟之间则自动分家。

让我们以有一父、一母、两个儿子、一个女儿的一个五口之"家"为例。长子成婚后,如果要求分家,便将土地分成不一定等量的四份。第一份留给父母。第二份是额外给长子的,剩下的一份由两个儿子平分。

父母的一份将足以供给他俩日常生活及女儿出嫁、小儿子成婚所需的费用。这一份土地的大小根据两老的生活费用及未婚子女的多少而定。

长子接受两份,额外归他的那份一般比较小,其大小将根据他对这个集体单位的经济贡献而定。长子年纪大些,肯定较其弟多作些贡献。从村里邻人的眼光看来,长子对已故双亲也具有较大的礼仪上的义务。

未婚儿子的那一份是名义上的。他与父母一起生活,没有独立地位。但成婚后,他可以要求分得这一份。如父母之一在他成婚前去世,就不再分家。尚未与父母分家的儿子供养在世的父亲或母亲。父亲或母亲甚至不通过分家的方式就将大部分经济权交给已婚的儿子。当父母都死去时,由于小儿子曾供养他们,留给父母的那份土地便留给小儿子。这样,最终他也继承两份土地。但如长子也赡养父母,他亦可对留给父母的那份土地提出要求。长子和幼子最后分得的土地数不一定相等。

房屋有几种分法。父母在世时,长子住在外面其他房屋里。例如,该村副村长周某,他是幼子,同父母一起住在老房屋内。其兄在分家后搬到离老房屋不远的新屋内。如父亲去世后才分家,长子便占住老房子,幼子同母亲一起迁往新居。由于修建或租用新房屋有困难,因此,多数情况下将老房屋分成两部分。长子住用东屋,幼子住西屋(房屋的方向总是朝南),堂屋为公用。

如仅有一子,只有在发生严重冲突的情况下他才会要求和父母分家。在此种情况下,分家仅意味着是一种经济独立的要求。儿子分得多少,无关重要,因为这只是一种暂时的分配。最终全部财产仍将传交给儿子。父母年老不能工作时,他们又将再合并到儿子的家中去。这种再合并的过程不损害儿子已获得的权利,反而是将其余的财产权传给儿子。

不论是土地或房屋均为单系继承。女儿无继承权。女儿出嫁时,父母给她一份嫁妆,包括家具、首饰、衣服,有时有一笔现钱;但从不分土地或房屋,甚至最穷的父母也得为女儿备一份被褥。

分家以后,儿子获得单独的住房或分得一部分老房屋,其中单有一间厨房,其妻便在这厨房内为这个家煮饭。他有单独另一块土地,所得产品归他个人支配。但实际上,他对这些分配所得的权利仍是不完全的,只要他父亲在世,便可以对他使用土地和房屋施加影响。儿子不得违背父亲的意愿去出售土地。父母需要食物时，他必须送往。父母双方年老或有一方在世时，他必须负责赡养。所以分家并非就此完全结束了父母与子女之间的经济关系。

此时所分的仅限于生产用的和一部分消费用的财产。属于父母个人的财产仍然被保留着。儿子通常分得一笔钱以开始经营他那新的经济单位。至于债务，除去儿子私下欠的债以外，仍将留到父亲去世时才解决。

父母年老、丧失劳动能力时，保留的不动产部分将传给儿子。最后的传递在父母去世时进行，特别是在父亲去世时。部分个人用品将与死者一起埋葬，另一部分火化，被认为是给死者的灵魂使用的。其余部分，不仅为儿子而且将为服侍过死者的其他亲戚所分用。女儿可分得相当一部分母亲的遗物，包括衣物和首饰。在某种程度上，这意味着母系继承，但由于儿媳也往往分得一份，这个惯例便不是绝对的了。对此类财产的分配或多或少是按照死者或其丈夫（或妻子）的意愿，他们有权决定对遗物的处理。

4. 继承对婚姻和继嗣的影响

就土地和房屋而言，继承是按继嗣系统进行的。但如果一个人没有儿子，财产传给谁呢？这个问题有两种情况：一个人可能没有孩子或有女儿而没有儿子。让我们先研究一下第一种情况。

因生理原因而无子女的情况极少。如果一个妇女不能生育，就会受到遗弃，丈夫将重新结婚。多数是因为孩子死亡而无子女的。一个男人上了年纪而没有活着的孩子时，可以领养一个男孩。他可以自由选择一个养子。在领养时，他必须邀请他同族的人，在他们面前,与孩子的父母或孩子的其他负责人签订契约。契约分两个部分:一方面,养父正式允诺,保证养子具有正式的地位,特别是继承权;另一方面孩子的父母或负责人保证断绝他与孩子之间的关系,同时以孩子的名义担保在养父或养母年老时赡养他们。

同族人在契约上签字甚为重要,因为这一行动是违背他们的利益的。如果一个人死后无子女,他的近亲层中最近的亲属便自然地成了他的嗣子,并根据惯例,继承他的财产。但在此种情况下,继承人不会同他自己的父母断绝社会关系。他将与自己的父母同住,不替被继承人做事。事实上,这种继承人主要只是承担礼仪上的义务。

从经济观点考虑,人们认为领养一个能为养父母干活的孩子,在他们生前侍候他们,比在亲属中指定一个继承人好得多。但领养一个外人意味着在最近的亲属方面失去了对财产的潜在的继承权。因此潜在的继承人的父母往往想尽一切办法来制止这一行动。通常的结果是妥协。或者最近的亲属答应赡养领养父母,或者年老的父母领养一个外人,但是允诺把一份财产传给潜在的继承人。这份财产并非土地或房屋,而是一笔金钱。

假如儿子成婚后死去,未留下孩子,其父母将为死去的儿子找一个替代人作为儿媳妇的后夫。此替代人被称为"黄泥膀"。① 他

① 村里的人解释方言"黄泥膀"这个词的意思为黄泥腿。但他们并不知道为什么要这样称呼他。后来我发现中国北方方言也有同样的叫法,"泥腿光棍",例如在古典小说《红楼梦》第45回中,指那些无业单身汉。但城镇里识字的人告诉我这个词的另一种文言的解释是"防儿荒"。"防",当地人念ban,在此词中变音为Wan。"儿",当地方言念作ni。"荒",读作Whan在这里变成Pon。语音变化如b变成w,wh变成p,在其他例子中也常见。识字人的解释,说出了替代人的功能,而当地人的解释说明了替代人的性质。两种解释对了解这种习俗都有用处。

将改姓其妻子前夫的姓并住在前夫的房屋内。他的孩子将被视作死者的嗣子。这个替代人的社会地位很低,富裕的人是不会接受这种位置的。村里有两个"黄泥膀"。

假如死者有一个未定婚的弟弟,叔嫂婚也就在同样的情况下产生。村里有两起这样的婚姻。当"小媳妇"的未婚夫在结婚前去世,在这种情况下,叔嫂婚比较普遍。

现在,我们必须转入第二种情况:即一个男人仅有女无子。如果女儿在弟弟死前出嫁,她对她父系的继嗣不能作出任何贡献。但如果她尚未出嫁,父母也明白不可能再有儿子,他们便可要求女儿的未婚夫的父母允许他们的女儿为他们传嗣。换句话说,他们有权利将其女儿的一个男孩作为他们自己的孙子。这类婚姻称作"两头挂花幡",意思是在两个家的祖宗牌位上插两面花旗。在结婚仪式上,花幡是传嗣的象征。这个村子有一起这样的婚姻。

假如女儿尚未订婚,他的父母可以领养一个女婿。女孩的父母向男孩的父母送一份结婚礼物。婚礼在女孩家中举行,丈夫将住在妻子家里与岳父母一起生活。除举行婚礼外,女孩的父母还将与男孩的父母签订一项契约,与领养一个儿子的契约类似,并有同族人连署。其女儿的孩子姓他们的姓,为他们继嗣。这类婚姻本村有 12 起。如果我们考虑到无子的父母相对来说比较少,且一般定婚比较早,12 起的数目是相当可观的了。在父母还有希望获得亲生儿子时,他们是不会安排此类婚姻的。但如女儿成婚后,父母又得一子,已办成的事仍然有效。我们见到一例。这是普遍都接受的制度,而且在民法中已有法定条文①。

① 《民法》第 1,000、1,002、1,059 及 1,060 条。

在上述情况中，父系继嗣的原则已作修改，婚姻制度有所改变。这说明，继承和继嗣的问题应被视为两代人之间相互关系的一部分，一方面是财产的传递，另一方面是赡养老人的义务。年轻一代供养老人的义务不仅靠法律的力量来维持，而且是靠人的感情来保持的。由于感情上的联系及老人经济保证的缘故，他们宁愿从外面领养一个儿子，而不愿在亲属中指定一个继承人。他们领养女婿，改变了父系原则。老人去世后，下一代的义务并未结束。照看坟墓、祭祀祖宗便是这相互关系的一部分。此外，对继承下来的财产的自由处理权又受到崇敬祖先的宗教和伦理信念的约束。因此，我们研究年轻人赡养父母的义务必须联系继承问题。

5. 赡养的义务

一开始，家庭里尚未添丁时，成人自己割羊草。家里有了孩子并能工作时，成人才摆脱了这项工作。在种稻这项工作中，男孩最初可帮着插秧，进行灌溉。男孩长大后便与父亲并肩劳动，终于，甚至在成婚前已比他父亲担任更多的工作。女孩帮助母亲料理日常家务及养蚕缫丝。当他们对家庭的贡献超出他们自己的消费时，便已开始赡养父母。虽则由于经济收入归家庭的缘故，他们供给家庭的份额并不明显。

在父母和孩子之间并不计较经济贡献上的平等问题，但在兄弟之间确有这个问题。我知道这样一个事例，有一个人根本不在地里劳动而靠他弟弟过活。为继续他的寄生生活，他甚至阻碍弟弟结婚。他受到了社会舆论的严厉批评。公众舆论迫使他为弟弟安排了婚事，并准备婚后接着分家，但在我离开村子以前，分家尚未举行。普遍接受的观念是,既然一个人在童年时代受了父母的抚育,又接受了父母的财产,为父母劳动就是他的责任,但为兄弟劳动却不是义务。

然而,父母和子女之间平等的意识并非完全被排除了。年轻夫妇如果挑起了家中的大部分劳动重担,而由于经济权力集中在老一代手里,青年仍然没有独立的地位时,他们也会产生不满。这将最终迫使父母在逐渐退出劳动过程中,同时放弃他们的权力。

儿子有了独立地位时,赡养父母的义务就明显了。假如父母年老时,仍然掌握一份土地,但已无力耕种,儿子将代他们耕种。这意味着实际上儿子必须为父母出一份劳力。另一个普遍的形式是,当父母一方去世时,活着的一方将与儿子的家进行合并,并一起居住。供养的金额并不固定。如果有两个儿子,他们可以轮流赡养。总之,随着父母年老依赖程度的增加,他们的权威便按比例地缩小。从各类型所有权的角度看,父母退却的一般规律是从使用产品的权利退到处理产品的权利,最后到处理用具和生活享受的权利。从各类物体的角度看,从生产资料退却到消费物品,最后到非物质的权利和债务。这些退却的步骤与下一代义务的增加是相互关联的。下一代从完全依赖于父母到担当合作的角色,最后到挑起赡养父母的全部责任。正如前面已经提到的,甚至到父母死亡,尚未完全解除下一代对上一代的义务。对遗体的处理、服丧和定期祭祀,都是子女义务的延续。由于受赡养和祭祀的一方对这些义务不能施加直接的影响和控制,宗教信仰和公众舆论便成了强烈的约束力。

当一个人垂死的时候,家的成员都要聚集在身旁,小辈们跪在床前。当儿子的位置最接近死者。女儿不一定在此之列,但一旦父母死亡,出嫁了的女儿便得迅速赶到。在死者大门前燃烧起一包衣服和一张纸钱。邻居们纷纷到来,协助料理丧事,因为家的成员此刻都服重孝,无心办事。儿子、儿媳和女儿都身穿麻布孝服,头缠白色长带,一直拖到地面。孙儿辈则穿白衣,头系短带。

到第二天或第三天便是遗体入殓。长子捧头,幼子扶足。再下一天,盖棺,把棺材运到坟地。村里同城镇的做法不同,棺材不埋在地下,而是放在地上桑树丛中,用砖和瓦片盖起一个遮蔽棺材的小坟屋。如果这家买不起砖和瓦,则用稻草搭成坟棚。这样,并不因为埋葬而荒废土地①。

后代有责任修缮祖先的坟屋,一直继续负责到五代。那些腐烂的棺材没有人再管时,有专门的慈善机关将它们运走,埋葬在别处。

人们相信死者的灵魂离开尸体,进入阴间。死后第十七天或十八天灵魂将回到家里。那天,家中应准备就绪,迎接死者的灵魂到来,女婿将奉献木龛一个,内立有死者名字的牌位,安放在堂屋里,举哀 49 天。每餐都准备好食品供在灵位前,并且有一妇女在旁边哀嚎恸哭,如诵悼歌。这是一个妻子对丈夫的义务,也是儿媳对公婆的义务。男人从不参与这种恸哭。

举行丧礼期间,邀请保管家谱的和尚在死者面前念佛经。人们相信诵经对阴间有财富的价值。从此,死者的名字便由和尚记载在家谱中,列入祟祀的名册。

49 天后,每天的祭祀告终。两年零两个月后烧掉牌位龛,居

① 在华东中部,农村坟地的平均百分比为 2.6%(巴克,《中国农村经济》(G. L. Buck, *Chinese Farm Economy*),第 33 页)。除城镇里的富人把死者埋葬在农村以外,没有其他专门的坟地,这说明了人口极其众多,土地稀缺。

丧便告结束。死者的牌位便放入祖祠内。

在平时,每一个祖宗的生日和终日都要祭供。对所有直系祖先,每年要集体祭祀5次,其时间见第九章第3节社会活动时间表所列。祭祀的方式是为祖先的鬼魂准备一次宴席。席后,焚烧一些锡箔做的纸钱。这直接说明了下代对上代的经济义务,甚至延长到老人去世以后。后裔遵奉这些义务,在某种意义上表明了传嗣的合法权利,以及对继承权的要求。例如,遗体被放进棺材时,捧头的行动被认为是长子继承父母那份额外的土地的合法证明,也是在亲属中指定一名继承人的决定性依据。事实上,不会有两个人与死者的亲属关系是处在完全同等的位置,但如果最近的亲属未能履行这个行动,第二个人便接过这一角色,最近的亲属便丧失了继承权。奉行这个义务的,就是合法继承人,他将继承死者的遗产。

此外,如果死者是一个既未结婚也没有财产的人,就不发生继承的问题,因此不指定继承人。

但是,服丧的义务不是单系的,参加服丧的成员如下表所列:

与死者的关系	时　间	服丧情况
妻　子	无一定限期,直到儿子结婚	粗麻裙和鞋,开始头扎白带,然后改穿白裙和鞋;不穿丝绸
丈　夫 女　婿	无一定限期,数个月	帽子上带蓝顶子
儿　子	两年零六十天	粗麻布鞋,然后改穿白鞋,如果父母一方未去世,又改穿蓝鞋;白顶子;一年不穿丝绸

续表

与死者的关系	时　　间	服　丧　情　况
女儿(已婚或未婚)	两年零六十天	穿粗麻裙四十九天;白鞋,后改穿蓝鞋;黄头带
儿媳妇	两年零六十天	穿粗麻裙三十五天,其余如女儿
孙子 侄子 外甥 外孙	一年	男用蓝顶子 女用蓝头带
死者的长辈无服丧的义务		

从表中,我们可以看出,服丧的时间及戴孝的轻重并不与传嗣相关。而在某种程度上与实际的社会关系及他们与死者之间的标准化的感情关系相关。人们并不认为戴孝会增加鬼魂的福利,而认为是对死者的感情上的表露。这同祭祀祖宗不同,人们认为祭祀是对鬼魂福利有一定的贡献,是对阴间祖先的赡养。

人断气时,对物和对人的直接控制便停止。但人们相信鬼魂的存在,这便延长了死者对财产的影响。家中的不幸、病痛,有时被解释为是祖宗的鬼魂对他们所不同意的某些行动的警告,例如,不遵奉定期祭祀、遮蔽棺材的小坟屋坏了、有人出售家中的土地或房屋等。从纯粹的伦理观念出发,这已足以阻止一个人随意出售他所得的遗产。继续保持土地拥有是子女孝心的表现。相反的行动就会遭到社区舆论的批评,认为是不道德的。这对土地占有问题至关重要。

6. 新的继承法

在描述了村中财产的实际传递过程之后，现在我们可以看一看法律条款。在制定1929年生效的新民法的时候，立法者是按照中国国民党的基本政策给男女以同等的继承权，以便促进男女平等的。这与旧民法和以上描述的传统做法有重要的区别。

在继承问题上，新旧民法的原则可以归纳如下：

“过去，根据中国法律，一个女人，除去个别例外，是没有继承权的。例如，假定一个中国人在15年以前去世，留下一个寡妇、一个儿子和一个女儿，根据法律，全部遗产只能由儿子继承，寡妇和女儿一概没有权利继承。如果死者没有子嗣，只有一个女儿，而他兄弟有一个儿子，在这种情况下，女儿和寡妇仍然没有任何继承权，死者兄弟的儿子是法定继承人，一切财产均归于他。再如，即便死者没有兄弟或他的兄弟没有儿子，但只要死者有一个男性亲属活着，他是与死者同一个男性祖先的后裔，而且是属于小辈，这个男性亲属便有继承死者全部财产的法定继承权。所以，女儿只有在她的先父去世时既没有儿子、侄子也没有活着的男性亲属的情况下，才有继承权。寡妇在任何情况下不得继承。

“但是现在，法律有了很大的改变。在民法中明确地承认女子的继承权①。假定上述男人现在死去，而不是15年以前死去，

① 《民法》第1,138条：“遗产继承人，除配偶外，依下列顺序定之。一、直系血亲卑亲属。二、父母。三、兄弟姊妹。四、祖父母。”直系亲属在第967条中的定义为，“称直系血亲者，谓已身所从出，或从己身所出之血亲。”他们包括儿子、女儿以及他们的直系后裔。

他的财产便可平均分配给寡妇、儿子和女儿。如果他没有儿子只有女儿,母女可以共同继承遗产。父系侄子和其他男性亲属一概无权继承。"①

旧的立法原则规定严格沿着父系传嗣单系继承。只要一个人自己有一个儿子,就沿着这种惯例进行。他的女儿,出嫁后与丈夫住在一起并参加后者的经济单位。她没有赡养娘家父母的义务。在人们的思想里,女人没有继承娘家父母财产的权利是公平的。但在一个人没有儿子的情况下,根据旧法律,他只能把财产留给他最近的亲属,别无其他选择。他可以领养一个儿子或一个女婿,但后者没有法定的继承权。在这种情况下,习惯提供了折衷的办法。在人们的眼里,剥夺一直赡养父母的人的继承权是不合理的。但正如以上所述,他们既然也承认最近亲属的潜在继承权,因此允许提出补偿的要求。

新民法改变了单系继承的原则,因为这被认为是违反男女平等原则的。但对传嗣原则,究竟作了多少改变,不很清楚。它承认女儿甚至出嫁后,仍像她兄弟一样是她父母的后嗣(第 967 条)。但必须是"妻以其本姓冠以夫姓"(第 1,000 条),"妻以夫之住所为住所"(第 1,002 条),除非她父母为她招赘。她的子女将"从父姓"(第 1,059 条),除另有安排协议外,未成年之子女以其父之住所为住所(第 1,060 条)。作为后嗣,她有义务供养娘家的父母(第 1,115 条)。因此,每个家庭,夫妻必须住在一起,他们也同时有供养双方亲属的义务。

这些法律条款付诸实际社会实施时,将形成以双系亲属关系

---

① 这一条综述系由上海高等法院律师 H. P. 李先生提供的。

原则为基础的组织。布·马林诺夫斯基教授曾经指出,“单系继嗣是与亲子关系的性质密切联系在一起的,就是与地位、权力、官职和财产从一代传给另一代有密切的关系。亲嗣规则中的单系秩序,对社会结合来说是最重要的。”①

所以研究这个法律制度的社会效果是有意义的。它为人类学家研究从单系亲属关系变为双系亲属关系的过程提供了一个实验的机会。但就这个村子而论,虽然新法律已颁布七年,我尚未发现有向这一方向发生任何实际变化的迹象。

① 《不列颠百科全书·亲属关系》,第 14 版(“Kingship,” *Encyclopaedia Britaniri-ca*,14th ed.)。

第五章　亲属关系的扩展

父系亲属关系的扩展——母系亲属关系的扩展——名义上的收养——村庄的亲属关系基础

使得家的各个成员联系起来的基本纽带便是亲属关系。但家并不把它自己只限制在这个群体之内。它扩展到一个较广的范围,并使亲属关系形成较大社会群体的联系原则。

1. 父系亲属关系的扩展

家是一个未分家的、扩大的父系亲属群体,它不包括母亲方面的亲戚和已出嫁的女儿。父系方面的较大的亲属群体是这样一个群体,即其成员在分家后,仍然在一定程度上,保持着家的原来的社会关系。我们已看到,家中的家庭核心增大时,这个群体就变得不稳定起来。这就导致分家。但已经分开的单位,相互间又不完全分离。经济上,他们变成独立了,这就是说他们各有一份财产,各有一个炉灶。但各种社会义务仍然把他们联系在一起。开始时,他们通常住在邻近的房屋里,有时共用一间大的堂屋。他们互相帮助,在日常生活中关系比较密切。在第二代,由于他们双方父母之间的关系密切,儿辈之间也亲密相处。他们之间互相帮助和日常交往的密切程度，视亲属关系的远近和居住地区的远近而异。分家后弟兄们如果住得较远，互相帮助的机会就减少，下一代的兄弟姐妹更是如此。

根据已接受的原则，五代以内同一祖宗的所有父系后代及其妻，属于一个亲属关系集团称为“族”，互相间称“祖宗门中”，意思是“我同族门中的人”。但实际上，这个谱系的严格计算并不重要。第一，没有文字记载的家谱，对家系的记忆并不准确。和尚记家谱是为了记得需要定期祭祀的直系祖先，而不是为了承认活着的亲戚。兄弟并不被列入祖先鬼魂的名单。五代以前的祖先不再列入祭祀的名单。第二，如果严格遵照这一原则，从理论上说，在每一代，族都要淘汰一些远亲，但实际上族很少这样做的。

实际情况是这样的：长期以来村的人口一直是变动不大。如族的成员人数不增加，就不分族。如果人数增加，对土地压力增加，就必定移民到其他地方去。人离开了，就不再积极参与这个亲属群体。一代或几代以后亲属联系就停止发生作用。这就是为什么我尚未发现任何族有成员永久居住在其他村里。

下面是一个村里人告诉我的一段话。“一个族的大小，平均约有八家。因为，我儿子结婚的时候，全族都要围着一张桌子团坐（每张桌子有八个座位，一个座位坐一个家的代表，女人和男人在不同时候分别集会）。桌子座位不够时，我们就不请远亲来参加庆祝。”当然，这段说明，并不就是实际的规则，但它表明，一个单位在承认其成员的资格时允许有区别对待。在礼节性聚会时，可以排除那些远的亲戚，他们也不会坚持要求受邀请。一个富裕的家能请两桌或更多桌的族人，他们乐于这样做，也往往受到赞扬。在这个意义上说，族也可以说是一个礼仪的群体，有婚丧大事时，聚集在一起，宴会或祭祀共同的祖先，同时也送少量礼金勉强够食物的开支。互相帮助的真正的社会义务则在更小的群体内进行，例如刚分家的兄弟。此时，人们不用“祖宗门中”这个俗语，他们用“兄弟”或用兄弟辈这样的字眼来描写他们之间的关系。

族这个单位的另一个特征是，它的成员资格是家。因此，从它的个人成员来说，族并不是单系的亲属关系。一个已婚妇女，到了丈夫的家，便自动成了丈夫的族的一员。她姓丈夫的姓，把她父亲的姓放在第二位。她丈夫的亲戚遇有重大礼节性场合时，她跪在丈夫旁边，共同拜祭祖先。她死后将与丈夫一起接受祭祀。

妇女出嫁后不再是她父亲那个族的成员，她不再参加对父亲一方祖先的祭祀，死后也不受父方下辈的祭祀。

族的最重要的功能在于控制婚姻规则。族是外婚制单位，叔嫂婚例外。同姓，非同族的人可以结婚。古时候的规定及旧的法律规定，禁止同姓的人结婚，但这个村并非如此，至少在向我提供情况的人所能记忆的时期内，这个村子从未这样实行过。族缺少明确的界线，这一点并不妨碍外婚制的功能，因为大多数婚姻都在各村之间进行，而族的组织很少超越村的范围。

2. 母系亲属关系的扩展

从上面几节，我们已看到孩子与母亲方面的亲戚保持密切的联系。母亲生孩子时，他的外婆来帮助料理。孩子一年要看望母方亲戚数次。舅舅对孩子有特殊的义务。他是孩子满月时的贵客。给孩子取名字的是他，陪伴孩子第一次上学校去见老师的也是他。外甥结婚时，舅舅要送贵重礼物如首饰或现金。对孩子来说，父亲若对孩子管得太严厉，舅舅是孩子的保护人。需要时，孩子也可以跑到舅舅那里去。父子有矛盾时，舅舅就出来做调解人。父子之间或兄弟之间分财产时，舅舅是正式的裁判。舅舅去世时，外甥须为他服丧。

母亲的姊妹，特别是那些嫁给父亲的同村人的，由于住得较近，关系也很亲密。但母系亲戚关系不超过舅家和姨家的群体范围。舅姨家的亲属是不属于这个功能群体之内的。

妻方的亲属，在妻子生孩子之前，并没有密切的联系。他们不参加女儿的婚礼，要到婚礼后的一个月才去探望她。婚后第三天，新郎和新娘要到岳父母家去"回门"。礼节性拜访结束后，彼此不再探望，只是妻子本人偶尔回娘家探视。生孩子时，妻子的母亲便来女儿处陪伴数夜。从这时候起，妻方的亲属便成为孩子的母系亲戚。

3. 名义上的收养

名义上的收养就是一个人不通过生育和婚姻，部分地被接受到另一个亲属关系群体中去的制度，当地称之为"过房"，意思是"过寄到另一家去"，过寄意思是依附。据说这来源于人们相信恶毒的鬼魂对父母娇养的孩子往往要找一些麻烦(第三章第4节)。按同样的推理，多子女的人对鬼魂的抵抗能力较强。因此，把孩子"过寄"这样一个强有力的人，孩子可以得到保护。另一方面，孩子虽然是名义上过寄别人，但也足以向鬼魂表示父母对孩子的淡漠。

这种信仰与婴儿的高死亡率有关，但这种名义上收养的制度不仅仅意味着对孩子的一种精神上的保护，这也为孩子提供了一种较新的社会联系。在前面已谈到过，那些多子女的父母，无论他们是否真正具有精神上的强大力量,他们比较富裕,社会影响大,这是肯定的(第三章第3节)。通过名义上的收养与他们建立关系,孩子将在这个社区内获得较好的经济和社会地位。另一方面,名义上收养孩子的人也感到高兴,因为他相信,这表示他的声誉和未来的兴旺。

这种收养关系将通过一次仪式来建立,那就是向一个被称为"新官马"(意思不明)的神进行祭祀。被收养的孩子向过寄的父母赠送针、桃、酒等象征长寿的礼物。收养孩子的过寄父母要给孩子办筵席,并给孩子取一个新名字,姓他过寄父的姓(实际上从不用此姓),送他一些饰物和现金。

从此,孩子便有了新的责任和权利。他须按照亲属关系来称呼他的寄父母。新年的时候,他必须向寄父母拜年,送礼物。有婚丧大事时他必须参加,为他们戴孝,他不应与他们的子女结婚。寄父母则须请寄养儿子吃年夜饭,供给他三年鞋、帽和长袍(象征孩子已被接纳到寄父母的家中来)以及定期送礼物和给予其他关怀。

这种"收养"是象征性的;孩子并不离开生父、生母。他不要继承权也没有赡养寄父母的义务。他名义上改了姓,但正像乡亲们说的,这是骗那些鬼魂的。所以真正的意义在于通过象征性的亲属关系称谓和礼仪形式来建立一种新的与亲属关系相似的社会关系。

社会关系的扩展促使社会活动增加,但也会增加开支。在经济萧条时期,甚至真正的亲属关系也成为一种负担,那时,亲属关系的组织明显缩小。名义收养也不流行了。向我提供情况的人告诉我说,为了免于受鬼魂的侵害,他们把孩子"寄"给神或"寄"给父亲的姊妹的丈夫。这样并没有建立新的关系。由于女孩很少被"寄养",特别喜欢让父亲的姊妹的丈夫来担当这个角色很可能与不吉利的"回乡"型婚姻观念有联系(第三章第8节)。当父亲的姊妹的女儿被包括进外婚制单位中时,并没有使婚姻的选择面变窄。

4. 村庄的亲属关系基础

在名义收养制度中,人们象征性地使用亲属关系的称谓来建立新的社会关系,这种关系来源于亲属关系并与亲属关系相类似。亲属关系的这种扩大方式在这个村里很普遍,它既与生育无关,也不与婚姻相联系。

除了父亲、母亲、祖父、祖母的称呼外,人们根据不同的性别、年龄、血统关系和姻亲关系,用父方的所有亲属称谓来称呼同村人并用母方所有的亲戚称谓,除外祖父、外祖母以外,来称呼外祖父母村子里的人们。亲属称谓的这种延伸的用法,起到了区分不同的地方和年龄组的作用,并可由现存的亲属关系派生的这种关系来说明不同类型的社会关系。

亲属称谓的延伸使用是有一定目的的。每一个称谓,当它最初被用来称呼时就包含了与亲密的亲属相应的某种心理态度。由于称谓的延伸使用,这种感情上的态度也逐渐被用来对待实际上并不处于这样一种亲属关系的人。譬如,一个人称呼他村里的年长的人时,用父亲兄弟的称谓,这就是说,他将像对待他伯伯或叔叔那样来服从或尊敬他们。与母亲的兄弟的称谓相联系的态度,与伯伯或叔叔的称谓相关的态度不同。外甥把舅舅与友好和宠爱的观念相联系。用舅舅这个称谓来称呼他母亲村里的人便意味着,他可以在这些人之中自由自在地行动,并乐于被他们待为上客。

应当注意的是延伸地用这种感情态度来对待实际上并不是属

于这种亲属地位的人,并不意味着他们之间就延伸特定的权利和义务。用这种称呼,并不等于他们之间真的建立了这样的亲属关系,但这种称呼有助于说明这个社区内不同的人的地位。在这个社区内,老年人受到尊敬,而且通常是具有威信的。

近来,按年龄组分配权力的原则有所变化。村里的老年人,不能适应迅速改变着的形势的需要,因而不能胜任这个社区的领导人的角色。现任村长周某,属于村里第二个年龄组。他用个人名字来称呼在他下面工作或在社区内不太有影响的老年人。过去只有年长者能用姓名称呼年轻的人。另一方面,现在已引进一个新的名称“先生”(在城镇普遍用作教师的头衔或仅如英文中的 Mister 这个普通头衔),比周年长的人也这样称呼他。这一例子很清楚地说明了感情与称谓的关系。当情况有了变化,年纪大的人变成在他下面的人,原先的尊敬的感情与整个环境不甚相符。因此,变化了的社会环境便引起心理上的别扭,最后引起语言的改口。

必须指出的是亲属称谓的延伸使用不应被当作过去或现在在中国这部分地区有“族村”存在的证据。对这个村子的姓的分布的调查可以说明,虽然亲属关系群体倾向于集中在某地区,但家族关系并没有形成地方群体的基础。

在父系社会中,姓是由父亲传给儿子的。但这并不是说,同姓的人都可溯源到同一个祖宗。例如,周某告诉我,该村姓周的人属于两个完全不同的血统。此外,有同一个祖宗的那些人,社会上不一定承认他们是宗族关系。但有一件事是明确的,不同姓的人,不可能属于同一父系的亲属群体。所以可以认为,一个村子里的居民有许多不同的姓,说明了这个村里有许多不同的父系亲属群体。

这个村共有 29 个姓,下表说明了在每个圩里(第二章第 3

节）每一姓的家数。

同姓的家的分布情况

姓	圩Ⅰ	圩Ⅱ	圩Ⅲ	圩Ⅳ	总计
周…	49	23	24	2	98
谈…	7	4	17	28	56
姚…	30	4	10	—	44
徐…	13	4	9	4	30
沈…	2	4	13	7	26
王…	1	6	—	8	15
吕…	—	14	—	—	14
邱…	—	10	—	—	10
赵…	7	—	—	—	7
倪…	4	3	—	—	7
饶…	—	7	—	—	7
吴…	—	4	2	—	6
蒋…	4	—	—	1	5
陆…	—	—	—	5	5
陈…	4	—	—	—	4
方…	4	—	—	—	4
金…	—	1	3	—	4
钱…	—	—	—	4	4
杨…	3	—	—	—	3
秦…	1	—	—	—	1
贾…	1	—	—	—	1
刘…	1	—	—	—	1
冯…	1	—	—	—	1
凌…	1	—	—	—	1
黄…	—	1	—	—	1
于…	—	—	1	—	1
李…	—	—	1	—	1
殷…	—	—	1	—	1
郭…	—	—	—	1	1
总计	133	85	81	60	359①

① 不包括和尚。

从此表可以看出同姓的家的分布情况。亲属群体有集中的倾向。例如周姓和姚姓集中在圩Ⅰ;吕姓在圩Ⅱ;谈姓在圩Ⅲ和Ⅳ。某些姓,如,吕和邱,只分布在一个圩里。这些事实表明,居住地亲属关系之间的密切联系。换句话说,有这样一种趋势,同姓的家,可能因亲属关系联系在一起并住在一个邻近的居住地区。但这个村子里的姓很多而且同姓住得也分散,这个事实也清楚地说明,村里有许多亲属群体而亲族联系和地方联系的相互关系不大。

姻亲关系的情况也相同。严格地说,这个村既不是外婚制也不是内婚制的单位。但正如已经提到过的,不同村的人互相通婚更为经常。虽然并没有明确提出,但是有地方性外婚的趋向。各村之间,在婚姻关系上并没有特殊的偏向,因而,姻亲关系并没有在同村人之中或在各个村庄之间保持密切的纽带关系。

第六章　户与村

户——邻里——宗教和娱乐团体——村政府——保甲——强加的行政体制

除了亲属关系的联结，另外一个基本的社会纽带就是地域性的纽带。居住在邻近的人们感到他们有共同利益并需要协同行动，因而组成各种地域性的群体。在这一章里，将加以分析。

1. 户

家是由亲属纽带结合在一起的，在经济生活中，它并不必定是一个有效的劳动单位。家中的成员有时会暂时离去，有时死亡。在家中要吸收新的劳动成员，通过亲属关系，如生养、结婚、收养等办法，有时不易做到，有时则因涉及继承等问题而不宜进行。在另一方面，有些人的家破裂了，可能希望暂时参加另一劳动单位，但并不希望承认新的亲属关系。因此，那些住在一起、参加部分共同经济活动的人，不一定被看作是家的成员。[①] 我们在这里采用了

① 从法律观点来看，一个人虽然无亲属关系，但永久地住在此群体内者，亦应视为“家”的一员（《民法》第1,122—1,123条）。但此规定并未被村民所接受。甚至那些在“家”中居住了很长时间的人还是被认为与“家”的成员有区别的。

“户”这个名词,来指这种基本的地域性群体。

在这个村子里,我找到有 28 人被分别吸收到这种经济单位中。作为户的一员,一起居住、吃饭和劳动,但他们和家的成员有着明显的区别。他们和这家人并不存在一定的亲属纽带关系,并不把自己的财产永久地投入这一家中。通常情况是,他们在一定条件下参加这个单位。这种成员和这家的关系大有差别,有些是长期的客人,有些是除了没有财产的法定权利外,其他都和家里人是一样的。

非家成员进入一户,通常采取三种办法。其一,这个成员可能是这家庭的客人,他在一个较长时期内住在这里,每月付一笔钱。例如,有一个医生在村中开业,他就在药店老板的家中住了多年。他单独有一间房,并和他的房东共同生活。另一例是一个小孩,他自己的家住在另一个村子里,但他是这个村的一家人抚养大的。这个孩子的父母每个月付给抚养孩子的家庭一笔钱。还有 5 例,他们都和房东有姻亲关系。他们自己的家破裂之后,跟随着母方的亲戚。虽然他们实际上和家的成员一样地生活在一起,但他们不能加入这个家,而保留着他们的客人身份。

学徒制度也是一种从外面吸收工作成员的办法。这种情况有 4 例。师傅为学徒提供食宿,免收学费;而学徒则必须为他的师傅做一定年限的工,没有工资,只是在最后一年,可以要少量的“鞋袜钱”。

最普遍采用的办法是雇佣。一个人可按一定契约作一名佣工进入一户,他为那家种田或养蚕缫丝,佣工在雇主的家中得到住宿。他参加该户的劳动,有权使用所有的用具,并由该户供给食宿。他每年可得到一笔事先议定的工资。

以上是村中不属于家的成员而进入户的全部情况。

家中的成员也可能不住在家里而在远处工作。他们暂时不在家，并不影响他们的亲属关系。但他们不在的时候，他们不能算作户的成员，虽然他们和这一户有着明确的经济关系。

在这个村子里，那些不住在自己家里的人，总共有54人，其中女32人，男18人。除了其中4个男孩作为学徒住在本村的师傅家里外，其他人都在城里工作，这个数字表明了人口流入城市的强烈倾向，其中尤以女性人口更为突出。

2. 邻里

若干“家”联合在一起形成了较大的地域群体。大群体的形成取决于居住在一个较广区域里的人的共同利益。比如，水、旱等自然灾害以及异国人侵略的威胁，不是影响单个的人而是影响住在这个地方的所有的人。他们必须采取协同行动来保护自己——如筑堤、救济措施、巫术及宗教等活动。此外，个人要很好地利用他的土地，需要别人的合作；同样，运送产品、进行贸易、工业生产都需要合作。休息和娱乐的需要又是一个因素，把个人集聚在各种形式的游戏和群体娱乐活动中。因此，人们住在一起，或相互为邻这个事实，产生了对政治、经济、宗教及娱乐等各种组织的需要。下面几节将对这个村子的各种地域性群体作概括的描述，但有关经济活动的各种群体，将在以后几章里详细讨论。

邻里，就是一组户的联合，他们日常有着很亲密的接触并且互相帮助。这个村里习惯上把他们住宅两边各五户作为邻居。对此，他们有一个特别的名词，叫做“乡邻”。他们互相承担着特别的社会义务。

当新生的孩子满月以后,他的母亲就带他去拜访四邻。他们受到殷勤的接待,用茶点款待。离开的时候,还送点心给孩子。这是孩子第一次到别人家中去,那时他甚至尚未到过外公家。

办婚事前,新郎的家庭要分送喜糕到各家去,作为婚事的通告和参加婚礼的邀请。邻居都包括在邀请的名单里。各家在举行婚礼那天送现金作为回礼,并参加婚宴。在丧葬时,每家邻居都派一人去帮忙,不取报酬。

在日常生活中,当某人家有搬运笨重东西等类似的家务劳动,需要额外的劳力时,邻居们齐来帮忙。如果经济拮据,也可向邻居借到少数贷款,不需利息。此种互相帮助的关系,并不严格地限制在十户人家之中,它更多地取决于个人之间的密切关系,而不是按照正式规定。

3. 宗教和娱乐团体

在村里,除了祭祀祖先外,最经常得到祭祀的是灶王爷,有时也包括灶王奶奶。灶神是上天在这户人家的监察者,是由玉皇大帝派来的。他的职责是视察这一家人的日常生活并在每年年底向上天作出报告。神像是刻印在纸上的,由城里店铺中买来,供在灶头上面小神龛中。灶神每月受两次供奉,通常是在初一和十五。也在其他时候受到供奉,具体时间可见社会活动的日期表(第九章第3节)。各式刚上市的时鲜食品,第一盘要供奉灶神。供奉是把一盘盘菜肴供在灶神座前,并点上一对蜡烛,一束香以示祀奉。

到了年底,农历十二月二十四日祭送灶神上天。这次供奉的东西特别丰富，而且在堂屋中举行。这次供奉之后，纸的神像和松枝、纸椅一起焚化。灶王爷就由火焰的指引回到了天堂。他通过每年一次向玉帝的拜奏，对他所负责的这一家人的行为作出报告。这一户下一年的命运就根据他的报告被作出了决定。

使神道高兴或是不去触怒神道的愿望是一种对人们日常行为很重要的控制。标准就看是遵奉还是违犯传统的禁忌。我还不能列出一张表格来说明各种禁忌，但在日常生活中，却肯定地存在着一种模糊的恐惧，人们怕做出了使神道不悦的行为，而引起上天的干预。就我所知，这些禁忌可分为三类：第一类是以敬谷为基础的，有如不能踩踏或糟蹋稻米，甚至馊饭也不得随意抛弃。最规矩的方式，就是把每一粒米饭都吃下去。如果实在做不到，就把这些米饭抛到河塘中去喂鱼。第二类禁忌是和有关性的事物都是脏污的意识联系在一起的。所有与性有关的行为和东西，都必须从厨房中清除出去。妇女在月经期间，不准接触灶王爷神龛前的任何东西。第三类禁忌和尊敬知识相联系。任何字纸，甚至是新闻报纸，都应仔细地收集起来；废纸应加以焚化，但绝不在厨房里烧毁，而应送到庙宇中专门用来焚化纸帛的炉子中去加以焚化；或在露天烧掉。

有一个组织完善的天庭的观念，使得人类的行动与上天的干预这两者之间的关系复杂化了。任何违犯禁忌的行为，并不因触怒上苍而直接受到惩罚。这件事情要由天庭的管理机构来处理。因此，如果能防止上天派来的监察者——灶神看到或向上天报告人们的行为，则犯了禁忌也不会受罚。人们并不认为上天的使者是无所不在和无所不能的。他们实际上只是一些肉眼所看不到的人，有着和普通人差不多的感情和愿望。既然他们和人们相像，他们也具有人们同样的弱点和愚蠢。因此,凡是人们所能使用来对付人间警察的各种方法,诸如欺骗、谎言、贿赂,甚至人身威胁等等对付天庭派下来的监察使者也都能用上。

在送灶王爷上天之前的最后一次的祭灶之时,人们准备了糯米做的团子。这是灶神非常喜欢吃的点心。大家都相信,灶王爷吃了糯米团之后,他的嘴就粘在一起了。当玉皇大帝要他做年度报告时,这是口头的报告,他只能点头而说不出话来,因此,他要说坏话也不可能了。但这也不能认为是犯了禁忌之后的一个万无一失的补救办法。

灶王爷所具有的警察职能,传说中有过清楚的阐述。有一段时间,外国人统治了中国,每家中国人都被迫供养一个外国兵。每个兵监管每一家人。老百姓受不了这样的管制,终于商定了一个计谋,各家都在同一个时间把这些士兵杀掉。于是就准备了这种糯米团给士兵们吃,他们的嘴都粘到了一起。因此在他们被杀时不能发出任何声音。这个计谋在十二月二十四日执行成功。但这些老百姓又立刻想起这些外国兵的鬼魂会向他们报复。于是作了这样的一种妥协,从那时起,把这些外国兵的鬼魂当作家里的神道,在厨房里受到祭拜,并继续行使监察者的职责。

这个传说只有少数人向我讲过。大部分人并不知道这个神道原来的根底,也不怎么关心这件事。但这个神话实际上揭示了老百姓对上天派来监管者的态度。这表明他们很不愿意把自己的行动自由驯服于社会性的限制,这种限制是社会强加于他们的。这与对祖先的祭拜是稍有不同的。祭拜祖先,反映了对已故祖先的依恋的感情。

另外有一个崇奉神道“刘皇”的较大的地域性群体,由大约30

家住户组成。这个地域性的群体有一个专门的名称:“段”,地域组织的单位。在这个村中,共有11段。

Ⅰ.城角圩……………………………………………4
Ⅱ.凉角圩……………………………………………3
Ⅲ.西长圩……………………………………………2
Ⅳ.谈家墩……………………………………………2

每个段都有自己的刘皇偶像,同段的每一户每年要出一名男的或女的代表,在正月和八月里各聚会一次。聚会时,把神道请到其中的一户人家,这家的主人则准备好盛宴供奉。

“刘皇”——“刘”是神道个人的姓,而“皇”则是大神的意思。这个神道在这个地区很流行。在我幼年的时候,经常听到这个精心编制的神话。但村里经常向我提供情况的人对此却一无所知。他们坦白地告诉我,虽然他们祀奉刘皇已经多少代了,但他们却不知道刘皇是谁。每年两次聚会的目的据说与收成有关。但这种联系在人们的思想上是很模糊的。有的人承认,他们的真正兴趣是在聚会时的那顿盛餐。我在后面还要讲到,这个村庄不是一个自给自足的宗教活动单位。但凡遇到干旱、蝗灾或水灾,所有宗教和巫术的活动都在该区的镇内举行。镇不仅是经济中心,也是宗教中心。刘皇是上苍派来保护免遭蝗灾的神道。以后要讲到有关他的神话(第十章第3节)。在这里指出这点也许是有意思的,在遇到农业危机的时候,村里缺少独立的宗教活动,这是与人们对有关这神道的神话模糊不清或无知有联系的。

十年以前,这里每年有一次集会,它既是宗教活动,也是当地人的娱乐消遣。一般在秋后举行,一方面对专司收获的神道感恩,同时又是祈求来年的丰收。管这地方的神像被请来入座,还有一个乐队在一个专搭的戏台上演奏。全村分成五组,叫“台基”,即戏台的基础。每个组轮流负责这种集会的管理和开支。

随着村庄经济萧条的加深,这些集会已暂时停止;现在也很难说在经济不景气过去之后,这种集会是否还会恢复。有趣的是人们并没有认为由于暂停了集会而造成了经济萧条;相反地,却认为是经济萧条造成了每年集会的中止。这表明聚会的真正意义是娱乐多于宗教或迷信。经济萧条唯一的真正原因是稻米和蚕丝价格的下降,人们能够正确地理解,因而最合理的解决办法就是引进新的工业和现代技术。

过去常被请来看戏的地方神道,现在村中的两个小庙里。一座庙在村北,另一座在村西(第二章第4节)。每家每月派代表到庙里去单独供奉祭拜两次。这不是强制性的,而且经常被人忽视。但那些继续供奉的人,经常只去其中的一个庙。去哪个庙,要由住家的位置决定。住在第一圩、第三圩及第二圩北边的人家,常去村北的庙;其余人家则去村西的庙。但同一地区的个人,在承担一定的责任和义务时并不互相联合起来,如祭拜刘皇时那样做,他们只通过庙宇而有所联系。因此,应该说这里并没有宗教团体而只有宗教区域的存在。

这两个庙分别为不同的和尚所有。村北的庙里住着庙主。村西的庙主则不住在内,庙内的日常工作由一位非宗教代理人代管,人们叫他"香火"。和尚信佛教,靠庙的收入为生,远离俗务。然而在社区里他有着一定的职能。他负责招待到庙里去的人,并参加村中的丧事。为人举办丧事他可以得到一笔现金或是相当数量的香,香可以留下来以后再出售。但这两个庙并不垄断村中人的所有宗教活动。到了重要时节,如为新近亡故的亲属"烧香",因病人康复而向菩萨还愿等,人们往往改去城中的大庙宇,或到太湖边去拜佛，因为那里的神道有更大的法力。

和尚还有一种重要的职能，他们把村民祖先的记载保存在手中。这使他们所干的事超出了村中小庙的范围。各家的家谱是由外边的不同庙宇保存的。由于家谱记载了家庭祖先的姓名，这些记录的持有者，得到这些家庭的酬报，所以这种记录簿在某种程度上成为和尚的个人财产。这种记录簿可以购买或出售，就像其他私人财产一样。因而，僧侣之间这种财产的流动，使得村民对哪个庙宇更为忠诚这样一个问题，变得较为复杂了。

村民们的这种忠诚，与他们的信仰或教派全无关系。僧侣们从来不向百姓宣讲宗教教义，除非是为死亡者念经。甚至那些僧侣用外地口音念经。但当地普遍认为，口音越陌生，念的经就越灵。

4. 村政府

为了履行多种社会职能，各户聚合在一起形成较大的地域群体。这些群体并不构成等级从属的系列，而是互相重叠的。由于村庄是各户密集在一起的聚居区，村和村之间都间隔着相当的距离，这就使它在直接扩大地域联系以实现多种功能方面，受到了限制。村庄为邻近地域的群体之间标出一条共同边界。村庄综合各种社会职能，有时承担一些小的单位不能胜任的特殊职能。这一切都由村长通过村政府来执行。

一般说来，村长易于接近，村中所有人都认识他；外来的生人，总能很快地得到村长的接待。来访者会对他的繁重的工作感到惊讶。他帮村里的居民写信、念信，以及代办其他文书，按照当地借贷规则算账,办婚礼,仲裁社会争议,照看公共财产。他们并有责任组织自卫,管理公款,并且要传达、执行上级政府下达的行政命令。他们还积极地采取各种有利于本村的措施,村中的蚕丝改革,就是一例。

目前在这个村子里有两位村长。下述的记录可以给人们一个概貌:

陈先生是位老年人,近60岁。他在前清的科举制度下,曾考上了秀才。这种制度在清末已废止了。由于他在科举考试中未能进一步考中,所以被人请到城里去当家庭教师。到民国初年,他回村办私塾,自此时起十年多,他是村中唯一的教书先生。此后,他在村中担任领导工作,根据不断改变的行政系统的任命,他得到了各种正式的头衔。1926年,在省蚕桑学校的支持下,他开始实行蚕丝改良计划,在村中开办了蚕丝改进社。1932年,他正式负责合作丝厂的建厂工作。他放弃了教书的职务,担任丝厂厂长。当新的行政体制保甲推行时,他感到政府工作不合他的口味,于是退休了。然而他还是事实上的村长,并仍旧负责社区的事务。

另一位领导人是周先生。他较年轻,约40岁,他从家庭教师受业,但已不及参加科举考试。由于不再想做学问,他和他的兄弟在一起务农。他为人诚实,又有文化,被蚕丝改进社选用为助手。从这时起,他得到了改良工作者及当地人民两方面的信任,并逐渐地分担了村中公务的领导工作。当推行保甲制时,他经由陈先生推荐,正式当选并被任命为乡长,包括本村的领导。

村长的职务不是世袭的。周的父亲是瓦商,他的哥哥仍在种田;他的儿子住在城里,将来不大可能接替他的工作。陈与周之间,并无亲戚关系。

陈和周生活较富裕,但他们两人并不是村中最富有的人。最富的人姓王,他生活得默默无闻,在村中没有突出的威望。当一个领导人并没有直接的经济报酬,而且为达到此地位,需要经过相当长时间准备费钱的过程,才能使自己达到一定的文化水平。一个穷人家的孩子要得到这种职位的机会是比较少的。但单靠财富本身也不能给人带来权力和威信。

甚至法定地位对于当村长的人来说,也不是必不可少的。陈先生现在仍然是村中有资望的领导人,但他在正式行政系统中并不担任职务。年长的人都倾向于不和上级政府打交道,以避免麻烦。当村领导人的基础在于,不论他们代表社区面向外界时,或是他们在领导社区的事务中,都能得到公众的承认和支持。陈原职是教师,而周是以蚕丝厂的助理开始他的事业的。他们为公众服务的精神和能力,使他们得到了权力和威望。村中有文化的人很少,愿意在没有经济报酬的情况下承担起责任的人更少。有抱负的年轻人对这种职位并不感到满意,我在村里遇见过两位中学毕业生,他们认为这种工作枯燥无味,而且缺乏前途。因此,选择村长的范围并不很宽。

虽然他们得不到直接的经济报酬,但由于为村里人办了事,他们也乐于享有声誉,接受一些礼物。比如,他们受人尊敬,可以对长辈(除了近亲)直呼其名而不用加上辈分的尊称。普通人是不允许这样做的。他们在村里所处的领导地位也有助于他们保持有特权的工作,如当教师、当丝厂的厂长等。

当领导人并不与享有特权的“阶级”有关。从周的情况可看出,年长也不是必要的条件。但性别上的排斥却未能克服,妇女是不许参加公众事务的。只是在最近,妇女才在蚕丝合作社中获得了和男人相同的职位；在学校中也任命了一位女教员，但这位妇女，除了在男女学童中之外，在当地社区中的影响很小。

5. 保甲——强加的行政体制

前面已经讲到，这样的村子，是没有法定地位的。因为与这种功能性的地域性群体并行存在的有一个行政体制，它是强加于村的组织之上的。我把这两种体制分别称之为事实上的体制和法定的体制。它们两者之间不相符合。在本节我将描述这个法定的体制，并将它与事实上的体制相比较，以观察它们的差异。

新的行政体制叫做“保甲”。保甲是个旧词。政府最近有意要恢复一种古老的行政体制。这种体制是宋朝（公元 960—1276 年）的行政改革者建议的。这个古老的体制究竟实行到什么程度是另一个问题。但对这个村子来说，它完全是新的。村长解释说，新体制的实施准备，最近方告完成。它从来没有在人们的记忆中存在过。他说，镇长把村民都传唤去，告诉他们要按照县政府的规定来安排他们各户在行政组织中的地位，这件事已经完成了。为了要研究保甲制，必须从法令全书中找出它的意图，以及政府在保甲组织中所遵循的原则。

1929 年 6 月 5 日，根据孙中山先生地方自治的原则，南京的国民政府颁布了一个《县组织法》，按此法律每个县必须分为几个区，每区又分为 20—50 个乡（农村地区）或镇（城市地区）。农村地区，凡有 100 户以上的村子，划为一个乡；不到 100 户的村子，则和其他村子联合成为一个乡。城市地区，凡有 100 户以上的，可划为镇；如不足此数，则与附近村子合并建乡。乡则进一步分为闾

(25户)及邻(5户)。这些单位都通过选出的领导人及地方自治会来实行自治。这些地方政府的职能在法律中已有规定,计有:人口普查及人口登记、土地调查、公益工作、教育、自卫、体育训练、公共卫生、水利灌溉、森林培植及保护、工商改良及保护、粮食储备及调节、垦牧渔猎保护及取缔、合作社组织、改革习俗、公众信仰、公共企业及财政控制等等。

这些职能对地方社区来说不完全是新的。其中许多项早已由传统的、事实上的群体所实施。为了促进自治政府的行政职能,法律创造了新的地域性的群体。但实际上,它妨碍了事实上的群体的正常职能。因此,在1931年举行的第二次全国行政会议上,对各种单位的大小所作的刻板规定,受到了严厉的批评。结果是由立法院提出了修正案。

当此修正案尚在讨论阶段,另外一个影响到地方政府的体制却实施了。1932年8月,在华中的剿共司令部,发布了一个法令,规定在军事行动区(湖北、湖南及安徽)的人民要在保甲制之下,组织起统一的自卫单位。按此制度,每十户为一甲,每十甲为一保。成立此组织的意图,在法令中有所说明,即:"在遭到破坏的地区有效地组织民众,取得精确的人口统计以便增强地方自卫反共的力量,并使军队能更有效地履行其职能。"此制度主要是为军事目的而实行的。除非人口登记做得十分精确,否则,在动荡的地区,很难防止共产党人和非共产党人混合在一起。为了反对共产党活跃的宣传活动,军队还实施了在同一个保甲之内,人与人互相担保的制度,使人们可以互相检查。

1933年,共产党影响扩展,福建成为军事地区。福建省政府已开始根据1929年的《县组织法》组建地方自治体系。司令部命令省政府停止地方自治体系而代之以保甲制。在《县组织法》与法令的冲突中，省政府服从中央政府，中央政治会议决定把保甲制纳入自治体系中。1929 年的《县组织法》被 1935 年的一系列法律所代替。这两种体系在以下六点中得到了妥协：(1)由统一的保甲单位代替老单位闾和邻，并使区、乡、镇等单位保持同等的级别。换句话说，原来处于县和乡、镇之间的单位——区取消了；(2)在结束训政时期前，按照保甲制度，以间接选举代替直接选举；(3)在按保甲制编户的过程中，进行人口普查；(4)把保甲制的军训扩大为普遍的民众训练；(5)只在紧急情况下，才实行互相担保的制度；(6)保甲制担负自治的职能，但允许进行地方性的修改以适应具体情况。

很明显，妥协并没有解决根本问题。这就是这些特别的、有统一规模的自卫单位，在多大程度上能承担 1929 年的《县组织法》所规定的一般的行政职能。真正的问题并不在于这个法律与那个法令之间的法律性斗争，而在于事实上的地域群体早已行使的传统的职能，能否被这种专横地创造出来的保甲所接替。老的邻、闾单位，并不那么严格，但已被事实证明是行不通的；那么这种更为严格的保甲制度，似乎更不大可能行得通。若发生紧急情况，保甲制的自卫效能也并不能保证它是适合于行政自治的一种制度。的确可以争辩说，在中国政治结合的过程中，用一个合理的和统一的结构来代替参差不齐的传统结构，看起来比较理想。但应当考虑到，这种替代是否必需，以及需要花多大的代价去实施它。由于我访问这个村子时，这个新制度实行了还不到一年，因此，下结论还为时过早。但以传统的结构为背景，对照这个制度的实施状况进行一些分析，显然有助于了解问题的全貌，至少会有助于在将来的行政政策中强调这个问题的重要性。

这个村所实施的并允许进行一些地方性修改的保甲制，并不严格符合法律规定的数字。村中360户按地理位置被分编为4个保。从前面所示的本村详图中可看出，村中的房屋沿小河的两旁建造，并分为4个圩。在同一个圩里的户被合成一个保。按照它们所处的位置，从东往西，或由南往北数，大约每10户构成一个甲。这4个保和邻村的7个保合成一个乡，这个乡按本村名而被称为"开弦弓乡"。保和甲则分别冠以数字。村中的4个保是第八保至第十一保。另一个在法律与实践之间不相符合的事，是保持了旧法律中的区，它是县和乡之间的一个中间单位，它大致上和镇的腹地相当(第十四章第8节)。按照这个行政体制，这个村可称为：

江苏(省)

　吴江(县)

　　震泽(区)

　　　开弦弓(乡)

　　　　第八至十一(保)

要剖析乡的本质，必须深入了解村与村之间的关系问题。在同一个乡的村子之间，是否有特殊的联系？与这个行政单位相当的职能群体是什么？我将在后面讲到(第十四章第8节)，这个地区中的村子，在经济方面是相互独立的。每个村子都有自己的航船，充当村民到镇的市场上出售或购买的代理人。一个村子，不论它有多大，都不成为它邻村间的一个低级销售中心。换句话说，由于水运方便，并有了航船制度，因此作为销售区域中心的镇，完全有能力向所属的村庄进行商品的集散，在商品流通过程中不需任何中间的停留。在这个地区内，有数十个村庄依赖这个镇，但它们彼此之间都是独立的。这些村子，做的是相同的工作，生产同样的产品，互相之间很少需要进行贸易往来。因此，乡作为销售区域与村庄之间的一个层次，是没有经济基础的。从亲属关系的观点看，情况也完全一样。虽然村与村之间的婚姻是很时行的，但并没有迹象说明，在同一个乡内的村庄，宁愿到乡外的村庄去找婚配对象的。

从语言的角度看，人们日常叫的"开弦弓"这个名字，在当地群众用语中是指这一个村庄而言。把邻村都说成是开弦弓的一部分，当地人听来可笑。他们的这种执拗并不是不合理的。这个称呼的改变对当地人来说含义很多。有人跟我说："如果邻近村庄都算开弦弓的一部分，那末，原来属于开弦弓村人的湖泊，也要被邻近村庄的人分去了。当然，这是不能允许的。"

目前，由于这个村庄的名声日增，蚕丝改良运动的经济功能及乡长的行政地位等因素，把开弦弓村周围的村子都吸引了过去。蚕丝改良运动和乡的首脑机关都在这个村里。我看到，不仅本乡的各村，而且外乡的人，也比过去更经常地来到这个村庄。他们前来订购蚕种，供给丝厂蚕茧，并解决村与村之间的争端。在前面的分析中所提到的姓周的乡长，并不是利用他的法定地位办事，而主要还是通过他个人的影响，即以蚕丝厂助理厂长的身份去办事的。同时，他也从不采取任何重要行动，除非他事先与各有关村庄的事实上的领导有过接触。

当然，如果给以时间，并取得新的行政职能的内容，没有理由说新的行政单位永远是停留在纸面上的一纸空文。

至于保这个单位，那就不同了。把村庄按小河为界而隔开的做法，不大可能成功。在此情况下，把小河假设为社会活动的一条分界线。但这种假设是不对的。正如已经说明的，船可以在水面上自由划动，造桥是为了把分割的土地联结起来。这些都是交通的工具而不是交通的障碍。

最后，我还要谈一谈甲。在职能性的群体中，我们已知有一种群体叫“乡邻”。它包括十户。但它不与甲相符。甲是一个固定的地段而乡邻是一串相互交搭、重叠的单位。在乡邻这个结构中，每户都是以自己为中心，把左右五家组合起来。甲是一种非常人为的分段，它是同人们实际的概念相矛盾的。

然而，在将来再次调查时，来研究此问题是很有趣的，看一看有计划的社会变迁，从社会结构，包括群体形式、正式的行为准则、正统的思想体系等等开始，能进行到什么程度。在要求全国具有一致性的愿望之下，这种尝试显然会越来越普遍的。

第七章　生活

文化对于消费的控制——住房——运　输——衣　着——营　养——娱乐——礼仪开支——正常生活的最低开支

对村子的地理情况和社会背景进行了综合调查之后，现在我们可以开始研究人们的经济生活了。我想先描述消费体系并且试行估计这村居民的一般生活水平。分析这一生活水平，我们可以了解普通生活的必要条件。满足生活的这些必要条件是激励人们进行生产和工业改革的根本动力。

从消费的角度看，村里的居民之间没有根本性的差别，但从生产上看，职业分化是存在的。目前的研究主要限于构成居民大多数的农民。他们从事耕种及养蚕。这是他们收入的两个主要来源。饲羊、定期出去做些贩运是次要的收入来源。在叙述这些活动之前，我将通过农历来表明这些活动是怎样按时序安排的。

有关农业法律方面的问题将在土地占有这一章中讨论。在此只略提一下，传统力量在这项制度中起着强大的作用，足以抗拒任何重大的变化发生。甚至在技术上，现在尚未成功地引进什么新方法和新工具。但在蚕丝业中，情况有所不同。

从村民的观点来看，最迫切的经济问题就是蚕丝改革。丝价下跌是使农民无力偿还债务的直接原因。在过去十年中,努力进行一系列改革的结果使蚕丝业的技术以及社会组织都发生了根本性的变化。因此,我们才能够对这个村子的变化过程,作为乡村经济中工业化的一个实例来分析研究。

我们将从消费系统与生产系统的分析引导到流通系统。通过市场销售,村民用他们自己的产品来换取他们自己不生产的消费品。在市场销售中我们可以看到村子自给自足的程度,以及村子对外界的依赖程度。

有了这些经济活动的概况,我们现在就可以观察一下村里的财务状况。国内工业的衰落、高额地租的负担使村民面临着空前的经济不景气。村民难以取得贷款,或成为高利贷者牺牲品,他们的处境是进退维谷。我对这个村子在日本侵华战争爆发前不久的经济状况的描述将到此为止。

1. 文化对于消费的控制

为满足人们的需要,文化提供了各种手段来获取消费物资,但同时也规定并限制了人们的要求。它承认在一定范围内的要求是适当和必要的,超出这个范围的要求是浪费和奢侈。因此便建立起一个标准,对消费的数量和类型进行控制。人们用这个标准来衡量自己的物质是充足还是欠缺。按照这个标准,人们可以把多余的节约起来。有欠缺时,人们会感到不满。

安于简朴的生活是人们早年教育的一部分。浪费要用惩罚来防止。孩子们饮食穿衣挑肥拣瘦就会挨骂或挨打。在饭桌上孩子不应拒绝长辈夹到他碗里的食物。母亲如果允许孩子任意挑食,人们就会批评她溺爱孩子。即使是富裕的家长也不让孩子穿着好的、价格昂贵的衣服,因为这样做会使孩子娇生惯养,造成麻烦。

节俭是受到鼓励的。人们认为随意扔掉未用尽的任何东西会触犯天老爷,他的代表是灶神。例如,不许浪费米粒。甚至米饭已变质发酸时,全家人还要尽量把饭吃完。衣物可由数代人穿用,直到穿坏为止。穿坏的衣服不扔掉,用来做鞋底、换糖果或陶瓷器皿(第十四章第7节)。

在农村社区中,由于生产可能受到自然灾害的威胁,因此,知足和节俭具有实际价值。一个把收入全部用完毫无积蓄的人,如果遇到歉收年成就不得不去借债从而可能使他失去对自己土地的部分权利(第十五章第3节)。一个人失去祖传的财产是违背孝道的,他将受到责备。此外,村里也没有什么东西引诱人们去挥霍浪费。在日常生活中炫耀富有并不会给人带来好的名声,相反却可能招致歹徒的绑架,几年前发生王某案件便是一个例子。

但在婚丧礼仪的场合,节俭思想就烟消云散了。人们认为婚丧礼仪中的开支并不是个人的消费,而是履行社会义务。孝子必须为父母提供最好的棺材和坟墓。如前面已经提到,父母应尽力为儿女的婚礼准备最好的彩礼与嫁妆,在可能的条件下,摆设最丰盛的宴席。

节俭仅仅为不同的生活标准提出了一个上限,当一个人未能达到公认的正常生活标准时,这个上限也就失去了意义。人们凭藉慷慨相助和尽亲属义务的思想(第十五章第2节)去帮助生活困难的人,使他们的生活标准不至于同公认的标准相差太远。因此,村里财产分布的不均匀,并没有在日常生活水平方面表现出明显的不同。少数人有特殊的值钱的衣服,但住房和食物上并无根本的差别。

2. 住房

一所房屋，一般有三间房间。堂屋最大，用来作劳作的场所，例如养蚕、缫丝、打谷等等。天冷或下雨时，人们在这里休息、吃饭，也在这里接待客人或存放农具和农产品。它还是供置祖先牌位的地方。

堂屋后面是厨房，大小仅为堂屋的四分之一。灶头和烟囱占厨房面积的三分之一。紧靠烟囱有供灶王爷的神龛和小平台。

再往后是卧室，家中如有两个家庭单位时，就把卧室用木板隔成两间。每间房里放一两张床。已婚夫妇和七八岁以下的孩子合睡一张床。孩子长大以后，他或她先在父母屋里单独睡一张床，再大一些的未婚男孩就搬到堂屋里睡，像那些雇工一样。女孩出嫁前一直睡在父母屋里，也可以搬到祖母屋里去，但决不睡在堂屋里，因为妇女是不允许睡在供祖先牌位的房屋里的。

广义地说，一所房屋包括房前或房后的一块空地。这块空地既作为大家走路的通道，也用作一家人干活、堆放稻草或其他东西的地方。在这块地里种上葫芦或黄瓜就是小菜园。房屋附近还有养羊或堆放东西的小屋。

人的粪尿是农家最重要的肥料，在房后有些存放粪尿的陶缸，半埋在土地里面。沿着 A 河南岸，路边有一排粪缸，由于有碍卫生，政府命令村民搬走，但没有实行。

房屋是由城镇里的专门工匠来修建的。养蚕期间，停止房屋施工，否则当地人相信全村的蚕丝业会毁掉。他们认为破土是一

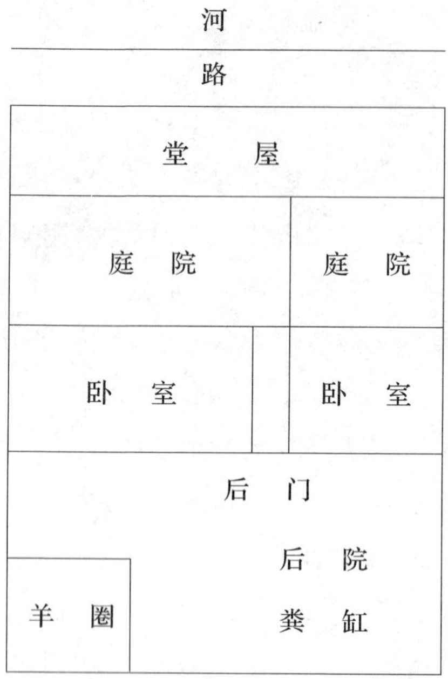

种危险的行为，会招致上天的干预。于是就要请道士来做法事。修建一所普通的房屋，总开支至少500元。房屋的使用寿命根据修缮情况而异，难以作出肯定的估计。每隔两三年必须把房屋的木结构部分重新油漆一遍，部分瓦片要重新铺盖，诸如此类的修缮费用每年平均为10元。

3. 运输

人们广泛使用木船进行长途和载重运输，但村庄自己并不造船而是从外面购买。每条船平均价格约80—100元。除那些不从事农业、渔业劳动的人家以外，几乎每户都有一条或几条船。男人、妇女都会划船。人们在小时候就学会了划船。只要一学会这门技术，一个人就可以不停地划几个小时。划船所耗的力量并不与船的载重量成正比，而是与水流、风向等情况密切有关。所以，载重增加时，此类运输的费用就降低。如果船夫能够利用风向，距离只是一个时间问题，而不是花力气的问题，这样，费用就可进一步减少。这是水运的一个重要特点。这就有可能使一个地区的住房集中在靠河边的位置。它也使分散的农田占有制成为可能。此外，水运在市场贸易中的作用也影响了流通系统。所有这些有关的方面将适当结合其他有关内容进一步论述。

畜力不用于运输。在陆地上，人不得不靠自己的力量来搬运货物。

4. 衣着

村里的家庭纺织业实际上已经破产。我在村里的时候，虽然几乎每一家都有一台木制纺织机，但仍在运转的只有两台。因此，衣料大部分来自外面，主要是亚麻布和棉布。村里的缫丝工业主要为商品出口，并非为本村的消费。只有少数人在正式场合穿着丝绸衣服。

由于一年四季气候变化很大，村民至少有夏季、春秋和冬季穿用的三类衣服。夏天，男人只穿一条短裤，会客或进城时便穿上一条作裙。村长要离开村子外出时，即使是炎日当头，至少手臂上要搭上一件绸子长袍。妇女穿不带袖的上衣和长裙。这里的妇女不下农田干活，穿裙子是这个地区妇女的特点。天气较冷时，有身份的男子，不干活时就穿长袍。普通人只穿短上衣。

衣服并不仅仅为了保护身体，同时也为了便于进行社会区别。

性的区别是明显的。还表现出年龄的区别,譬如,未成年的女孩不穿裙子。社会地位直接在服装的款式上表现出来,例如,长袍是有身份的人不可缺少的衣服。两个中学生,上学以后服装式样有了变化,他们穿西式长裤和衬衫,但不穿外衣。

除裁缝以外,缝纫是妇女的工作。多数妇女的手艺足以为她们的丈夫和孩子做普通衣服,因为这是做新娘必备的资格。新娘结婚满一个月以后会送给她丈夫的每一位近亲一件她自己缝制的东西,亲属的称赞是她的荣誉,同时也是对她在这新社会群体中的地位的一种支持。但是在置办嫁妆、彩礼或缝制正式场合穿的高质量服装时,照例是要请专门的裁缝来做的。

一个普通的家,每年买衣料的费用估计为 30 元,礼服除外。

5. 营养

食品是家庭开支的一个主要项目,占每年货币支出总额的 40%。而且它与上述几项支出不同。住房费用无需每天支付,衣服也不像饭食那样迫切。为了维持正常生活所必需的一定数量的食物,或多或少是恒定的,因此它在家庭生活中成为一个相对恒定的项目。

主食是稻米,为我提供情况的人估计,不同年龄或性别的人每年消费所需稻米数量如下:

50 岁以上的老年男子	9 蒲式耳
40 岁以上的老年妇女	7.5 蒲式耳
成年男子	12 蒲式耳
成年妇女	9 蒲式耳
10 岁以上的儿童	4.5 蒲式耳

对一个有一名老年妇女、两个成人和一个儿童的普通家庭而言，所需米的总量为 33 蒲式耳。这一估计是相当准确的，因为农民在储存稻米以前必须知道他们自己的需要量。稻米是农民自己生产的，剩余的米拿到市场上去出售，换得钱来用于其他开支。上面的估计是人们认为必须贮存的数量。

蔬菜方面有各种青菜、水果、蘑菇、干果、薯类以及萝卜等，这个村子只能部分自给。人们只能在房前屋后的小菜园里或桑树下有限的土地上种菜。农民主要依靠太湖沿岸一带的村庄供给蔬菜。种菜已经成为这一带的专业，他们的产品已是这一地区人们蔬菜供应的重要来源之一。

食油是村民自己用油菜籽榨的，春天种稻之前种油菜。但这个地区农田水平面较低，油菜收成有限，产量仅够家用。鱼类由本村的渔业户供给。人们吃的肉类仅有猪肉，由村里卖肉的人从镇里贩来零售。食糖、盐和其他烹调必需品主要通过航船每天上镇购买(第十四章第 5 节)。

一天三餐：早饭、午饭、晚饭，分别准备。但农忙期间，早上就把午饭和早饭一起煮好。妇女第一个起床，先清除炉灰、烧水、然后煮饭。早饭是米粥和腌菜，粥系用干米饭锅巴放在水中煮开而成。午饭是一天之中主要的一餐。但农忙季节，男人们把午饭带往农田，直到傍晚收工以后才回家。留在家中的妇女和儿童也吃早上煮好的饭，但吃得较少。

晚上男人们回家以后，全家在堂屋里一起吃晚饭。但天气热的时候，就把桌子搬出来摆在房屋前面场地上；夏天傍晚，到街上走一走，印象非常深刻。沿街摆着一排桌子，邻居们各自在桌边吃饭，边吃边谈。全家人都围着桌子坐着，只有主妇在厨房里忙着给大家端饭。

家中每一个人在桌旁都有一定的位置。按家庭的亲缘顺序，家长面南，坐在“上首”，第二位面向西，在家长的左侧，第三位在右侧。主妇，特别是媳妇，坐在下首，或者不上桌，在厨房里吃饭。

同进晚餐，在家庭生活中是很重要的，父亲和孩子这时有机会互相见面。父亲整天外出，孩子直到晚饭时才能见到他。他们一起在桌旁吃饭。父亲常利用这机会对孩子进行管教。吃饭要讲吃饭的规矩。孩子不准抱怨食物不可口，也不准挑食。他如这样做，就立刻会受到父亲的责备，有时还要挨打。通常在吃饭时孩子都默不作声地顺从长辈的意见。

在农忙期间，饭食较为丰富。他们吃鱼、吃肉。但平时不经常吃肉食。除去几个寡妇以外，很少有素食主义者。普通妇女每月素斋两次，初一和十五各一次，这是由于宗教告诫人们，天上的神仙不愿意伤害生灵。吃素被视为有利于人死后升天过好日子。

在厨房里做的东西不应该留藏给家里个别人独自吃。但是偶尔，小家庭可以自己花钱买些特别的菜在自己房间里吃。这种做法被认为是不好的，会惹得家里其他成员生气。一个人用自己的零花钱去买点心、糖果吃是私事，不一定告诉别人。

6. 娱乐

辛勤劳动之后，放松肌肉和神经的紧张是一种生理需要。娱乐需要集体活动，于是社会制度发展了这种功能。娱乐中的集体活动加强了参加者之间的社会纽带，因此它的作用超出了单纯的生理休息。在家中全家团聚的时间是在晚上，全天劳动完毕以后。

大家聚集起来,家庭间的联系得到了加强,感情也更加融洽。

农业劳动和蚕丝业劳动有周期性的间歇,人们连续忙了一个星期或 10 天之后,可以停下来稍事休息。娱乐时间就插入工作时间表中。在间歇的时候,大家煮丰盛的饭菜,还要走亲访友。

男人们利用这段时间在茶馆里消遣。茶馆在镇里。它聚集了从各村来的人。在茶馆里谈生意,商议婚姻大事,调解纠纷等等。但茶馆基本上是男人的俱乐部。偶尔有少数妇女和她们的男人一起在茶馆露面。妇女们在休息时期一般是走亲戚,特别是要回娘家看望自己的父母和兄弟。孩子们大多数是要跟随母亲一起去的。

家人在晚间的聚会,朋友们在茶馆相会,以及农闲时看望亲戚,都是非正式的,不是必须履行的。从这一点来讲,这些活动与节日期间的聚会以及正式的社区聚会有所不同。第九章所列的社会活动时间表总结了一年中的所有节日,与其他活动一起按年月顺序排列。

很明显,各个节日总是出现在生产活动间歇之际。阳历二月份,农闲时节,庆祝“新年”15 天,人们欢欢喜喜地过年,并尽亲戚之谊,前去拜年。婚礼也往往在这时候举行,人们认为这是结婚的好时光。在蚕丝业繁忙阶段之前不久的是清明,进行祭祖和扫墓。蚕第三次蜕皮时,就到了立夏,有一次欢庆的盛宴。在缫丝工作之后,插秧之前,有端阳节。阴历八月满月的日子是中秋。此时正值稻子孕穗,也是在农活第一次较长间歇期的中间。在此间歇的末尾是重阳节。农活完毕之后就是冬至了。每逢这些节日都要有一定的庆祝活动,通常是同祭祖和祭灶联系在一起。庆祝这样一些节日只限于在家人和近亲中进行。

较大的地方群体的定期集会有每年一次的“段”的“刘皇会”(第六章第3节),和每10年一次在太湖边举行的村际的庆祝游行“双阳会”,俗称“出会”,它们也与宗教思想有关。十多年来,除“刘皇会”以外,所有这些集会都已停止。停止的直接原因就是政府不赞同。政府认为,这些活动是迷信而且奢侈。地方行政官的职责之一就是禁止这些集会。① 但是更实际的根本的原因是乡村地区的经济萧条。当食品、衣服之类的必需品都成为人们的负担时,他们就不会有多余的钱去进行不太急迫的社会活动。

根据我目前的材料,难以确定社区停止聚会在多大程度上削弱了当地人民之间的联系。但当我坐在人们中间,听着他们叙述村际“出会”那些令人兴奋的往事时,我明白地觉察到他们对于目前处境的沮丧和失望之情。我并不想再恢复那些盛大的场面,并对其社会价值进行估价,然而对往事的回忆是形成人们目前对现状的态度的一个重要因素。在人们心目中,停止这些庆祝活动,直接说明了社会生活的下降。由于他们盼望着过去的欢乐日子复而再来,所以他们不会拒绝任何可能采取的确信会改善社会生活的措施。对社会变革不会发生强大的阻力,上述这种心理至关重要,我以后还要说明(第十二章第2节)。

7. 礼仪开支

礼仪开支与一生中的重大事件:出生、结婚、死亡,有着密切联系。从经济观点来看,这种开支是一家不可缺少的负担。彩礼和

① 《区自治施行法》,第七条,1928年6月。

嫁妆是新家庭必要的准备。丧葬安排是处理死者所必需的措施。个人生活及其相关的社会群体所发生的这些红白大事里产生出来的感情,使得这些礼仪得到更加精心的安排而且花费相当的钱财。当一种礼仪程序被普遍接受之后,人们就不得不付出这笔开销,否则他就不能通过这些人生的关口。

然而,经济萧条使礼仪受到了影响。例如采取了“小媳妇”的制度来改变昂贵的婚礼(第三章第8节)。它是由于经济便利才被采用的,但对亲属组织却发生了深远的后果。姻亲关系的完全或部分退化已使妇女和儿童的社会地位受到影响。彩礼和嫁妆的取消延长了青年在经济上依赖父母的时间。所有这些说明了这样一个事实,礼仪开支不全然是浪费和奢侈的。这些开支在社会生活中起着重要的作用。

再者,结婚时的宴会为亲戚们提供了一个相聚的机会,对新建立的亲属纽带予以承认,对旧有的关系加以巩固。亲属纽带不仅仅是感情上的关系,它还调节各种类型的社会关系。从经济观点来看,它规定了参加互助会的相互义务(第十五章第2节),以及定期互赠礼物。在已经改变了的婚姻礼仪中,所请客人的名单通常已经缩减。这使原来较广的亲属纽带变得松散。从长远看,就可能封闭了一些经济援助的渠道,这种结果可能不会很快或明显地表现出来,但最终会感觉到的。这就是人们拒绝“小媳妇”制度的原因。一俟经济条件许可,就要恢复正常的程序。为了维持传统的礼仪,甚至有许多人宁可推迟婚期或借钱也要把婚礼办得像个样子。

从礼仪事务在人们生活中的重要性来看,就不难理解礼仪开支在家庭预算中占有很高的百分比。在一个普通的四口之家,假设平均寿命为50岁，那么每隔五年将有一次礼仪事务。对于礼仪事务的最低开支估计如下：出生30元，结婚500元，丧葬250元，平均每年开支50元，这个数字为每年全部开支的七分之一。

亲戚家有这些婚丧娶嫁等大事时，他们还须送礼，所以我们也必须把这笔开支计入总和。根据亲友关系亲疏的不同，礼品的价值从0.20元至5元不等。每家每年的平均数量至少约为10元。

同中国的其他乡村相比，这些估值似乎相当高。根据巴克的研究，在华东每家用于一次结婚的平均费用为114.83元，丧葬费平均为62.07元[①]。差别可能由于地方的特点不同，或者由于列入礼仪开支的项数不同。在开弦弓，结婚当天的开销在100至250元之间。为我提供资料的人引述一个众所周知的例外情况：一家仅花了不到100元办了一次婚礼。此处所作对婚礼开支的估计还包括了结婚礼物的费用，所以总数理应高一些。

丧葬开支，根据死者社会地位的高低而大不相同。如在北平所观察到的，孩子的"丧葬费用比家庭每月收入的八分之一略多一点。年长者的丧葬费自然要贵一些。小孩和成人加在一起总数为每月收入的1.25倍至1.3倍不等。但这些数字都不包括丧宴费用。有关丈夫、妻子、哥哥、母亲的丧葬.其费用为月收入的2.5、3.5、5.5倍。"[②]巴克的平均数是从有丧事的人家的2.8%中推算出来的。该数字可能略低于本地人提供给我的有关该村一个成年人死后所需的适当的丧葬费用。

这些定期的开销需要在平时积蓄起来。积蓄可能采取贷款的

---

① 巴克：《中国农村经济》，第416—417页。

② 甘布尔：《北平的中国家庭是怎样生活的》(S. D. Gamble, *How Chinese Families live in Peiping*)，1933年，第200页。

形式,但通常采取向互助会交纳储金的形式。互助会是本地的一种储蓄制度(第十五章第2节)。这样,我们可以把估计的礼仪开支费用同每家每年交纳储金的平均数作一比较。我发现,一般每家同时加入两个互助会,每年总共交纳储金40元。这一数字有助于证实以上估计的可靠性。

8. 正常生活的最低开支

前几节中所作的全部定量估计仅仅代表村里公认的正常生活的最低需要。为了取得这些估计,我曾请教了不少知情人。个人估计之间的差别非常小,这说明了这样的估计具有较高的一致性。我们所考虑的普通的家是由四个人组成:一位老年妇女、一位成年男子、一位成年妇女和一个小孩。这四个人是9亩土地的完全所有者。

这些估计之所以有用,有以下几条理由:(1)单独的实地调查者几乎不可能采用簿记研究法,特别是在村里,人们没有记账的习惯,除非调查者把他的全部时间用于研究记账问题。(2)这些估计可以使人们对本村人的生活得到一个一般的概念,它代表正常生活的最低需要,与实际平均数不会相差太远。(3)村里的生活标准没有显著的差别,因而可以使用这种简便的方法。(4)如上所述,这些估计在人们心目中形成了一个度量社区中物质福利充足的标准,其结果是产生了一种控制消费的实际社会力量。

此外,在研究乡村社区生活水准问题方面,簿记研究法有一定的局限性。乡村社区是部分自给经济,生活上的各项费用并不完全包括在日常账目之中,因为账目通常限于记录货币交易。账簿只能说明村民依赖外界商品供应的程度。而这种依赖程度并不一定能够表明生活水准。例如,在正常情况下,村民不会去买米,因为他们自己有储备。只有在家庭经济困难,储存的大米已被卖光时,村民才去买米来吃。在这种情况下,现金交易量的增加与生活下降有关而不是与生活改善有关。只有这种情况才会在账目中有所反映。

很明显,在研究乡村社区生活水准时,简单地以货币的收支来总计家庭预算,是不足以说明问题的。调查者必须从两方面入手来对消费品进行估价:一方面是那些从市场买来的消费品;另一方面是消费者自己生产的物品。前者应以货币值来表示,其总和代表着人们生活所需的货币量。这个数额确定了人们为得到此数额的货币而出售的产品量。消费者自产自用的物品不进入市场。这些物品的货币值无人知晓。因为如果它们进入了市场,价格就会受到影响。如以市场价格表示这些物品,从理论上讲是不正确的。的确,若不把它们折合为货币价值,就不可能得出人们生活水准的总指数。但是,这样的一个总指数是不真实的。把这两类物品分开研究,有助于我们调查其间的关系,而这种关系在农业经济研究中是非常重要的。例如,目前中国农业经济中最重要的问题之一是农产品的价格下跌。为了满足必需的生活条件,村民被迫向市场多出售他们的产品。这样就降低了村民的自给程度。另一方面,农村地区的辅助工业的萧条,减少了农产品的品种和数量,增加了对货币的需要,以购买所需的工业品。为了探讨这些问题,分析这两类消费品之间的关系是很重要的。

这种“从两方面入手的方法”需要实地调查者付出更多的劳动。收集统计资料可能是不实际的。所以,我建议采用咨询估算的方法。如果可能的话，再用抽样观察来补充。选定几个有代表性的实例，在一个时期中，系统地记录消费项目和数量。但本文尚不能提供这一类的数据。下表仅仅列出了村民必须到市场上购买的物品之货币价值，以及强制支付的租金和税款。该表可以用来估计村民生活所需的最低货币量。消费者自己生产的物品包括食物，例如米、油、麦子、蔬菜，及部分衣料。自给经济最重要的部分是劳动和服务。如上所述，只有少数农户雇工种田。关于这方面的分析，将进一步结合生产过程来进行。

1. 从市场购买的物品：			
食品		47	
蔬菜和杂项	30		
糖	5		
盐	12		
衣料		30	
礼品		10	
燃料、灯火等		36	
房屋及船上用油		20	
农具及肥料		10	
蚕丝业开销		50	203
2. 土地税			10
3. 定期用费（以积蓄的形式表示）			50
总　计			263 元

第八章　职业分化

农业——基本职业——专门职业——渔业

1. 农业——基本职业

在消费过程中,没有必要把该村的居民进行分类,但在生产过程中,则有职业的区别。根据人口普查,有四种职业:(1)农业;(2)专门职业;(3)渔业;(4)无业。

这些职业类别并不是互相排斥的。没有被划入农业的人也可能参与部分的农业活动。除去无地的外来人以外,对几乎所有居民来说,农业是共同的基本职业。区别仅仅在于侧重面不同而已。被划归农业的人并不是只依赖于土地,他们还从事养蚕、养羊和经商。第四类人包含这样一些农户:成年男子业已死亡,寡妇和儿童靠出租的土地生活,而不是靠他们自己的生产劳动过日子。

在人口普查记录里,家庭的职业是根据一家之长的职业而定的。家庭的成员可以从事不同的职业,例如,店主的孩子可能从事农业,农民的女儿可以到城里的工厂工作。这些情况都没有表示出来。该村各类职业的家庭数字如下:

Ⅰ.农业 ………………………………………… 274
Ⅱ.专门职业 ………………………………… 59

Ⅲ. 渔业 ………………………………………… 14
Ⅳ. 无业 ………………………………………… 13
总　数 ………………………………………… 360

上表清楚地说明占人口总数三分之二以上或76%的人,主要从事农业。由于实地调查的时间有限,我的调查工作主要是有关这个职业组的。下章再详细分析这个职业组的生产活动。其他职业组,我只能简单地描述一下。

2. 专门职业

第二类的进一步分析,见下表。

表中第一项,只包含那些家长在城里经商的家庭或家长从事其他职业,住在城里。不包括那些在村外丝厂工作的女工。

纺丝工人,代表一种专门职业。他们为镇上的丝行工作,丝行从村民手里搜集土法缫制的生丝,质量不整齐,在出口或卖给丝织厂以前,必须通过反摇整理。这种整理工作由村民来做。丝行把原料分配给纺丝人,然后再收集起来,按照工作量给予工资。

零售商人和航船,在讨论贸易的一章中另作描述(第十四章第4至6节)。

Ⅰ. 在城镇从事专门职业的 ………………………………………… 14
Ⅱ. 纺丝工人………………………………………………………… 6
Ⅲ. 零售商 ………………………………………………………… 10
Ⅳ. 航船……………………………………………………………… 4
Ⅴ. 手工业与服务行业 …………………………………………… 24
　木匠 ………………………………………………………… 4
　裁缝 ………………………………………………………… 3
　合作丝厂职工 ……………………………………………… 3

职业	户数
篾匠	2
理发匠	2
磨工	2
抽水机操作者	2
泥水匠	1
接生婆	1
和尚	1
鞋匠	1
银匠	1
织工	1
总　计	58

整个手工业和服务行业人员占这个村庄总户数的7%。这样低的百分比是惊人的。首先,这是由于这些行业还不完全是专业化的。缝纫、做鞋、碾磨等工作,是各户自己劳动的普通工作。比较粗糙的木工、竹工和泥水匠的工作不需非常专门的知识和技巧,所用工具在大多数住家中都自备。现代抽水机尚未被广泛使用,主要在紧急时用。生孩子也不一定需要专家的帮助。在上表中,除了现代抽水机操作者外,也许只有理发匠、和尚、庙宇看守人和合作丝厂的职工的工作比较专业化,农民自己不能兼任。

此外,人们不一定都要村里供应他们所需的物品或依赖这个村里的人来解决他们生活服务的问题。质量较好的木器、竹器或铁器可以在城镇里买到。甚至于有一次理发匠对我抱怨说,村民逐渐倾向于到镇里去剃头了。有丧事时,人们往往到远处庙宇去请和尚。妇女难产时不能信托村里的接生婆来接生。

所有住在村里的外来人都是商人和手艺人,他们实际上占这个群体(第二章第5节)总人数的三分之一。关于商业和手艺是否原来就是从外面传来的一种新的职业,我手头没有资料可以说明这一点，但我们有理由猜想一些新的手工艺往往是通过某些渠道从外边引进的。由于技术知识通常是通过亲属关系传授，本地人不易很快地吸收这种知识。即使师傅可以公开传授手艺，但那些有条件让孩子们种地的父母仍愿意让他们种地。村子里的土地不足以提供额外人口谋生，因此，外来人很难获得土地，而且土地也很少在市场出售。所以，正如上面已提到的，目前，所有外来人都没有地，其谋生的唯一手段是从事某种新手艺或经商。

3. 渔业

有两类渔业户，他们的捕鱼方法不同，居住地区也不同。第一类渔户，住在村的西头，圩Ⅰ、圩Ⅱ，仅以捕鱼为副业。他们的捕鱼方法是用网和鱼钩。冬季工作较忙。那时，农活告一段落，他们便开始进行大规模的"围鱼"作业。几只船合作组成捕鱼队，在又粗又长的绳子上密挂小鱼钩，然后再加上一些重量，捕鱼队队员围成一个圈，把鱼钩沉入湖底。寒冷天气，特别是下雪以后，湖面不结冰，但鱼都在泥里冬眠，鱼钩在泥里拉过，很容易把鱼钩住。这样的"围鱼"作业有时持续数周，收获量颇大。平时，渔民撒大网捕鱼，一日数次。这种捕鱼方式只有那些住在湖边的居民才能采用。这也就是这群渔户局限在村西地区的原因。

虾是用一种竹编的捕虾篓从湖里捕捉。捕虾也是住在湖边的渔户的普遍职业。根据 1935 年夏我所收集的情况，共有 43 条船从事这项工作。捕虾篓用一条长长的绳索连结起来，放入水中。每四小时清一次篓子，因为时间过久，虾在篓里容易死去，死虾在市场上的价格低于活虾。两个渔民一条船，平均收入每天 1 元。

另一种渔户在B河中游沿岸圩Ⅱ居住。这种渔民喂养会潜入水中捕鱼的鱼鹰。喂养和训练此种鸟需要专门知识,是由家庭传授的,因此是一种世袭的职业。这些家庭形成一个特殊群体甚至与其他村里的同行渔民合作。由于他们需要到离本村较远的地方去,夜间鱼鹰需要细心保护,因此,这些渔民在共同的专业利益基础上形成了一个超村庄的群体。从事同一专业的渔民,对他们的同行都有友善招待的义务。

第九章　劳作日程

计时系统——三种历法——经济活动和其他社会活动时间表

1. 计时系统

为研究一个社区的生产体系必须要调查他们的各种活动在时间上是如何安排的。在分析农村经济时更需如此，因为庄稼通常直接依赖于气候条件。

有机世界的季节循环的知识，对人民有重要的现实意义。农民的生产活动不是个人自发的活动。他们需要集体的配合和准备。他们必须知道种子何时发芽以便确定播种日期，必须知道秧苗需要多长时间才能长成以便把土地准备好进行移植。如果没有农时的计算，就不能保证在正确的时间里采取某种行动。

辨认时间不是出于哲学考虑或对天文学好奇的结果。正如布·马林诺夫斯基教授已明确指出的，“计时法不论如何简单，它是每一种文化的实际的需要，也是感情上的需要。人类每一群体的成员都需要对各种活动进行协调，例如为未来的活动选定日期，对过去的事进行追忆，对过去和未来时期的长短进行测量。”①

从功能上来研究计时问题，我们就必须仔细地观察一下历法，以便了解计时系统如何安排社会活动，这一系统又是如何由社会活动来表示的。

中国农村中使用的传统历法是以纪月系统为基础的阴历。它的原理如下：望日被视作一个月的第十五天的夜晚。因此，每一个月的天数是 29 天或 30 天（实际上一个月历时为 29.53 天）。12 个月为一年，共有 354.36 天，其总数与纪日系统的阳历 365.14 天为一年的数字不合。每隔二或三年有一个闰月以补足每年缺少的天数。但是有机世界的季节循环更多地是遵循地球和太阳之间的关系，与地球和月亮之间的关系较少。虽然两种系统最后有闰月来调整，但这两种系统的日期永远不能有规律地一致起来。

阴历的日期不能始终如一地说明地球对太阳的相对位置，因而也不能表明季节性气候的变化。譬如说，假定今年人们抓住了正确的播种时间，四月十七日，但由于闰月的关系，他们明年如果在同一天播种，就为时太晚了。阴历和季节循环两者之间的不一致性，使得阴历在农事活动中不能作为一种有效的推算农作物生长期的指南。这种理论上的考虑必然引导人们进一步来考察传统的历法。

实际上，在传统历法中，有一种潜在的纪日系统。它表明各个时期地球在其太阳轨道中的确切位置。这一系统中的单位是“节气”，意思是“段”或“接头”。整个太阳历年分成 24 个节气。1936

① 《特罗布里恩德群岛的阴历和季节历》（Lunar and Seasonal Calendar in the Trobriands），《皇家人类学会杂志》（*Journal of the Royal Anthropological Institute*），第 57 卷，第 203—215 页。

年 24 个节气的总天数为 364.75 天。这说明实际上一个年度的时间仍有微弱的 0.59 天之差。我不知道定节气的原理，但在旧历本中可以找到每个节气开始的准确时间，它是用时辰（两小时）、刻（四分之一小时）和分（分钟）为单位来表示的。在不同年份里不同节气的长短上，闰期的变化微小，因此不需要特殊的说明。下表为 1936 年，每个节气开始的时间和节气的名称。

节气名称	传统历及时间	西历及时间
立春	正月十三日 辰初三刻	二月五日晨七点四十五分
雨水	正月二十八日 寅初二刻十分	二月二十日晨三点三十分
惊蛰	二月十三日 丑初三刻十二分	三月六日晨一点五十七分
春分	二月二十八日 寅初三分	三月二十一日晨三点三十分
清明	三月十四日 辰初一刻二分	四月五日晨七点十七分
谷雨	三月二十九日 未正一刻十四分	四月二十日下午二点四十四分
立夏	三月（闰月）十六日 丑初十四分	五月六日下午一点十四分
小满	四月初一日 未正一刻十三分	五月二十一日下午二点二十八分
芒种	四月十七日 卯初三刻十分	六月六日晨五点五十五分
夏至	五月初三日 亥正三刻四分	六月二十一日晚十点四十九分
小暑	五月十九日 申正一刻十一分	七月七日下午四点二十六分
大暑	六月初六日	七月二十三日上午九点五十四分

	巳初三刻九分	
立秋	六月二十二日 丑正一刻五分	八月八日晨二点二十分
处暑	七月初七日 酉初	八月二十三日下午五点
白露	七月二十三日 卯初十三分	九月八日晨五点十五分
秋分	八月初八日 未正二刻	九月二十三日下午二点三十分
寒露	八月二十三日 戌正二刻八分	十月八日上午八点三十八分
霜降	九月初九日 子初二刻	十月二十三日晚十一点三十分
立冬	九月二十四日 子初一刻四分	十一月七日晚十一点十九分
小雪	十月初九日 戌正二刻	十一月二十二日晚八点三十分
大雪	十月二十四日 申初二刻三分	十二月七日下午三点三十三分
冬至	十一月初九日 巳初十一分	十二月二十二日上午九时十一分
小寒	十一月二十四日 丑正十分	一月六日晨二点十分
大寒	十二月初八日 戌初一刻七分	一月二十日下午七点二十二分
立春	十二月二十三日 未初二刻四分	二月四日下午一点三十四分

既然西方的阳历是法定通行的，自然也传入乡村，它又与传统的纪日系统的节气有区别，因为它以一个整天作为单位，所以有一个规则的闰日方法。这两种历法不同年份相应的日期不同。

2. 三种历法

这三种历法均被村里的人们采用。但各有各的作用，西历通常在新建的机构如学校、合作工厂和行政办公室里使用。这些机构必须与使用西历的外界协调工作。

传统的阴历最广泛使用在记忆动感情的事件以及接洽实际事务等场合。它被用作传统社会活动日的一套名称。在宗教活动上，人们也广泛使用阴历。每月初一及十五要定期祭祀灶神。人们还在这两个日子里去庙宇拜佛或吃素斋。在祖先的生日、忌日和固定的节日要祭祖，但有些节日是根据传统的节气来安排的。

传统的节气并不是用作记日子的，而是用来记气候变化的。有了这一总的系统，每个地方可根据当地情况来安排农活日程。

这个系统主要用于生产劳动。除日常谈话外，下列歌谣说明了它的作用：

白露白迷迷①　　秋分稻秀齐
霜降剪早稻　　立冬一齐倒

向我提供情况的人曾来一信，也可引述其中一段：

“村里的人，每年有两个清闲的时期，第一个阶段是在秋天，从处暑到寒露，为时约两个月……。第二阶段是在冬天，从大雪到年底，也是两个月，在这农闲季节，我们出去经商。”

农民用传统的节气来记忆、预计和安排他们的农活。但节气不能单独使用，因为没有推算日期的办法，在使用上有困难。农村用

① 指稻花开。

阴历来算日子。人们必须学习每年各个节气的相应日期。例如上表所示,第一个立春是在正月十三日,而第二个立春则在十二月二十三日。因此,也可以这样说,阴历通过节气系统来安排人们的工作顺序。

历本并非村民自己编排,他们只是从城镇买来一红色小册子,根据出版的历本来进行活动。他们也不懂其历法的原理,他们甚至不知道历本是哪里发行或经谁批准的。因政府禁止传统历,出版这些小册子是非法的。我未能找到谁是负责的出版者。

然而政府的行动在任何意义上来说,并未影响小册子的普及和声誉。在任何一家人的房屋中都可以找到这本册子,而且在绝大多数情况下,这往往是家中唯一的一本书。人们通常将它放在灶神爷前面,被当作一种护身符。不仅在安排工作时,而且在进行各种社会活动和私人事务的时候,农民都要查询这本历书。在历书中,每一天,有一栏,专门说明哪些事在这一天做吉利,哪些事不吉利。我列举数栏说明如下:

三月一日(1936年),星期日;阴历二月初八日

张大帝(洪水之神)生日。

宜祭祀,祈福求嗣,还愿,会亲友,经商,上官赴任,结婚姻,行聘,嫁娶,迁入新宅,移徙,裁衣,修造,竖柱上梁,修店铺,开市,立券,开仓库,栽种,破土,安葬。

不宜用茅草铺盖房顶,灌田,行猎。

三月二日,星期一;阴历二月初九日

宜会亲友,捕捉畋猎。

不宜诉讼,求医疗病。(植物发芽)

三月十六日,星期一;阴历二月二十三日

诸事不宜。

三月二十七日,星期五;阴历三月初五日

宜沐浴,畋猎取鱼,扫舍宇。

不宜安床,买地纳财。(开始雷鸣)

农民并非完全按照栏内所列的忠告行事。但盖房、安排婚事、开始长途旅行等事，他们确实要查询此种历本。他们根据栏内所列吉利的事情多少，笼统地区别“宜”或“不宜”的日子。他们避免在“不宜”的日子，特别是那些表明“诸事不宜”的日子，进行重要的冒风险的活动。每隔数天，在这一栏的末尾有一项括号内的说明，如“植物发芽”和“开始雷鸣”等。这是用周期性的自然现象来推算时间的一种附加系统。

3. 经济活动和其他社会活动时间表

有了以上的这些计时系统，我们便能列出村庄各种经济和社会活动的时间表。它可供进一步分析作参考。对某些具体项目，将在其他恰当的有关之处再作一些解释。

按节气进行的其他社会活动与宗教活动	农业	丝业	节气	气候(上海)		西方的阳历	阴历月份	按阴历进行的其他社会活动和宗教活动
				温度(华氏)	雨量(毫米)			
祭灶神	麦{油菜籽}		立春	39°	57	2月	一	初一日：新年，祭菩萨，迎灶神上庙拜佛 初一至初八日：男人探亲戚 初八至十五日：女人探亲戚 初五日：祭财神 初十至三十日：吉利的结婚日
祭灶神			雨水					
禁止造房屋{祭祖宗和蚕神、扫墓 祭灶神 欢宴 探亲戚的蚕}			惊蛰	46°	70	3月	二	
			春分					
		主要的一批{孵化蚕种 第三次蚕蜕 蚕茧}	清明	56°	90	4月	三	
			谷雨					
	第一个农忙时节{播种 育秧苗 主要农田准备 插秧 除草和灌溉}		立夏	65°	90	5月	三(闰)	在闰月为老人准备葬礼
			小满					
		家庭抽丝	芒种	73°	166	6月	四	
		第二批	夏至					
			小暑	80°	127	7月	五	初五日：端阳，欢宴，祭灶神

续表

第一次外出经商	农闲：稻开花、稻秀穗		大暑	80°	127	7月	五	
			立秋	80°	148	8月	六	初三日、十五日及二十三日：祭灶神
			处暑					
			白露	73°	118	9月	七	初三日：灶神爷生日，祭祀 十五日：中秋，满月，欢宴 二十四日：灶神娘生日，祭祀
			秋分				八	
	第二个农忙时节：收割、碾米、储藏、出售		寒露	63°	73	10月		
			霜降				九	初九日：重阳，欢宴，祭灶神
		麦	立冬	52°	46	11月		
			小雪				十	初一日：新稻登场，先祭祖宗
第二次外出经商、祭祀祖宗			大雪	42°	29	12月		
			冬至				十一	二十四日：送灶神爷
			小寒	28°	54	1月		
			大寒				十二	三十日：祭祖宗

第十章 农业

农田安排——种稻——科学与巫术——劳动组织

农业在这个村子经济中的重要性,已经在以上章节中显示出来。这村有三分之二以上的农户主要从事农业。一年中有八个月用来种地。农民的食物完全依赖自己田地的产品。因此,要研究生产问题,首先必须研究农业问题。

本章所使用的农业一词,只是从它的狭义说的,指的是使用土地来种植人们想要种的作物。要研究如何使用土地,必须先分析土地本身。土壤的化学成分、地形和气候都是影响农业的条件。我们也需要了解谷物的生物性质。这些分析尽管比较重要,所需要的专门知识却往往是人类学者所不具备的。然而,农业占用的土地不只是自然实体。文化把土地变成了农田。此外,在农业中,直接指导人类劳动的是人们自身掌握的关于土地和谷物的知识,通过技术和信仰表现出来。

从分析物质基础开始,我们首先来描述一下这个村子的农田。根据技术需要出发的农田安排,对劳力组织、土地所有权和亲属组织都有深远的影响。研究这个问题对进一步研究人与土地关系问题的各个复杂的方面将是最好的开始。

1. 农田安排

农田的安排取决于农民选择种植哪一种作物。这个村农业的主要作物是水稻、油菜籽和小麦。水稻的种植期从 6 月开始，12 月初结束，这是主要农作物。收稻以后，部分高地可用来种小麦和油菜籽。但后两种仅是补充性的农作物，其产量仅供家庭食用。

村里 90% 以上的土地种植上述这些农作物。沿着每一圩的边缘，留有 10—30 米的土地种桑树，有三个圩再留一块大一些的空地盖房屋。在边缘的土地较高，也用作农田的堤堰。

种庄稼的土地被分成若干农田。由于种水稻需要定期供水，因此农田安排还取决于水利管理措施。

向我提供情况的人说："水是农田中最重要的东西。如果土壤干裂，稻就会枯死，如果水太多，淹过稻'眼'时，稻又会淹死。"稻"眼"即上方叶和茎的接节点。当地人认为，这部分被淹了，六七天之内，稻就枯萎。把稻的这一部位说得如此脆弱，未必那么真实。但稻"眼"确实被用作标志稻田中水多水少的一个基准。必须按照稻的长势调节水面，水位太低时进行灌溉，太高时则及时排水。水的管理是农业中的一件主要任务，它支配农田的地形。

土地被河流分割成小块，称作"圩"。每一圩周围是水。每一块农田得水机会的多少视这块农田在圩中的位置而异。圩正中间的一块田离河最远，被灌溉的机会也最少。为使中间的农田得到足够的水，人们必须把圩的土地平整得犹如一个碟子。但碟状土地表面又为储水带来困难。水总是趋向水平面，因此农田不能得到水的平均分配，反而中间形成水塘，边缘土地干旱。所以必须筑起与土地边缘平行的田埂。另一个困难是必须从较低的河流中将水引到较高的田地中来。这样,便必须用水车。人们在河岸上选择一个地点,安装好水车,同时还要挖一道水渠以便将水引到里面的稻田。靠这一车水点供水的每一大片田地,还要有与边缘相垂直的田埂。两种田埂相互交叉,把农田分成小块,称作小块田或“爿”。

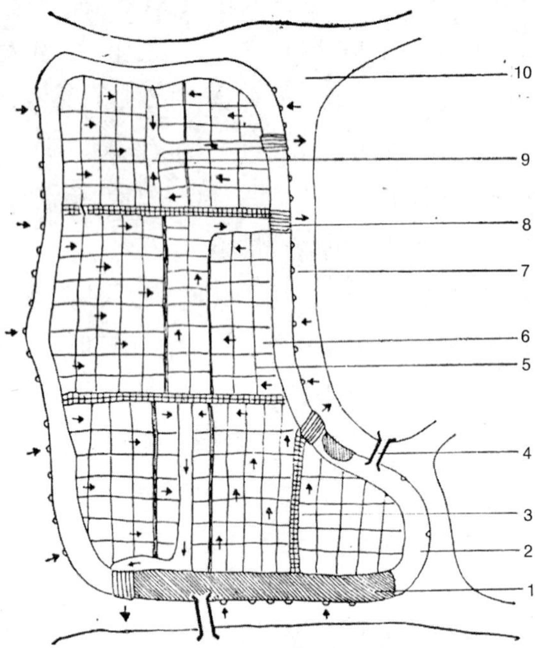

图Ⅳ 西长圩农田的安排

1. 房屋 2. 种桑树的边缘地 3. 两塍田中间的埂 4. 桥 5. 两小块田之间的埂 6. 一小块田 7. 车水灌溉点 8. 集体排水点 9. 公用排水渠 10. 河

每小块田的高低必须相同,以便能得到平均的灌溉。小块田的所有权如果不属同一个家,那么耕种者之间常常因灌水发生争执。每一片田地有一条共同的水渠通过,在每片田地的小块田间有一个通水口。农民引水进田时,先从边缘的小块田开始。在一小块田的进水口处下面把水渠堵住,这样水便流入这小块田地。水灌足后便堵住这一进水口,打开水渠再灌溉下一块田地。这样继续下去直到最后一块田浇灌完毕。一片田地为一个灌溉单位(见地图Ⅳ)。

雨水多的时候,这一灌溉系统不能把田里多余的水排出,因为水不能从较低的田中央往较高的田边缘流出。所以必须在整个碟形圩地的最低部分挖一水沟。它汇集了各大片田里多余的水,水沟终端装部水车把水排出。接着,我们将看到灌溉和排水需要不同的社会组织工作。

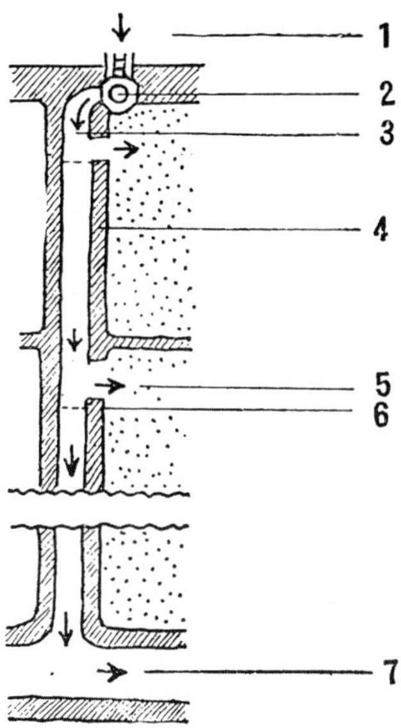

1. 河
2. 车水灌溉点
3. 经过大片田地的水渠
4. 小块田周围的埂
5. 一小块田的临时进水口
6. 暂时封闭水渠
7. 公用排水沟

地图Ⅴ　田埂和水渠系统

单纯从技术观点来看，排水问题的困难主要是各圩面积大小不等的问题。圩的大小取决于河流天然分布的情况，大小相差极大。例如，这个村里有 11 个圩，大小从 8 亩至 900 余亩不等(第二章第 2 节)。圩的面积越大，将它纳入集体排水系统的困难越多。为适应紧急需要并提高工作效率，大圩必须分成较小的排水单位，称“墐”，各“墐”之间筑了较大的埂。也是农田里的主要道路。

农田安排平面图，如图Ⅳ所示。图比实际情况简单得多，但足以说明刚才描述的情况。

2. 种稻

田地主要用来种稻，但不完全是种稻。目前只限于研究种稻这一方面。

6 月开始种稻。先准备好一小块田地育秧。把种子撒在秧田里。约一个月以后，稻子长出 30 厘米长的嫩秧。这一时期稻秧不需要大的间隔，只是在浇灌方面需要细心调节。在小块田地上育秧，同时在大块田地上作准备工作，这样比较方便、经济。

移秧之前必须作好以下准备：翻地、耙地、平地，然后是灌溉。一切工作都是人力做的。这个地区农业劳动的一个特点就是不用畜力。下面我们将看到，农田较小，每户的土地又是如此分散，以致不能使用畜力。农民只用一种叫做“铁锴”的工具，它的木把有一人高，铁耙上有四个齿，形成一个小锐角。农民手握木把的一端，把耙举过头先往后，再往前甩，铁齿由于甩劲插入泥土，呈一锐角，然后向后拉耙，把土翻松。这个村子不用犁。

翻地以后，土块粗，地面不平。第二步就是耙细和平地，使用同一工具。一个人翻耙平整一亩地需要 4 天。

这一阶段要引水灌溉,必要时需检修田埂和水渠。用水车从河流车水。水车有一个长方盒形的、三面用木板做成的管道,木管内有一系列用小木片做成的阀,由活动的链条连在一起形成一个环。小阀接触三面木头的管道便在管内形成一系列方形空间,链条通过枢轴与一个轮子相连。农民踏动轮旁的踏脚板时阀链便按圆环形转动。木管的下部置入水中,上部打开,对着一个通向水渠的小水塘。由阀和木管三面形成的小方空间在下端充满了水,阀链转动时便将水带上来,流入水塘。水并非通过空气压力的差别带入塘内,而是由于阀的转动把水带到水塘。

用这种工具把水车至高处,效率不很高。由木阀形成的方形空间结构不严密,阻力较大。为一亩地车水高出地面 10 余厘米约需用一天的时间。灌溉上的低效率使每一大片田地中相连的小块田地产生了不同的价值。我在前面已经提到,水从边缘的田地依次流到中间,中间的田地必须等边缘的田地灌溉结束后,才能得到它所需要的水。雨水太多时,中间的田地又必须等待边缘的田地排完水后,多余的水才能排除。而等待排灌时间的长短则有赖于水车效率的高低。排水系统的不能令人满意的效率,当然是产量降低的一个因素。因此也就产生了土地价值的差别。边缘田地与中间田地价值的差别有时可达 10 元或相当于土地平均价值的五分之一。

前两年,村里有了两台动力抽水泵。一台为私人所有,另一台为合作工厂所有。承包全年的灌溉,按每亩收费。这使整个灌溉过程逐步转入集体化和专业化。然而,这种机器尚未被普遍采用,主要是因为使用机械而节约下来的劳力尚未找到生产性的出路。

从村民的观点来看,他们宁愿使用旧水车,不愿缴纳动力泵费用而自己闲搁数月。有些人告诉我,那些依赖动力泵灌溉的人,自己没有事,便到城镇的赌场去赌博,害了自己。现在尚未看到节约劳力的机器和水利集体化过程对社会组织和农田安排的影响。

引水到田以后,每亩田还需要用一天的时间加以平整。现在就可以估计在准备土地过程中总共需要多少时间。一个劳力如果种 7 亩地,大约需要 35 天,相当于稻秧在秧田里生长所需的时间。

农活开始的时候没有什么仪式,每个农户自己掌握农活开始的时间。时间先后的差别约为两个星期。

把稻秧从育秧田里移植到大田里,是种稻的重要部分。人们把这段时间描述为"农忙"时节。农民一早出发到秧田去,秧田有时离稻田很远。农民必须用船来往运送秧苗,孩子们那时也被动员起来帮助工作,但不用妇女。插秧时六七棵秧为一撮插在一起,孩子们的工作是把秧递给插秧人,一个人不旁移脚步,在他所能达到的范围内,一行可插六七撮,这一行插完后,向后移动一步,开始插另一行。插完一片地以后,再从头开始插另一片。在同一块田地,如果同时有几个人工作,他们便站成一行同时向后移动。插秧人那有节奏的动作给人留下深刻的印象。对这种单调枯燥的工作加点节奏是有益的,为保持这种节奏,农民常常唱着有节奏的歌曲。随之发展而成专门的秧歌。但这一地区的女子不参加插秧,秧歌流传不如邻区广泛。

每人一天大约可插半亩,插 7 亩约共需二周。

7 月已经是夏天了,在华氏 80 度的气温下,稻的长势很快。这时期雨水很多(5.5 吋),老天帮忙,为幼秧提供水源。但自然界不总是那么可靠的。如果二三天没有雨,秧就需要车水灌溉,这就需要人力。如果连续下三四天雨，人们又要忙着车出多余的水。

和稻混杂在一起的野草有时长得更快。插秧工作刚刚结束一个星期，农民便需忙于除草。专用于除草的工具是一片装在竹竿柄上的木板，上面有很多钉子，农民手握耙柄，把钉耙向后拉过泥土，便把野草拔除。

除草后，下一件工作便是给土地施肥。肥料有人粪肥，畜粪肥和豆饼。黄豆榨油以后剩下的渣，压成豆饼。豆饼被碾成碎片，均匀地撒在田地里。

人粪肥保存在房屋后面的专用的粪坑里。羊粪从羊栏里收集，曝露、晾晒，并与草混合以后，撒在田里。不用新鲜粪肥。

当稻长到相当高度，开花以前，还需彻底除一遍草。这时便只能用手来拔草，因钉耙容易伤害作物的根部。为避免伤害稻，农民在大腿部系一马鞍形竹筐，他们在泥里行走时，它可先把稻撇开。

从7月到9月农民几乎都在除草和灌溉，中间有数次短的间歇。工作量的大小依据雨量的多少。9月上旬，稻子开花，月底结谷。这一时期没有特殊的工作可做，是最长的农闲时节。到10月下旬，某些早稻可以收割。长长的弯形镰刀便是收割的工具。割稻时把稻秆近根部割断，扎成一捆捆放在屋前空地上。打谷在露天空地或堂屋中进行，把谷穗打击着一个大打谷桶的一边，谷子便从秆上落下，留在桶底，然后收集起来。打过的稻秆便堆放在路边。

稻谷被放在一个木制磨里去壳，碾磨转动，壳便与米分开。粗磨的米可以出售，再经过一次精磨，才能食用。最后一次碾磨过程完全用现代机器进行。旧式工具杵臼已不再使用。

3. 科学与巫术

在上述农田安排、灌溉与排水、翻土与平地、插秧与除草等农活中所用的知识，是通过农民的实践经验的长期积累一代一代传授下来的。这是一种经验性的知识，使人们能控制自然力量，以达到人们的目的。详细的调查研究会表明这个地区的农业科学发展到如何高的程度。上述情况已经说明，人们懂得稻的生长过程中的普通生物原理，不同时期所需的水量，植物生理中叶子和根部的作用以及有关水的运动、水平面等的物理常识。

通过他们采用新技术和工具的方式，也可以看到他们对所经营的事业采取了一种经验式的方法。对工具的选择完全是从经济和效率原则出发的。例如，需要紧急排灌时就用水泵，但作为平时灌溉，花费太大时就不用它。

然而到目前为止，科学只能通过人力的有效控制来支配自然因素。自然界中尚有不能控制的因素。譬如对水的基本需要只能通过排水、灌溉、筑堤、挖沟等人为的手段进行部分的控制。大部分还是要靠雨水。如果雨水太多或太少时，不管人们如何努力使用水泵，稻还会枯死或淹死。蝗虫可能出乎意外地突然到来。在这种性命攸关的领域，也仅仅在这一范围内，我们发现人们有非科学的信仰和行动。

这并非意味着人们把雨和蝗虫当作是超自然的表现。他们有气象知识。“天气太热时，湖水蒸发太多，气温一有改变，就会下雨”。但这些自然现象，人不能控制。它们对实际生活可能是巨大的威胁，可能顿时把一切努力化为乌有。在这个关键时刻，人们说“我们靠天吃饭”。承认人的力量有限,转而产生了种种巫术,但巫术并不代替科学。它只是用来对付自然灾害的一种手段。它不排除其他手段。科学和巫术同时被用来达到一个现实的目的。①

巫术不是一个自发的个人的行动,而是一种有组织的制度。有一个固定的人,他拥有魔力并负责施展巫术。其次,有一套传统的礼仪来唤起超自然的干预。最后还有一些神话来维护这种礼仪和巫术师的能力。

当遭到水灾、旱灾和蝗灾的威胁时,便要施行巫术。过去每逢这种时机出现,人们纷纷到县政府去要求巫术的帮助。按照古老的传统,县行政官就是百姓的巫术师。有水灾时,他就到河边或湖边把供物扔进水里,祈求洪水退去。干旱时,他就发布命令禁止宰猪,并组织游行,游行者带着一切象征雨的用具如伞、长筒靴等。有蝗灾时,他就带着刘皇的偶像游行。

以下神话解释了地方行政官担任巫术师的义务以及他担任这一角色的效果。在县政府所在地,吴江城北门大约一里开外的地方,有一个拜祭张大帝的庙宇,他的生日是阴历二月初八日(第九章第2节)。按照人们的信仰,他是很久以前,历史上的一个县行政官。在他任职期间,有一次大雨连绵不断,湖水泛滥,造成了水灾的威胁。他便到湖边下令退水,把他的鞋、衣服和标志官衔的玉带,一件件扔进水里。但是水仍然上涨,雨继续不停地下着。最后,他自己纵身投入水中。水灾被征服了。直到现在,据说每当县里发生水灾时,张大帝偶像的长袍总是非常潮湿,因为他仍旧在暗

① 巫术与科学的理论,见布·马林诺夫斯基教授的“文化”条,《社会科学百科全书》(“Culture”,*Encyclopcedia of Social Science*)。

暗地履行他的职责。

就我所知,村里不知道有关刘皇和他的灭蝗的神话。但在吴江附近的城镇里,刘皇是人人皆知的。刘皇是一个历史人物。他一生受后母的虐待。小时候是一个淘气的男孩,还能施展巫术,一夜,他邀请了所有的朋友来赴宴,把他家中的牛全部杀死。清早,他把牛的头和尾巴安放得犹如把牛半埋在地下一般。但天快破晓,他尚未安放完毕。他命令太阳慢些升起,太阳便又落到地平线下。据说,甚至到如今,早上太阳还推迟片刻升起。当他后母发现牛被半埋在地下时,由于刘皇的巫术,牛都哞哞地向主人呼叫,摇着尾巴。后母十分恼怒,后来便更加残暴地虐待刘皇,直至他死去。他死后,人们仍然相信他的阴魂有能力赶走蝗虫。这一神话证明了这个淘气男孩的魔力,也是目前人们信仰和施行驱蝗巫术的依据。

地方行政官的这种巫术师的职能是与现代行政公务的概念相违背的。而且,现在的政府认为人民中间的迷信是社会进步的障碍。因此政府发布了各种命令禁止任何巫术。所以现今的地方行政官不仅拒绝履行人民的巫术师的传统职能,而且还应该执行反对巫术的法律。但水灾、旱灾、蝗虫的自然威胁仍然危害着人民。他们的科学知识和装备仍然不足以控制许多自然灾害,对巫术的需要依然保留不变。

一个前地方行政官告诉我这个问题是如何得到解决的。“在人们普遍要求对旱灾有所举动的压力下,我不得不发出命令禁止宰猎。我认为这是很有用的,因为流行病往往与旱灾俱来,素食能防止传染病流行。这是这种信仰的真正的作用。在我缺席的情况下组织了游行。强迫人们不抵御旱灾是不利的”。

只要巫术对人们的生活起着一些有用的作用,尽管政府发出多少命令和阐述很多理由,它仍然会存在的。在理论上,从把巫术当作一种假科学,并认为它对科学发展是一种障碍,转变到承认它的实际作用,对于处理这个问题采取实际态度方面,能给以一些启示。这种事情不是命令所能禁止的,只有提供更有效的人为控制自然的办法才能消灭巫术。既然目前不可能有完全的科学控制办法,那么在人类文化中也难以完全消除巫术。

4. 劳动组织

谁在田里劳动?在什么情况下农民需要合作?谁和谁合作?形成了何种组织?让我们仍然从技术的角度来考察这些问题。把法律上的问题留到下一章去探讨。

我已经讲过,户是基本经济单位。但一户中并不是全体成员都参加农业劳动;孩子只是有时候到田地里去,女人完全不参加农业劳动。农业主要是男人的职业。男人和女人的这种劳动分工是产丝地区的一个特点。它说明了蚕丝工业的发展是产生这种特点的主要因素。在家庭缫丝业兴旺时期,女人忙于缫丝时,男人正忙着准备稻田。另一方面,从丝业得到的收入可与农业收入比拟。这也使人们有可能靠小块农地生活下去。因此农田的大小一直保持在有限的范围内,农业所需的劳动量也相应地有所限制。

为说明村里的劳力和土地是如何恰当安排的,可引用几个统计数字。成年男子,实际的或潜在的农业劳动者,年龄在 15 岁至 55 岁之间的其总数共 450 人。如果将 2,758.5 亩耕地平均分配给劳动者,每人将得 6.1 亩。上文我已经说明了工作速度、稻的生长所需时间，以及得出一个人可耕种约6亩地的结论。从技术上来说，我已经表明了使用铁耙耕作使得大部分劳动成为非常个体性的。集体工作不比个体劳动增加多少收成。效率也不会提高很多。目前的技术已决定了这样大小的一片土地需要多少劳动量。因此，我们也有了每个农业劳动者能种多少亩地的近似数字。这一事实对土地占有、对农田分散的制度、对分家的频率，以及对小型的户都有深远的影响。

目前，丝业的衰落打乱了传统协调的经济活动。缫丝工业被现代工厂接收后，农田的大小仍然同过去一样。由工业变化而剩下的妇女劳动力不能为这种小块农田所吸收。这种失调的情况可以从妇女在村里闲暇时间较多这一情形中观察到，也可以见之于妇女人口从农村到城镇的高度流动性。在邻近的村庄里农田较大，在适应工业变化的新情况过程中，妇女劳力被农业所吸收。这说明传统的劳动分工是出于实践的安排，而不是由于非经验的原因。它是经济调节的一个部分。在男子只靠自己劳动，而农田不能再扩大的情况下，农业是不需要女劳力的。唯一需要女劳力的场合是紧急灌溉或排水的时期。控制水有时候需要立即行动，女人便毫不犹豫地去车水。

一户里的男子在同一农田里工作。他们之间没有特殊的分工。每个人做同样的工作，除在插秧时，孩子不插秧而是给成人递秧苗。所以大部分劳动是个体性的。

水的调节是需要合作进行的。在灌溉过程中户的成员，包括女人和孩子都在同一水车上劳动。在排水时必须把一墐地里的水从公共水沟里排出去。在同一墐地里劳动的人是共命运的。因此便出现了一个很好地组织起来的集体排水系统。为描述这种系统,我试举西长圩北墠为具体例子,加以说明。

这一墠地有 336 亩地。在北面边缘有一条通向河 A 的共同的水沟。在出口处有 15 个车水点。这就是说,可以有 15 架水车同时工作。每一水车需要 3 名劳动者。墠的每个成员所提供的劳动量,以户为单位,是同他所有的土地大小成比例的。派工是以劳动单位来计算的。一个单位是在 4 天内总劳动量的 1/3366。15 架水车,每车分 22.4 单位。每个人工作 4 天算作 6 个单位,提供水车的人和小队管理人算作 4.4 单位。这种计算方法叫作“6 亩算起”。这就是说这墠地里每 6 亩地的土地所有者应每天派一个人参加劳动,3 亩地的拥有者每隔一天派一个人参加工作等等。每墠田,由于大小不同,各有其计算方法。

墠的成员按照 15 架水车组织成 15 个小队。每年由队里一个人负责提供水车并管理队的工作。这一职务由队里的成员轮流担任。15 个队,有一个总管理人。这个职务也是轮流担任的。年初,总管理人召集其他 14 个管理人开会,准备筵席,作为正式开始的仪式。总管理人有权决定何时开始或停止排水。

每逢需要排水时,总管理人向其他管理人发布命令。清晨,这些管理人敲着铜锣通知值班人员。半小时以后,如果任一值班人员没有到水车前来,在同一水车前工作的另两个人就停止工作,拿着水车的枢轴到最近的杂货铺去并带回 40 斤酒和一些水果、点心等,这些东西的费用作为对缺席者的罚款。但如果是管理人没有通知那个缺席者,管理人自己必须承担责任。

排水的集体负责制使得引进现代水泵发生了困难,因为用新式水泵需要获得全墠的一致赞同。这种组织将如何适应技术改革的需要,还有待于进一步的观察。

第十一章　土地的占有

湖泊、河流及道路——农田的所有权——雇农及小土地出租——不在地主制——完全所有制——继承与农业

土地的占有通常被看作习惯上和法律上承认的土地所有权。马林诺夫斯基教授指出："但是，这种体系产生于土壤的用途，产生于与其关联的经济价值。因此，土地的占有不仅是一种法律体系，也是一个经济事实。"

"我们能够立刻提出这样一条原则，任何仅从法律的观点来研究土地占有的企图，必然导致不能令人满意的结果。如果对于当地人的经济生活不具有完备的知识，就不能对土地的占有进行定义和描述。"①

"'对游戏本身一无所知，就不能理解游戏的规则。'这句格言说明了这种方法的本质。你必须首先知道人类怎样使用他的土地；怎样使得民间传说、信仰和神秘的价值围绕着土地问题起伏变化；怎样为土地而斗争，并保卫它；懂得了这一切之后，你才能领悟那规定人与土地关系的法律权利和习惯权利体系"。②

① 《珊瑚园和它们的巫术》(*Coral Gardens and their Magic*)，第318页。

② 同前书，第320页。

在前一章中,我们已经研究过村民是如何利用土地和水的。现在我们准备讨论土地占有问题。

1. 湖泊、河流及道路

就水的用于交通来说,它并不为任何人所专有。但是当你进村的时候,可以看到在河的入口处装着栅栏,夜间栅栏关闭。作为交通手段,河流的使用在这方面受到了限制。这是为了防止坏人利用此交通路线,对村民的生命和财产进行威胁。

另一方面,由于交通航道不是任何人专有的权利,所以,不允许任何人阻拦河中的船只,干涉公众的便利。在饮用水及洗涤用水管理方面也有同样的限制。丝厂不得不建在河的下游,否则脏水就会污染河水,使得他人无法饮用。

灌溉用水的管理要复杂得多。不允许人们为垄断水源而在河中筑堤。这是村民之间经常发生争执的问题,在早期尤为如此。人力引入农田的水属于参加这项劳动的人所专有。为了从较高的地块"偷"水而掘开田埂是不允许的。但一块地可能属几个人共有,每人各占其中一部分。由于各人占有的各部分之间没有田埂隔开,所以水是大家分享的。在这种情况下,根据这块田地上各人地片大小不同来公平分配每个人在灌溉中应付出的劳动量。最重要的一点是,这块田的地平面要保持平坦,为的是使水的分配公平。这是产生争论的又一个起因。我目睹了几起这样的争执。因为每个人都想降低他那部分的地面,以有利于水的蓄留。

水中的自然产品包括鱼、虾和水藻。水藻可用来肥田。所有水产是村子的共同财产。这就是说,村里的居民对于这些水产享有平等的权利,其他村庄的人们则排除在外。为了说明其涵义,可以引用以下的例证。

1925 年,周村长把村西的湖中捕鱼的权利租给了湖南省来的人。这是由于那时村庄需要钱来修理河上自卫用的栅栏。签订合同以后,周向村民宣布,今后不得有人去该湖捕鱼。村民遵守了这个协定。我在村里的时候,发生了一起争端。那些湖南人抓获了一条捞虾的船,把渔民押送到城里警察署,控告他们偷窃。周抗议说,租给湖南人的不是那个湖,而是在湖中捕鱼的权利,这个权利不包括捞虾的权利。最后,被抓的人获释。

村民还要阻止外来者在河里采集水藻。

在村内和村周围水中采集自然产品的权利由村民共享。但捞获的鱼和水藻是属于捞获者专有的财产。

田埂和公共道路,就交通用途而言,像水路一样,不是任何人的特有财产。任何人不得拦阻公共道路或田埂上行走的任何其他人。但是道路和田埂也用来种菜。这种道路和田埂的使用权,是对此有特殊权利的家所专有的。因为公共道路要通过各家门前的空地,这空地是用来堆放稻草、安放缫丝机和粪缸、安排饭桌、晾衣服的地方,所以这个问题比较复杂。每一家都有把道路作这些用途的特权。

2. 农田的所有权

所有农田都划分归各家耕种。在我们讨论农田所有者之前,必须为农田所有制的概念下一个明确的定义。

根据当地对土地的占有的理论,土地被划分为两层,即田面及田底。田底占有者是持土地所有权的人。因为他支付土地税,所以他的名字将由政府登记。但他可能仅占有田底,不占有田面,也就是说他无权直接使用土地,进行耕种。这种人被称为不在地主。既占有田面又占有田底的人被称为完全所有者。仅占有田面,不占有田底的人被称为佃户。我将只按照以上定义使用这些词语。

无论是完全所有者还是佃户,只要是田面的所有者,就能自行耕种土地;据此可以把这种人与不在地主区别开来。这种人也能够把土地租给他人,或雇工为自己种地。承租人有暂时使用土地的权利,他也能雇工。根据以上情况,拥有田面权利的人可以不是土地的实际耕作者。因此我们必须把实际耕作者、田面所有者以及田底所有者区别开来。对于同一块土地,他们可以是同一个人,也可以是不同的人。

所有这些人都对土地的产品有一定的权利。田底所有者可以要求佃户交地租。田面所有者可以要求承租人交租。雇工可以从雇主那里取得工钱作为劳动的报酬。无论土地的实际收成如何,不在地主、出租者以及雇工分别取得固定的地租和工钱。所以,完全所有者、佃户和承租者就要承担风险。后者(有时雇工除外)也是农具的所有者。下表对以上几点进行了归纳。

名　称	合法权利	报　酬	责　任	农具的所有者
雇工 (a)短工 (b)长工		日工资、 年工资、 食宿	耕种 耕种	不是或是 不是或是
承租者	暂时使用田面	产品	耕种、付给出租者地租	是
佃户	永久地拥有田面	产品	付给不在地主地租、耕种	是

续表

名称	合法权利	报酬	责任	农具的所有者
不在地主	拥有田底	向佃户收租	向政府交税	不是
完全所有者	拥有田面及田底	产品	向政府交税	是

3. 雇农及小土地出租

田面所有权通常属于家这个群体。家提供男子到田里劳动。但有时它也许不能提供足够的劳力，这就产生了雇农制度。从事这种劳动的人是长工。长工住在雇主家里，得到食宿供应。每年付给长工 80 元的工钱，在新年农闲期间有两个月的假期。在需要短期劳动力的时候就雇用短工。短工住在自己家中，自供膳食。短工通常有自己的土地，只有当他们完成了自己的工作后才受雇。

长工出卖自己的劳动力，不拥有生产工具，偶有锄头。长工来自那些土地太少，以致劳力有余的家庭。尤其是那些需要钱娶妻的人，他们愿意为别人做几年长工。我没有遇到过一辈子都没有土地的人。这个村庄中的雇工总共只有 17 人（第六章第 1 节）。这说明，在这个村子的经济生活中，雇工制度不起重要作用。如果我们考察一下人口统计数字，这个现象就能得到解释。前面已经提到（第三章第 3 节），任何一家只要其占有的土地在平均数以上，这家就很可能有较多的孩子。孩子长大之后就要分家产。换句话说，家中原来就不多的劳动机会，在人口压力和亲属关系的意识之下，更加减少了。况且也没有迹象表明人们要离开自己的土地去寻求其他职业，而同时又雇工来耕种土地。首先，这是由于职业分化的程度很低(第八章第 1 节),其次,是由于土地附有特殊价值(下一节),最后一点是,由于城里的工业不发达。

小土地出租制度也是非常有限的。出租土地大多是因为家里的男人死亡。孤儿寡母无力耕种土地。小土地出租与佃租是大不相同的。出租者保留土地的所有权。合同有一定的期限。出租者可以自由选择承租人,在合同期满时,可以更换承租人。

将这里的情况与华南的情况相比较是很有意思的。华南的雇工与无地的贫农为数较多,土地出租制要复杂得多。① 这似乎是由于华东不在地主制的特点,即"永久性佃权"制的存在;而在华南,已经消失了。接着让我们来考查一下不在地主制。

4. 不在地主制

为了研究不在地主制度,必须首先考查土地所附有的价值。土地的基本作用是生产粮食。但土地不仅仅是生产粮食的资料。

土地的生产率随着人们对农田的照料和投入的劳动量而波动。而且人只能部分地控制土地,有时会遭到出乎意料的灾情。因此,对人们的期望来说,土地具有其捉摸不定的特性。恐惧、忧虑、期待、安慰以及爱护等感情,使人们和土地间的关系复杂起来了。人们总是不能肯定土地将给人带来些什么。人们利用土地来坚持自己的权利,征服未知世界,并表达成功的喜悦。

尽管土地的生产率只能部分地受人控制,但是这部分控制作

---

① 陈翰笙,《华南土地问题》(*Agrarian Problem in Southernmost China*),岭南大学,广东,1936 年,第 4 页及第三章。

用提供了衡量人们手艺高低的实际标准。名誉、抱负、热忱、社会上的赞扬，就这样全都和土地联系了起来。村民根据个人是否在土地上辛勤劳动来判断他的好坏。例如，一块杂草多的田地会给它的主人带来不好的名声。因此，这种激励劳动的因素比害怕挨饿还要深。

土地，那相对的用之不尽的性质使人们的生活有相对的保障。虽然有坏年景，但土地从不使人们的幻想彻底破灭，因为将来丰收的希望总是存在，并且这种希望是常常能实现的。如果我们拿其他种类的生产劳动来看，就会发现那些工作的风险要大得多。一个村民用下面的语言向我表述了他的安全感：

> “地就在那里摆着。你可以天天见到它。强盗不能把它抢走。窃贼不能把它偷走。人死了地还在。”

占有土地的动机与这种安全感有直接关系。那个农民说：“传给儿子最好的东西就是地，地是活的家产，钱是会用光的，可地是用不完的。”

的确，获取食物的方法很多。可是人们不愿意拿自己的土地去和其他资料交换，即使其他的生产率更高，他们也不愿意。他们确实也从事其他职业，例如丝业和渔业，但农业始终是村里的主要职业。

对于情况的分析越深入，这个问题就越明显，土地不仅在一般意义上对人们有特殊的价值，并且在一家所继承的财产中有其特殊价值。土地是按照一定的规则传递的(第四章第 3 节)。人们从父亲那里继承土地。起源于亲属关系，又在对祖先的祭祀中加深的那种情感，也表现在对某块土地的个人依恋上。关于绵续后代的重要性的宗教信仰，在土地占有的延续上得到了具体表现。

把从父亲那里继承来的土地卖掉，就要触犯道德观念。“好儿子不做这种事。这样做就是不孝。”这种评论总结了这一传统观念。

一直在某一块土地上劳动，一个人就会熟悉这块土地，这也是对土地产生个人感情的原因。人们从刚刚长大成人起，就在那同一块土地上一直干到死，这种现象是很普通的。如果说人们的土地就是他们人格整体的一部分，并不是什么夸张。

土地的非经济价值使土地的交易复杂化。虽然土地具有非经济价值，但从任何意义上讲，它都没有失去其经济价值。在感情和道德上对于出卖土地的反应，并不完全排除土地交易的可能性。人们有时急需用钱，经济紧张迫使人们把土地当作商品对待。除了在真正压力很大的情况下，我没有发现其他转让土地的事例。即使在那时，出卖土地也要通过转弯抹角的形式来完成。

一个急需用钱的人，不管是纳税还是交租，都要被迫向放债者借钱。在一定时期之后，如果借款者无力偿还本金及利息，他就被迫把土地所有权（限于田底所有权）转交给放债者。① 实际上，这种交易对于借款者没有什么意义，因为在日益加重的利息负担下，借款者很难有希望偿还债务。偿还高利比交付定租还要难以忍受。

---

① 在华南还可以看到，土地的移交是通过抵押这个中间步骤来完成的。陈翰笙说：“有时，半数的贫农家庭抵押了他们的土地，如在翁源和梅县的许多村子中那样。在那个地方，拥有土地的农民比例相对地较高。抵押的价格为土地价格的50%至60%，很少有80%到90%的。当然，只有极少数的贫农愿意出售自己的土地，多数人抱着赎回来的希望抵押自己的土地。但是，一旦贫农踏入了高利贷之墓门，他们就会被不容逃脱的阶梯一步步引入墓穴深处，再次离开坟墓的机会渺茫。在广东，至少有70%或80%的无地贫农在抵押中失去了一部分地产。”“根据统计，在番禺县的10个有代表性的村子中，贫农在5年内抵押和出售的土地占他们土地面积的5%。”同前书，第95—96页。

事实上,从每年偿付利息变为每年交付租金,对负债者而言并无很大差别。我遇到一例情况,有关的人甚至还不理解这种改变的意义。“我借了他的钱,他占了我的地。我没有希望赎回我抵押出去的地。我付给他的钱到底是租还是利,这又有什么关系呢?”

当地的土地占有理论,进一步掩盖了这种差别。佃户保留着他的田面所有权。这个权利不受田底占有者的干涉。按这种惯例,佃户的权利得到了保护,不受田底所有者任何直接的干涉。[①]佃户的唯一责任是交租。根据法律,如果佃户连续两年交不起租,地主即可退佃。但该法律并不适用于惯例至上的地方。[②] 逐出佃户的实际困难在于寻找一个合适的替换者。不在地主自己不耕种土地。如果由外村人来挤掉本村人的位置,那么这些外村人也不会受到本社区的欢迎。只要是有正当的理由交不起租,村民们是不愿意卡同村人的脖子的。在这种情况下,抱着将来收回租子的希望,宽容拖欠是符合地主利益的。这种情况并不会对地主的地位造成真正的威胁,因为,只要有可能交租时,就有规定的制裁办

① 《民法》,第846及847条。

② 永佃制似乎保护了贫农不致因乡村工业需要资金而迅速失去土地权。不应把永佃制当作历史遗存来研究,而应把它作为耕种者与投资者利益的调节来看待,是不在地主制整体的一个部分。这也可以用在华南所作的观察来说明。陈翰笙说道:“一个明显的事实是,在广东的西南部尚未听说过永佃制,这里恰是那种人们预料会有旧经济陈迹的地方,因为至今这里还较少受到现代商业的影响。另一方面,在一些料想不到的地方,却见到了这种惯例。就是在广东省的最东端,韩江上来来往往的不仅有帆船、驳船,而且还有现代的轮船,以及一条地方铁路,经营得生意兴隆,汕头商业界的现代化影响出现在内地。在这个地区,的确不只是有永佃制的遗迹,而是已耕地的相当一部分实际上以这种形式出租。”(同前书,第52页)陈倾向于用历史观点来解释永佃制(第51页)。尽管上面的引语表明,目前的事实与他的期望并不吻合。对我来说,作历史的解释,其本身可能很有意义,但如果我们试图理解永佃制在土地占有中的作用,则这种解释并不重要。若不怀无根据的期望,陈就可能会意识到金融问题与土地问题关系的重要性。他在分析中,曾几度非常正确地指出了这一关系,但未能加以强调。

法迫使佃户还租。

按以上分析,在土地占有问题中的几个重点已经明确了。村里土地的实际耕种者(雇工除外)保持不变,甚至在田底所有者变更后仍然如此。因为放高利贷被认为是不道德的,所以邻居不可能互相压榨。不在地主制度仅仅出现在农村和城市的关系之中。田面所有权一直保留在村民的手中;即使是住在村里的外来户也难以成为田面所有者,即土地的耕种者(第二章第5节)。

城镇和村庄之间发生密切的金融关系的结果,使上述不在地主制度获得了新的意义。R. H. 托尼教授正确地说道:“看来,在某些地区正在出现……不在地主阶级。这个阶级与农业的关系纯属金融关系。”①他又说道:“也不应忘记,土地的名义占有者常常和放债人的佃户差不多。”②

田底所有权的这一变化实际上意味着城镇资本对乡村进行投资。这样,城镇市场中的土地价值与土地的真实价值相差甚大。从地主的观点来看,土地的价值寓于佃户交租的能力之中。土地

① 《中国的土地与劳动》(*Land and Labour in China*),第67—68页。

② 同前引书,第36页。目前的材料似乎肯定了托尼(Tawney)教授提出的观点,租佃制问题是城乡间金融关系的职能。他说:“自耕所有制在大城市附近极不流行。在那里,城市资本流入农业,据说,在广东三角洲,85%的农民是佃农,在上海附近,95%是佃农。但在很少受到现代经济发展影响的地区,自耕所有制却普遍盛行。陕西、山西、河北、山东、河南等省是中国农业的发源地,那里约有三分之二的农民据称是土地占有者。他们与工商业几乎没有什么接触,土壤的产量太低,不足以吸引资本家在那里投资,而农民也无能力租种更多的土地。在南方,土壤具有较高的生产率,农业产生了盈余,经济关系的商业化得到了发展,对土地进行投资的诱因和能力相应较强。可以合理地设想,随着现代工业和财务方法扩展到那些尚未受其影响的地区,中国的其他部分也会逐步产生类似的情况。在这种情况下欧洲经常发生的那种农民的习惯权利,为生存而耕作,同不在地主唯利是图地做投机生意这两者之间的斗争很可能在中国重新出现。在中国的某些地方,这种斗争已经发生了。”同前书,第37—38页。

的价格随着可供土地投资的资本量以及收租的可靠性而波动。于是,土地的市场价格不包含田面的价格。正如我的情况提供者所说,如果他的地主想要种地,地主就得向他购买田面。因为从来没有听说过这种事,所以无法计算田面的价格。

田底所有权仅仅表明对地租的一种权利,这种所有权可以像买卖债券和股票那样在市场上出售。田底所有权可以属于任何法人,不论是个人、家族或政府。这个所有权可能是私人的,也可能是公共的。但在这里我们不能详加探讨,因为这需要进行超出我们目前范围的调查。①

交租的可靠性是不在地主制度发展的一个重要条件。由此导致考察收租的方法和佃户对交租的责任所抱的态度。由于城里土地(即田底)市场的交易自由,地主和他们占有的土地之间的个人关系缩减到最小的程度。大多数不在地主对于土地的位置、土地上种的庄稼,甚至对于交租的人都一无所知。他们的唯一兴趣就是租金本身。

收租可以有各种各样的方式。最简单的一种是直接收租,地主亲自到村子里来收租,但是这种方式的效率不很高。地主跑到各村去找佃户要花时间和力气,大多数地主不愿意自找麻烦,加之,地主与佃农的直接接触有时反而阻碍了收租的进程。佃户可能很穷,一开口就要求免租或减租。另一方面,若是这个地主属于老的文人阶层,他有时会受人道主义教育的影响。我知道几件地主不愿勒索佃农的事。传统道德与寄生虫生活之间的冲突,有时使这些地主绅士们的乡下之行只能得到精神上的满足,而得不到

① 参照陈翰笙,前引书,第二章,第24—41页。

足够的钱来纳税。但这种直接收租的方式限于少量的小地主,大多数地主通过他们的代理人收租。

家产大的地主建立自己的收租局,而小地主则与大地主联合经营,租款分成。收租所被称作"局"。佃户不知道,也不关心谁是地主,只知道自己属于哪个局。

佃户的名字和每个佃户耕地的数量,收租局均有记录。在阳历十月底,收租局就会通知每个佃户,当年该交多少租。通知由专门的代理人传达。这些代理人是租局雇用的,并且县政府把警察的权力交给他们使用。这样,收租局事实上是一种半政治机构。

在确定收租数量之前,地主联合会举行一次会议,根据旱、涝情况,商定该作何项减免,并决定米租折合成现金的兑换率(地租是以稻米数量为标准来表示的,但以现金交付)。这个兑换率并不是市场上的兑换率,而是由地主联合会独断专行的。贫农必须卖米换钱交租,并且往往正值通常市场上米价较低的时候。租米和租款的双重作用更加加重了交租者的负担。

对于不同品质的土地,地租被分为九等。平均每亩地约交2.4蒲式耳租米。这等于土地全部产米量的40%。

在村里,租金交付到租局代理人的手中。这是本村独特的做法,与本县中其他地方不同。交租的实际数量并不一定与收租通知上写明的数量相等。正如一个老代理人告诉我的:"村里的人不识字。他们不知道怎样把米折算为钱。没有收据之类的东西。"如果佃户拒不交租,代理人有权力把他抓起来关到县政府的监狱里去。但如果佃户真的没有能力交租的话,就会在年底得到释放,把他关在狱里无济于事,反而荒了田地,无人耕种。

更加详细地叙述收租方法,就会超出目前的研究范围,但注意佃户对于自己责任的不同态度,是令人感兴趣的。

按老年人的看法,交租被认为是一种道义上的责任。正如有些老人说的:"我们是好人,我们从不拒绝交租。我们就是穷,也不会去偷东西,我们怎么会拒绝交租呢?"——"你为什么要交租呢?"——"地是地主的,我们种他的地,我们只有田面。没有田底,就不会有田面。"这些习惯规定的约束力是适合于维护这个制度的,不仅是对于监禁的恐惧心理才使得佃户履行职责。佃户不交租是由于遇到了饥荒、疾病等灾难,佃户对这些是没有责任的。一个好心的地主,这时就会同意减免地租。

最近局势正在发生变化。乡村地区的经济萧条已使得地租成为贫农的沉重负担;对地主来说,从地租得到的收入极易受到责难。农民对有关土地制度的一些新思想比较容易接受。"耕者有其田"是已故孙中山先生提出的原则,至少在理论上已被现政府接受。[①] 在共产党人和其他左派团体中,正传播着一种更加极端

① 在中山县土地局《年鉴》的前言中,孙中山先生的一名拥护者写道:"土地问题是关系到我们国计民生的根本问题。如果这个问题能得到正确的解决,我们国计民生的问题也就自然会迎刃而解。只有解决了这个问题,人类才能够逐渐摆脱战争。土地所有制中的平等权利是国民党提倡的原则,我们的首要目的是防止少数人的独占,为所有的人提供利用土地的平等权利和同等机会。"引自陈翰笙前引书,第 23 页。

在 1924 年《国民党第一次全国代表大会宣言》中有下列陈述:"民生主义——国民党之民生主义,其最要之原则,不外二者:一曰平均地权,二曰节制资本。酝酿成经济组织之不平均者,莫大于土地权之为少数人所操纵,故当由国家规定土地法、土地使用法、土地征收法及地价税法。私人所有土地,由地主估价呈报政府,国家就价征税,并于必要时依报价收买之,此则平均地权之要旨也……

"中国以农立国,而全国各阶级所受痛苦,以农民为尤甚。国民党之主张,则以为农民之缺乏田地,沦为佃户者,国家当给以土地,资其耕作,并为之整顿水利,移殖荒徼,以均地力。农民之缺乏资本,至于高利借贷以负债终身者,国家为之筹设调剂机关,如农民银行等,供其匮乏,然后农民得享人生应有之乐。"伍朝枢:《国民党以及中国革命之前途》(*The Kuomintang and the Future of the Chinese Revolution*),附录 C,第 255—256 页。

的观点。所有这些思想都已对上述的制裁措施发生了影响。交不起租的贫农现在感到不交租是正当的，那些交得起租的人则先观望是否要强迫他们交租。在地主方面，他们必须采取强硬措施来维护自己的特权，他们也不再把可用的资本放在农田上了。结果是佃户与地主间的冲突加剧，乡村经济发生金融危机。县监狱中不断挤满了欠租者。贫农组织起来采取行动，拒绝交租，与政府支持的地主发生了严重冲突。在华东，1935 年发生了农民起义，导致了苏州附近农村中的许多农民死亡。土地价值迅速贬值，村子里全部财务组织濒临险境。这个局势在中国具有普遍性。局势最严重的地方是华中，以上问题已表现为中国的苏维埃政权与中央政府间政治斗争的形式。但在我们所述的开弦弓村，问题尚未如此尖锐。较好的天然条件以及乡村工业改造的部分成功，起了缓冲作用。有利于交租的那种约束力仍然在起作用。

5. 完全所有制

只有当城乡金融关系密切的时候才出现不在地主制。与城镇资本在乡下的投资相应，农田的田底所有权落到了城里人的手中。目前，该村约有三分之二的田底被不在地主占有，余下的三分之一仍在村民手中（对于这点，我不能提出精确的统计数。此估计数是我的情况提供者提供的）。村民自己也可以出租土地，也可以雇工，但只是从未获得过田底所有权。完全所有者、承租者以及佃户并没有形成轮廓清楚、严密的阶级。同一个家可能拥有家里一部分土地的全部权利，可能承租或出租土地的另一部分，也可能还有一部分土地属于不在地主。每家实际耕种的土地量取决于可用的劳动量。因为每家的男性成人人数差别不大,所以每家耕种的土地量也相差无几。但如果我们来了解一下每家耕种自己土地的程度,或者说每家有多少土地是完全属于自己的,我们就会发现这个差别是可观的。村公所向我提供了下列估计数:

土地的数量(亩)	家的百分比
50—70	0.6
30—49	0.7
15—29	0.9
10—14	4.0
5—9	18.0
0—4	75.8

根据这个估计,村中自己有地不到10亩(1.5英亩)的人口约为90%。他们有剩余的劳动力,但没有足够的土地。这样,他们就成了承租者或佃户。

理论上讲,佃户无交税的责任。土地税由田底所有者承担。但实际不然,此地的税收制有些特殊,与本县其他地方不同。

我从前地方行政官那里得到了以下解释。在清朝末年,政府试图对纳税者进行登记,但没有完成。这个地方的税款每年一次分派给每一圩的耕种者,指定他们缴纳一定的数额。每圩中有地20亩以上的一个耕种者负责征收此款额。此工作由每圩中的各位合格者轮流担任。政府对收税人分派税款的方式不加干涉。

每一圩交税的数额取决于该圩的面积。但由于土地最近才得到测量,土地的登记尚未完成,所以现在还是根据当地收税者的估计来决定其面积。这个估计不是严格地根据土地的实际大小做出的,而是根据交税人的能力做出的。无论收税人实际收到多少税,他必须向政府上交估定的数额。为了避免他自己必须补足缺额的危险，收税人便以土地荒芜为借口，提出较低的估计。遇到水旱灾情，他就会请求政府减税（这种请求以前是与祈祷神明相助联系在一起的）。

于是，税款负担的实际分派并不严格。收税者可根据人们的能力，通情达理地分配负担。诚实与平等的观念可以防止这种非正规工作中可能发生的弊端。

按目前实行的办法，佃户实际上没有免除交税的责任。关于这一点，我没有确定的资料来表明实际的分派是怎样进行的。

在土地的测量和登记工作完成之后，政府将根据每一个土地所有者拥有土地的实际面积征收税款。通过这一措施，传统税制很可能发生变化。佃户的纳税负担可能解除，但在税率不降低的情况下，肯定要使总税额增加，这是因为以前上报的土地面积总是小于测量面积的。村民意识到了这个可能性，经常想方设法破坏政府的行动。目前，这个问题还远远得不到解决。

6. 继承与农业

在第三章中，我推迟了对这个问题的论述，即在家产的传递过程中，土地实际上是如何划分的。这是由于谈这个问题需要预先了解土地的占有制。另一方面，如不考虑亲属关系这一因素，在土地占有及农业技术方面仍有些问题尚不明了。在这一节，我想把土地占有和农业与亲属关系联系起来。

让我们仍以前面章节中一父两子的分“家”为例。此例中土地被划分为三个不相等的部分。让我们假设：在分家前，这家有一片农田，包括相连的 A、B、C、D 共四块。因为这四块地距河流的远近不同,所以它们的价值亦各不相同。按照规矩,父亲可以挑选自己那一份。假设他选中了田块 A 和田块 B 的一半,这半块可以沿着地头平行划分。田块 B 的其余一半分配给大儿子,作为额外部分。剩下的两块田两兄弟均分。为了保证分配平均,必须使分界线垂直于地头,每个儿子取一条。如果父亲死了,他那一份地还要再分配,划分方式同上。下图说明了此例土地划分情况:

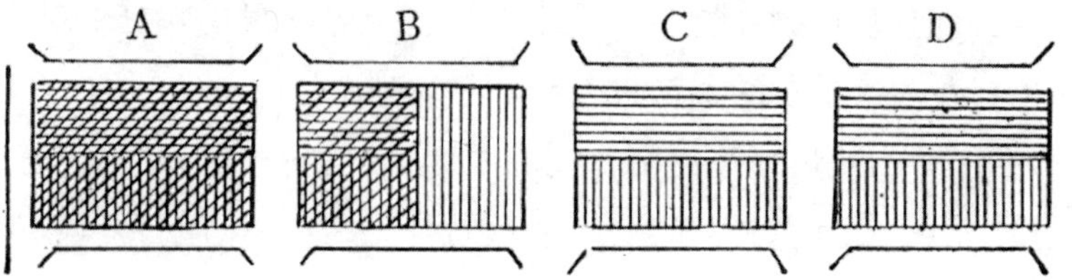

分家时给大儿子的。

分家时给二儿子的。

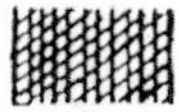
再次分配父亲的地时给大儿子的。

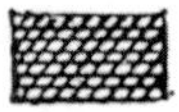
再次分配父亲的地时给二儿子的。

这些划分线,或土地分界线,并不一定要同调节水的田埂一致。这些分界线是非实体的,在田块两端的田埂上栽两棵树,用来作为分界标志。遗产的各次相继划分,结果使个人占有土地的界线变得非常复杂。农田被分为许多窄长的地带,宽度为几米。

在中国广大地区都可见到农田的分散性。这个村子亦不例外。虽然不能认为频繁的土地划分就是农田不相邻的起源,但这种划分确实加大了土地的分散程度。每“家”占有相隔甚远的几条带状田地。从一条地带到另一条地带,有时要乘船 20 分钟。根据情况提供者的估计，极少有面积在 6 亩以上的地带。大多数地带不超过 1—2 亩。目前，每一家有 3 至 7 条地带。

狭窄的地带和分散的地块妨碍了畜力的使用，也妨碍了采用其他集体耕作方式。这是中国农业技术落后的首要原因。

再者，一块田地可能有好几个所有者，而每人只对自己那一条地带负责。我们已经看到过这种情况怎样引起了用水方面的频繁争执。

每家土地面积窄小，限制了抚育孩子的数量。另一方面，土地相对较多的农户生养较多的孩子，从而在几代人之后，他们占有土地的面积就将缩小。在这些条件之下，人口与土地之间的比例得到了调整。

第十二章　蚕丝业

变迁过程图解——促进工业变迁的条件——变革的力量及其意图——当地对变革的支持——养蚕的改革计划——合作工厂——政府的支持——改革中的困难——对亲属关系的影响

蚕丝业是这个村里的居民的第二主要收入来源,这是太湖一带农民的特点。农民从事家庭蚕丝业已有几千年的历史。但近十年来,由于上面已讲过的原因(第二章第3节)有所衰退,并引进了蚕丝业的新改革。蚕丝业的衰落深深地影响了农村人民的生活。政府和其他机构已经作了各种尝试来控制这个变化,以减轻或消灭其灾难性的后果。我们所研究的村庄,是蚕丝业中心之一,它为我们分析这一过程提供了典型的例子,同时,由于江苏女子蚕业学校已经开展了改革蚕丝业的实验。因此对于这样一个有意识地进行经济改革过程中所遇到的各种可能性和困难进行观察更具有特殊的意义。

1. 变迁过程图解

目前所作的分析将把影响情况的各种不同力量考虑进去。力量可分成两类:促使变化的外界力量和承受变化的传统力量,这两种力量的互相作用导致了情况的变化。因此变迁过程,可以三栏图解表示如下,[①]图表中所列的项目将在以下各节讨论。

A. 促使变革的外界力量	B. 变化的情况	C. 承受变化的传统力量
Ⅰ. 世界经济的衰退;及蚕丝业在世界性范围内向科学方法工厂企业的发展。	Ⅰ. 生丝价格的下跌。家庭蚕丝业的衰退。中国农村经济贫困有以下三点表现: (A)家庭收入不足,食物短缺。 (B)文娱性活动停止,婚期推迟。 (C)高利贷。	Ⅰ. 最低生活水平。家庭蚕丝业是中国农村中对农业不可缺少的补充。靠它来支付: (A)日常所需。 (B)礼节性费用。 (C)生产的资本。
Ⅱ. 江苏省女子蚕业学校是工业变革的积极力量。	Ⅱ. 居民有变革的准备。当地领导人的支持: (A)在改革中担任领导。通过参加改革扩大个人影响。在改革中产生新的领导人。 (B)改革对领导人的经济利益。	Ⅱ. 农民缺乏工业改革方面的知识。当地领导人的社会地位和作用。 (A)声望的来源不是世袭,不是通过财富而是通过文化接触中的战略地位。 (B)对这种村长职位没有直接经济报酬。

① 三栏分析法是布·马林诺夫斯基教授创始,用以研究文化接触。这种方法的理论根据在他的《变化中的非洲文化人类学概论》(Introductory Essay on The Anthropology of Changing African Cultures)一文中已有解释,载国际《非洲语言和文化研究所备忘录XV》(*Memorandom XV of the International Institute of African Languagesand Cultures*),1938 年。

续表

A. 促使变革的外界力量	B. 变化的情况	C. 承受变化的传统力量
Ⅲ. 变革力量的意图： (A)应用蚕丝业的科学知识以便： (1)防止蚕种带有病毒细菌。 (2)增加蚕茧产量和改善质量。 (3)生产合格的出口生丝。	Ⅲ. 改革的计划： (A)蚕业学校师生发起、组织和指导改革计划： (1)依靠专家供应蚕种。 (2)在教学中心的监督下养蚕。 (3)开设有现代机器的工厂。	Ⅲ. 被改革的传统技术。 (A)传统技术的缺点： (1)个体家庭或当地育种者生产的受过感染的蚕种，使传染病毒广泛传播。 (2)习惯的方法不能使蚕的生长过程得到控制，因而大大降低蚕茧的产量和质量。 (3)旧型机器缫丝粗细不一，断率高。
(B)以合作原则组织企业。	(B)在改革计划中。 (1)合作方面： (a)稚蚕公育。 (b)合作工厂。 (i)所有权属于社员。 (ii)社员供应原料。 (iii)利润分给社员。 (2)非合作方面： (a)劳动由工资制付酬。 (b)改革者及当地领导人进行管理。 (c)社员没有参加实际管理。 (d)社员缺乏创议力；缺乏账目审查。	(B)家庭副业的个体性质。 (1)传统观念认可的新思想：在经典思想中，在集体排水实践和信贷系统中。 (2)对实施大众管理和行使新权利缺乏教育。

续表

A. 促使变革的外界力量	B. 变化的情况	C. 承受变化的传统力量
	(3)反对合作方面： (a)工厂不分年利后，社员拒绝续交全部股金。 (b)社员不愿完成供应原料的义务。	(3)仅对实际利益有兴趣。
(C)改善村庄的经济情况。	(C)改善村庄的经济情况	(C)希望经济恢复。
	(1)成功： (a)养蚕成本降低。蚕茧生产增加。 (b)工资是家庭收入的新来源。	(1) (a)传统技术生产成本高。 (b)劳动没有形成商品。
	(2)失败： (a)盈利没有达到预期的数量。 (b)由于使用机器，剩余女劳力在家庭中浪费掉。 (c)延迟支付供给工厂的原料的全部价值。	(2)传统缫丝的残存。 (a)家庭企业利益微少。 (b)男女劳动分工，农田面积小，没有其他工作吸收女劳力。 (c)村里保留的部分家庭缫丝业需要原料。
Ⅳ. 政府作为变革力量所持的意图：	Ⅳ. 政府支持改革计划。	Ⅳ. 地方自治及人民怀疑政府
(A)平衡国际贸易。	(A)1935 年对工厂产品付高价补助生丝出口。	(A)中国生丝出口的重要性。
(B)有关农村企业的乡村建设政策。	(B)政府参加改革。	(B)对政府的经济义务。

续表

A. 促使变革的外界力量	B. 变化的情况	C. 承受变化的传统力量
(1)鼓励技术改进。	(1)检查蚕种生产,接办养蚕监督工作。	(1)产品质量低劣,影响出口。
(2)鼓励合作运动。	(2)工厂依赖政府贷款。	(2)人民没有财力来维持新企业。

2. 促进工业变迁的条件

为了对农业在家庭经济中的相对重要性作恰当的估价,我们必须再注意一下在上述章节中已经提到过的一些事实。平均一户拥有土地约 10 亩(第三章第 3 节)。在正常年景每亩每年可生产 6 蒲式耳的稻米。对拥有平均土地量的农户来说,总生产量是 60.36蒲式耳。平均一家四口,需直接消费米 33 蒲式耳(第七章第 5 节),所以有 27.36 蒲式耳余粮。新米上市后,每蒲式耳米价约 2.5 元,如把余粮出卖约可得 68.4 元。但一个家目前的开支需要至少 200 元(第七章第 8 节)。显然,单靠农业,不能维持生活。每年家庭亏空约为 131.6 元。佃农情况更为悲惨,而村民中大多数是佃农(第十一章第 4 节)。佃农按平均土地拥有量,必须向地主交付相当于总生产量的 40%,即 24 蒲式耳米作为地租。剩余 36 蒲式耳仅仅够一户食用。

因此,很明显,为维持正常生活所需,包括日常必需品、礼节性费用、税和地租以及再生产所需的资金(C 栏 I 项)等,辅助企业是必不可少的。缫丝工业兴旺时,生产生丝,可使一般农户收入约 300 元,除去生产费用可盈余 250 元(当地生丝最高价格每两超过

1元,一般农户总生产量为280两。生产成本约50元。工资在外)。在这种情况下,生活水平要比上述预期最低水平高得多(第七章第8节)。这样,农民便有了一些钱可以开展各种文娱和礼节性活动。这种活动已停止了十余年。

当地生丝价格下跌。1935年3两丝约值1元。生产量没有任何降低,但一般的户仅能获利45元。在这种情况下,用传统生产技术所获利益便难以平衡家庭预算。下一章我将叙述如何引进新的工业,村民如何尝试扩大商业活动来增加收入。很多人不得不在冬天出售存粮来维持生活,夏天到粮店借粮(第十五章第3节)。遇紧急需要时,他们不得不向高利贷者求援(第十五章第4节)。另一方面,他们试着削减非必需的开支,例如娱乐性聚会、婚事开支等(B栏Ⅰ项)。

农民收入的减少不是由于他们的产品质量下降或数量减少的缘故。村民生产同样品种、同等数量的生丝,但从市场上不能赚回同等金额的钱。当然,影响生丝价格的因素来自外界,我在此仅举两个最重要的因素,即战后世界经济萧条以及家庭缫丝质量不匀,不适合高度机械化的丝织工业的需要(A栏Ⅰ项)。

3. 变革的力量及其意图

生丝价格低落及贫困加剧两者之间的关系,人们已经清楚。开始为了恢复原有的经济水平,他们试图发现技术上需要什么样的变革。但他们的知识有限,靠他们自己并不能采取任何有效的行动,发起和指导变革过程的力量来自外界。

在这种情况下,发起单位便是苏州附近浒墅关的女子蚕业学校。它对后来的发展起着深远的影响,当然这是来自村外的一种因素。

中国的技术学校,是传播现代工业技术的中心。现代技术主要来自国外,至于缫丝工业则主要来自日本。这是中国和西方文明接触的结果,一种典型的接触情境。技术学校在执行任务过程中的困难是,除非新技术为人民所接受,否则单靠它本身,事业并不能开展。从这方面来说,受过训练的学生找不到职业便反映了这种失败。蚕丝业的情况最尖锐。蚕丝业,特别是养蚕的过程,是村里的一种家庭副业。为了使进步的技术为人们所接受,并为学生找到职业,村庄的工业改革便成为技术学校迫切需要解决的问题。技术学校不能停留在纯教育机构的性质。因此,蚕业学校建立了一个推广部门,负责在农村地区传播新的技术知识。

变革力量的性质如何是重要的,因为它决定变革的计划。它制定应付形势的措施并组织行动。它对形势的理解是行动的前提。但变革力量受其社会环境影响,对形势所作的阐述往往不能代表现实的全貌。① 再回头来说这个村庄,生丝价格下跌的原因是多方面的。世界经济的资本主义结构、帝国主义国家之间的斗争、被压迫国家的政治地位以及摩登女郎新近获得的赤脚审美观等等,这一切都可能直接或间接成为中国农村生产的生丝价格下跌的原因,但变革力量不会把这些全部都考虑进去。由于当前的变革力量是蚕业学校,对情况的阐述是从技术因素来考虑的。村里负责改革计划的人对我讲了以下情况。

---

① 参阅卡尔·曼海姆(Karl Mannheim),《意识形态与乌托邦以及知识社会学概论》(*Ideology and Utopia, and Introduction to the Sociology of Knowledge*),1936年。

用传统方法养蚕,在最坏的年景里,只有30%的蚕能成活到最后阶段并结茧。蚕的吐丝量少。这种不能令人满意的情况是由于对蚕的病毒传播没有预防措施。蚕蛾通过接触把致病的微生物带给蚕卵。这样,病毒便一代代传下去,无法控制。喂养新蚕前,房屋和器具未经消毒。一旦房屋被病菌污染,蚕便连年闹病。病蚕或死蚕被扔在桑树下。人们以为死蚕可用作桑树的肥料,但实际上它们传播细菌,由桑叶把细菌带到养蚕的房子里。(C栏,Ⅲ项,A.1)

蚕生长过程中的重要条件,温度和湿度得不到调节。按照习惯,不管气候有何变化,蚕第三次蜕皮后就停止烧火。村里桑树不足,人们必须从邻村购买桑叶。由于运输困难,他们往往把干萎的桑叶喂蚕。喂食的质量和次数都没有规则。即使那些没有感染病毒的蚕也不健康,不能结出好的茧子。(C栏,Ⅲ项,A.2)

缫丝的基本原则是把蚕茧的丝纤维抽出来,把数条纤维合成一根丝线供纺织用。旧式缫丝机器分成三部分:煮水的炉子,绕丝线的轮子,和连着踏脚板的旋转轴。当纤维合成一股丝线后,用脚踏板,使轮子转动,抽缫丝线。用热水可以把蚕茧的黏性物溶解。但水温不稳定,因此溶解的程度不匀。这不仅影响丝的光泽而且影响纤维的折断率。

轮子转动,同时从几个蚕茧抽丝。丝线的粗细取决于合成的纤维数目。从蚕茧的不同层次抽出来的丝,粗细不同。为保持丝线粗细的匀称,必须保持抽取固定数目的纤维,并不断地调整从不同层次里抽出来的纤维。手工缫丝不易达到这一目的,因为首先,纤维折断率高,第二,轮子转动不均匀,第

三,工人没有受过专门训练。(C 栏,Ⅲ项,A.3)

生丝是纺织工业的原料。既然农村生产的生丝大部分出口,它就必须与西方国家的纺织工业技术发展相适应。高度机械化了的纺织工业为生丝规定了一个新的标准。粗细程度必须一致,而且有精确的规定。断头现象必须减到最少程度。这样的要求,用传统手工缫丝是不能满足的。结果是,村民生产的生丝不适用于改进了的纺织工业。西方纺织工业对这种生丝需求下降,因而价格下跌。这也就是为什么我们必须把科学方法引进村里的原因。(A 栏,Ⅲ项,A)

但如果没有社会组织的相应变革,技术变革是不可能的。例如,轮子平稳的转动只有通过中心动力有规则的机械运动才能达到。为了改进技术,引进蒸汽引擎,必然引起一种从家庭个体劳动到工厂集体劳动的变革。电力的使用,又可能使生产过程分散,从而需要工业之间复杂得多的协作。在一个集体企业系统下,生产资料和劳动之间的关系也变得更加复杂。为了生产,引进新的社会组织,变革力量也必须传授新的社会原则。在组织新工业中选择社会原则也与变革力量的利益相关。蚕业学校对本身盈利不感兴趣,因为它不是一个企业机构。那么工业改革使谁得益呢?变革者的回答是人民。新工业组织的原则是"合作"(A 栏,Ⅳ项,B)。变革者对变革的正确解说如下:

机器用来增添人类的幸福。不幸的是,它被用来为相反的目的服务。但我仍然相信,试图把这些工具引进中国的改革者的责任,是寻找一种正当的办法使用机器。对我来说,最重要的是,人不应该成为机器的奴隶。换句话说,把机器当作一种生产资料的人应该拥有机器。这就是为什么我坚持合作的原则。要按照资本主义的方式来组织新的工厂容易得多，但我为什么要这样做呢？我应该为资本家的利益工作而使人民更加痛苦吗？从技术改革所得到的利益应该归于参加生产的人们。

我的另一个信念是，蚕丝工业曾经是而且应该继续是一种乡村工业。我的理由是，如果我们把工业从农村引向别的地方，像很多工业家所做的那样，也是非常容易做到的，农民实际上就会挨饿。另一方面，我也很了解，工人们在城市里是如何生活的。农村姑娘被吸引到城市工厂去工作，挣微薄的工资，几乎不能养活自己，她们离开了自己的家。这种过程既损害了城市工人又破坏了农村的家庭。如果中国工业只能以牺牲穷苦农民为代价而发展的话，我个人认为这个代价未免太大了。

我工作的目的是，通过引进科学的生产技术和组织以合作为原则的新工业，来复兴乡村经济。

变革者趋向社会主义的思想代表了当前中国知识阶级的部分思想状况。这是同西方的现代技术和资本主义工业系统一起引进的新看法。中国人民在世界经济中的地位以及同西方列强的不断斗争，为传播社会主义思想创造了有利条件。正如中国人民所了解的，公众普遍反对资本主义，甚至于那些代表资本主义的人也不敢公开为资本主义的原则辩护。这种态度在已故孙中山先生的“三民主义”里阐述得很清楚，从理论上说，它被现今政府所接受并作为国家政策的指导原则。

另一方面，社会主义思想在中国并非新的东西。孙中山先生的基本政治思想是实现传统的教导，诸如“天下为公”和“耕者有

其田”。(C栏,Ⅲ项,B.1)

4. 当地对变革的支持

我们已经看到,蚕业学校由于在村外,因此仅仅是一种潜在的力量。为把潜在力量转变成现实力量,还需要另一个因素,学校和村民之间没有直接的社会关系。占有新知识的群体没有直接使用知识,而需要这种知识的群体又没有机会获得知识,要使变革力量在村中起作用,中间必须有一座桥梁,这是重要的。当地领导人是充当这个桥梁的角色。

根据合作工厂已公布的报告,主动在于当地领导人一边。可以引陈写的一席话来说明。

> 江苏以产丝著称,但这一工业更多地依赖自然因素而不是人的力量,结果是农民在丝业中失败了。这经常损害人民。鉴于这种情况,我(陈)和沈先生(震泽镇的一个领导人)在1923年的夏季例会中向镇改进社建议,应设立一个教学中心以便改革养蚕方法。建议获得批准后,拨款600元来筹办此事。
>
> 恰巧蚕业学校的校长,也因生丝价格下跌正想为改革缫丝工业传统技术开办一个附设的推广部门。当年冬天,他由费女士和胡女士陪同来到开弦弓,并讲了一些课。人们都非常感兴趣。然后,镇改进社的主席根据决议,授权校长组织拟议的教学中心。校长同意与镇改进社合作,资助这一计划并决定就地在开弦弓开始工作。
>
> 除了我自己的家庭以外,我还把过去由于丝业的不断失

败而受苦的20家召集在一起。改革工作于1924年春开始了。[1]

我已提过，村长的职务不是世袭的。除了他的服务对社区有用以外，他的权威没有其他的凭藉（第六章第4节）。他的一项最重要的职能是了解当地的需要，采取必要的措施来实行领导。村长的职务没有经济报酬，但通过为村里做一些特殊的工作，他可以得到经济上的收益。这就是陈支持蚕业改革计划的意愿。（B栏，Ⅱ项，A及B）

当地领导人的地位，通过丝业改革加强了，这从周的情况来看更为明显。在丝业改革以前周没有什么社会影响。由于他识字，有能力，他成为这项工作的助手并提高了声望。最后，他被高一级的行政管理机构任命为乡长（第七章第5节）。他的社会地位是通过参加这项改革计划而获得的。

在解释村长在社会变革中为什么不是一股反对改革的力量时，上述分析有重要参考价值。在最初阶段没有人积极反对改革。蚕业学校作了情况会得到改善的允诺，在人民一方面则抱着希望。

蚕丝价格的急剧下跌迫使人民接受对传统丝业的某些改革。但他们缺乏阐明情况的知识和缺乏制定变革计划的知识（C栏，Ⅱ项）。他们对已经提出的计划所要达到的要求也缺乏判断能力。新的技术虽然已被证明有用，人们一方面准备接受改革，一方面还在怀疑新鲜事物。这就是为什么一开始参加这项计划的仅有21户，正如该报告具体说明的那样，这些户用传统技术操作时遭受了惨痛的失败。但总起来说，只用了两年工夫便把整个村子纳入蚕

① 《过去三年的合作工厂》，1931年。

业教学中心的指导。

5. 养蚕的改革计划

如同我已经解释过的，改革者的主要目的是从技术上改进农村企业，但是对文化的某一方面进行变革，自然会引起其他诸方面的变化。这样的过程一旦开始，便会继续下去，直到整个系统完全重新改组为止。在研究社会制度之间的功能关系时，研究变迁的顺序是特别有意义的。

改革计划是沿着蚕丝业的自然过程向前推进的。这是从蚕蛾产卵生产蚕种开始，接着是孵化、养蚕、收集蚕茧，从农村来说，到缫丝作为结束。关于市场销售问题，将在以后章节中讨论。

生产蚕种的科学知识可分成两个部分，即通过实验杂交，培育良种，以及通过显微镜检查，分离受感染的蚕种。过去，人们是通过他们自己喂养的蚕的纯系繁育生产蚕种的。这也会使病菌传给第二代。为了改革蚕种生产系统，把遗传学的原理和使用显微镜的方法教给每一个农民是不实际的，聘请一个专家为农民生产蚕种要便宜得多。因此，蚕业学校首先接过了此项工作，供应村民蚕种。有趣的是我们发现在这一点上，改革者的行动与他们的目的不那么一致。他们决定把工业留在农村里，却把蚕种的生产从农村转移到专家手里。但蚕种的生产从经济上来说是不重要的，因为蚕种的价格仅为生丝生产总费用的 3% 。

当蚕丝改革工作逐步普及到整个长江下游地区时，对于灭菌蚕种的需求量迅速增加。蚕业学校已不能满足需要，很多私人便来生产蚕种，乘此机会牟取利益。蚕种的质量不能保持，对改革计划的坏影响明显起来，这引起了政府的干预。省政府成立了蚕种检查局，对私人生产的蚕种有权检查，并进行价格控制。（B栏，Ⅳ项，B.1）

人们只在孵化前不久收到蚕种。蚕种在生产者手里是得到特殊照料的。从孵化到收茧子，这整个工作过程都包括在“养蚕”这个词中。这个过程是在一个特殊组织之下在村里开展起来的。改革开始阶段，学校派出指导人员教村民如何利用科学知识，特别是防止蚕病、控制温度和湿度。为了便于管理和指导，各家的幼蚕，按照合作的原则，集中到公共房屋里，称作“稚蚕公育”。费用和劳动根据蚕主放在公用蚕室内的蚕种按比例分摊。目前村里共有8间公用蚕室，基本上包括了村里养的全部幼蚕。为了这一目的，专门造了这所有8间房屋的建筑物。从1923年至1925年对每张蚕种增收两角作为建筑费。（B栏，Ⅲ项，B.1.a）

集体养蚕的方法只有在幼蚕时期有效。6个星期之内，它们从极为细小的“蚕蚁”长到两吋半长蚕身。第三次蜕皮以后，目前公用的房间便不足以容纳这些蚕了。如果没有更大的房屋，集体喂养的方法便只得中断。建造能容纳全部的蚕的一所房屋从经济上来说并不值得，因为需要大地方喂养的这一段时间较短，用私人的房子方便得多。最后两个星期，家里的全部房间，除去厨房和一半卧室以外，都用来养蚕。仅这一事实就意味着除非村里的物质基础有根本的改变，否则养蚕基本上只能依旧是家庭副业。

第三次蜕皮以后，蚕被搬到各户。每户分别喂养自己的蚕。在搬蚕以前，个人养蚕的房子要经过消毒，学校的指导员要告诉他们注意事项。在这一阶段经常要去检查。有病的蚕立即消灭以防传染。根据蚕的需要控制室内温度和湿度（B栏，Ⅲ项，A.2）。采取这些措施的结果,因病而损失的蚕,其数量控制在20%以下,蚕茧的总生产量同用传统方法喂养时相比至少增加40%。

当学校指导工作在村里被公认取得成功时,省政府便把它的工作向整个产丝区推广。在以后章节中我们再进一步描述这一情况。

在讨论缫丝程序以前,可尝试估计一下这一部分的生产及其成本。一家养蚕的总数取决于房屋大小和劳力多少。蚕是养在约1.5×1米大小的长方形匾里。匾放在支架的搁杆上。每一个支架可放8个匾。每间房间可放5个支架。一张蚕种(标准大小)孵出来的蚕,到最后阶段需占一个支架的地方。一个人可管理2架或3架。每架可收蚕茧34磅,可缫生丝48两(或3.4磅)。在改革条件下,一户一般可生产蚕茧约200磅,每100磅可卖60元至70元(根据上述报告)。

每养一架蚕约需400磅桑叶。在养蚕期间,桑叶价格升降幅度很大。每100磅的最高价格有时超过3.5元,最低价格不到1.5元。养蚕所需总的开支约30元至40元。除其他费用以外,蚕茧生产费用不包括劳动,每户约需50元。如果出售蚕茧,一般的户可收入70元至90元。

改革计划还包括引进秋种。这个地区一年可育三次蚕。但因气候关系,夏季和秋季养蚕需要更多的设备和注意的地方。目前,养两季蚕的仍然非常有限。

6. 合作工厂

现在我们就要说到缫丝过程,这就是把蚕茧缫成生丝的最后阶段。对这一过程的改革主要目的是生产质量较好的生丝。根据丝的粗细划一，断头减少来评定生丝的质量。据蚕业学校的专家说，传统方法的缺点在于：(1)用于溶解蚕茧上胶质的水温不恒定；(2)一股丝线中所含纤维数不固定；(3)从蚕茧不同的层次抽出来的丝粗细不同，未予重视；(4)缫丝机轮子的运动不规则。为了改进生丝质量，改革者试了数种方法。他们的下述谈话将说明这个情况。

> 一开始，我们并没有想要引进工厂。我们想的是继续在家里进行这种劳动。我们只不过采用一种改良的木制机器来代替旧式机器。用脚踏转动轮子，每个人可分别在自己家中工作。用化学品来溶解胶质，但溶液温度无法达到严格的控制。蚕业学校在镇里组织了训练班，为时3个月，教授调整蚕茧各层的丝以及保持固定数量纤维的技术。1924年的时候，村里只有10台这样的机器。到了1927年，机器总数增加到100多台。在训练班里有70多名年青妇女。但由于轮子的运动不规则，产品质量仍然达不到出口标准的要求。另一方面，市场萧条更加严重。1928年，这种"改良丝"的价格跌到每100两60元。虽然它比土产丝好些，但我们不满意这种情况。我们从实验中了解到，除非能有一个用蒸汽引擎的中心动力，质量就不易达到出口水平。但引进蒸汽引擎必须同时有集体工厂系统。换句话说，如果我们要提高产品质量，就不能保持家庭手工业的生产方式。所以我们决定试验设计一个要能实现应用现代生产技术的一切有利条件的工厂。这个工厂同时又不宜太大，要能办在农村里，用当地的劳力和由当地供应的原料。这个试验具有比较广泛的意义。如果我们能用

较便宜的劳动力生产与大工厂同等质量的生丝，我们就能扩大这种缫丝工厂而不必惧怕城里工厂的竞争。通过开办这种小规模的工厂，乡村工业能打下一个坚实的基础，乡村经济从而可以复兴。1929 年我们开始试验。我们的试验直到 1935 年重新装备了新机器之后才证明是成功的。这种机器是由日本最新型机器修改而成。我们用它生产出中国最好的生丝。1935 年，这个工厂的产品被出口局列为最佳产品。

从上述情况可以明显地看到合作工厂代替家庭手工业是由技术考虑决定的。蒸汽引擎使轮子转动可以控制，并且平稳，从而使抽丝均匀，速度加快，因而不可避免地产生了一种集中的系统。至于引进电力是否会再改变集中的系统，则是将来试验的问题了。（B 栏，Ⅲ项，A. 3）

一个从事生产的工厂需要有适合安装机器的房子。建造工厂又需要技术知识和经费。技术知识由蚕业学校提供，但经费从哪儿来呢？这个问题就关系到所有制和分配问题。根据改革者的意图，在工厂开办以前，制定这些规章所依据的基本原则都已经确定了。原则是，工厂应属于农民。但农民如何拥有它，谁是农民？

所有权属于这个合作社的社员。他们对工厂的责任限于他们所贡献的股份。入社以自愿为原则，并不限于本村的人。凡愿遵守社员义务者便可被吸收为社员。社员的义务是在工厂里有一份股金，每年供给工厂一定数量的蚕茧作原料。这一合作社共有 429 名社员，基本上包括了村里所有的住户及邻村的 50 多户。

根据规章，工厂的最高权力机构是社员全体大会。大会选出一个执行委员会，理论上它对大会负责。实际上恰恰相反，人们按照当地领导人和执行委员会的意见工作，当地领导人遵照改革者和蚕业学校的意见行事。由于整个工作是在改革者的指导下进行,人们对开办工厂也没有足够的知识。社员没有什么可以说的。由于农民缺乏受教育的机会,文盲率高,这使改革者在实施训练计划中发生很大困难,这些需要受训练的农民才是工厂的真正的主人(C 栏,Ⅲ项,B. 2)。社员对投票制度完全不熟悉,他们也未想过行使投票的权利来管理工厂。他们只关心以利润形式分给他们的实际利益,对工厂的其他工作很不了解(C 栏,Ⅲ项,B. 3)。他们不知道根据什么他们可以要求利润,正如他们不知道根据什么他们应该给地主交租。对他们来说,所有权只意味着他们可以分得一份利润。当我们讨论工厂的财务问题时,这个问题将表现得更加清楚。

当然,村里没有多余的资金来资助工厂(本章第 2 节)。开办工厂所需的经费总共为 49,848 元。每个社员约需分担 114 元,第一年,社员人股金额实际上仅 2,848 元,约为总额的 5.7% 。

名义上,“资本”,或工厂所有者的贡献,或工厂主的有限责任固定在 10,000 元。这一数目被分成 1,000 股,每股 10 元。社员每人至少购买一股。第一年,认购了 700 股,可在五年期间交款。目前,只收到一半的股金(B 栏,Ⅲ项,B. 3. a)。显然,工厂的资金还需靠其他来源。

蒸汽机和机器(旧式)是从蚕业学校借来的,估计价值 4,000 元。有协议规定,五年以后工厂从利润中抽出钱来还给学校。但由于经济困难,工厂尚未履行这一诺言。为建造厂房和其他开支,工厂向省农民银行借了 15,000 元的一笔长期贷款。由于商业上的原因,农民银行尚未同意支付。显然,负债是受“资本”10,000 元的限制的,由于工厂在农村,一旦工厂破产,厂房和其他不动产无法拍卖。但政府的政策是要为乡村工业提供资金,这才有可能向银行借贷(B栏,Ⅳ项B.2)。另外,工厂向最近的镇,震泽的一个地方银行借了一笔3,000元的短期贷款(用土地和厂房作抵押)。从上述情况可以看到,工厂资金的基础实际上主要是政府的信贷,并不是靠人民的投资。

原料由社员供应。每年收集新鲜蚕茧。社员交蚕茧时,工厂交付蚕茧价值的70%。这笔钱,是每年从省银行借来的,蚕茧作为抵押。

由于30%是延期付款,社员多交蚕茧也得不到多少好处,因此他们只交最低限额的蚕茧,尤其是1930年以后。1930年是把利润分给社员的最后一年。以下是工厂提供的统计数字。

年	社员供应	从外面购买	缫丝	为其他单位缫丝	工作日
1929	527.07	—	41.31	—	175
1930	591.55	—	43.18	—	204
1931	415.73	—	32.21	—	145
1932	202.92	92.10	22.21	25.63	107
1933	307.87	45.37	40.46	5.00	186
1934	255.35	330.00	57.84	—	187
1935	375.80	301.08	64.21	—	199
1936	424.80	—	—	—	—
(不完全)			(以担为单位)		

上表说明从1930年到1935年社员供应蚕茧的数量逐渐下降(B栏,Ⅲ项,B.3.b)。1932年总供应量还不足以供工厂开工一百余天之用。机器闲着不转是不经济的。因此,还需从市场购买一些蚕茧。1934年从市场购买的蚕茧量比社员供应的多。在另一方面,工厂还接受其他工厂供给的原料代为缫丝的订货。这种方法被称为“代缫”,即为其他人缫丝。1932年为别厂缫丝超过25

担,实际上相当于从村里供应原料的缫丝量。1935 年工厂重新装备以后,丝的总产量超过前几年平均量的三分之一。但社员的蚕茧供应没有跟上来,虽然 1935 年稍有增加。在原料供应方面,工厂是半依赖于外界的。

劳力来自社员。由于引进工厂,生产中所需的劳力比在家庭手工业中所需的劳力少得多。这个工厂的缫丝部分 30 个工人已足够。她们都是年轻妇女,年龄从 16 岁至 30 岁不等。选茧和清洗蚕茧需要非技术工人 10 名。丝抽出来以后必须重新整理并按出口标准包扎,这一部分工作需要 6 名至 8 名技术工人。工人总数约 50 人。此外,尚有两名经理,一名技师,一名司库,一名机器维修保养工,两名杂工。

在缫丝和整理丝时需要特殊训练。因此,工种不同,待遇也不同。缫丝和整理工按日工资计算,每天 4 角至 6 角。挑选和清洗蚕茧工按计件工资计算,一天可得约 2 角至 3 角。(B 栏,Ⅲ项,B. 2. a)

技师由蚕业学校推荐,司库由当地银行推荐。总的管理业务由当地领导人陈和周负责。但最高职权在蚕业学校推广部。职员均是固定工资。1929 年总工资为 7,557 元,占当时总开支的 57%。每一个普通工人一年工作 150 天约可得 70 元。

从以上分析,我们能看到工厂:(1)属于社员所有;(2)主要由农民银行给予资金;(3)由蚕业学校通过当地领导人管理;(4)部分社员参加劳动,担任工作。所谓合作原则其意义主要在于分配上。

1929 年即第一年,工厂的利润为 10,807,934 元。按下列原则进行分配:

“为鼓励社员并扩大组织，我们决定提高红利，约为总利润的70%。我们要求社员借一半红利给工厂以便工厂还债。利润的15%将作为我们的储备基金。其余金额将被分成：(1)改良储备金；(2)明年开支津贴；(3)职员奖金。比例为4：3：3。”①

那一年，社员所分到的红利确实相当于他们所购股份的两倍。但自从那年以后，丝价跌落到如此程度，以致毫无利润可得。1931年以来一直没有公布资产负债表。我只能提供头三年的数字。

年	纯利润	纯损失
1929	10,807,934元	
1930	—	3,010,330元
1931	—	4,183,655元

1931年起，工厂想开始还债。如1929年资产负债表上所示，负债达135,663,763，但1931年减为77,271,544元。大笔借款的利息，也是亏损的一个原因。1929年利息为5,060元，1930年为5,500元，1931为4,121元。1935年工厂重新装备现代机器。预期在1936年可有一些盈利。他们想要修改分配原则。改革者和当地领导人都认为一开始分配这样高的股息是错误的。一般社员把这看成是理所当然。但当工厂不能分配利润时，他们便抱怨和失望。他们认识到以后每年如能分到少一些但固定的红利比在一个时期分到一大笔红利要好。

① 《过去三年的合作工厂》。

7. 政府的支持

上面我已说明政府是如何进入改革事业的。一开始，镇地方政府，即镇公所与蚕业学校合作草拟改革计划。但 1923 年那时候，省政府在一个军阀手里，他对那种措施没有任何兴趣。南京国民党政府在 1927 年成立以后，农村建设才逐渐成为政府的主要政策，对乡村丝业和合作运动给予特殊关切。所以，这个村子的合作工厂才能得到政府提供的资金。此外，村里的试验是中国农村工业中大的改革方案的先驱。回顾一下政府是如何接受这个趋势并把这种改革计划传到中国产丝的其他许多区域，是颇有意思的。

下面摘引的几段文章是选自《中国年鉴》中有关这个问题的有代表性的官方计划。

(1)蚕丝业改革

“中国农村工业中最重要的一项是蚕丝业。但近年来甚难与日本竞争，主要是因为在该国培育了最好的蚕。

“在所有省份中，凡蚕丝生产有所发展者，均属地方当局与国民政府合作，或为改善蚕丝工作中的状况而采取了特殊措施。江苏、浙江两省之所为，可作为全国各地为振兴蚕丝业而采取的措施的典型。过去，蚕都由农民饲养，他们的保守态度以及缺少资金的条件，阻碍了引进改良办法来改进工业的可能性。……江苏、浙江的官员，组织了一个蚕丝业委员会，作为改良工作的第一步。一开始，委员会为避免与茧商竞争，提出了收购鲜茧的官价。在秋季，委员会倾注全力于改进蚕种，用改良的品种来代替当地的蚕种。浙江农民用的蚕种由政府的蚕丝实验站颁发，私人培育的蚕种禁止使用。1934 年江苏实行了同样的控制，措施是试验性的，不像浙江那样彻底……。除改良品种外，委员会还对新鲜蚕茧规定一个官价以及对每一地区的收购代理处限定了数目。

“江苏、浙江、山东、四川、广东等省改进蚕丝工业的三年计划也由国家经济委员会的蚕丝改良委员会制定。为实现 1935 年的第一年计划，所需经费为 1,500,000 元。

“1934 年 7 月至 1935 年 6 月的财政年度，国家经济委员会为蚕丝改良委员会拨款 400,000 元。”①

(2)合作运动

“自从 1919 年中国开始了合作运动以来进展很慢；但随着北伐国家统一，合作运动在国民党计划中开始有了重要的地位，它旨在同外国平等的基础上发展中国。从那时起，合作运动迅速发展。国民党早在 1919 年便对合作运动有了兴趣。孙中山先生在地方政府的演说中曾建议，在工人农民中促进合作企业……。国民党第二次全国代表大会决定组织农民银行，在中国农民中间推广合作企业。1936 年 8 月国民党中央执行局全体会议决议中指出政府应在农民中推进合作社的组织……。

“南京国民党政府成立以后，很多省开始认真推动合作运动。1928 年 2 月国民党中央执行理事会第四次全体会议上，蒋介石将军和陈果夫联合提议组织专门的合作委员会。当年 10 月，国民党中央执行局向所有分支发布命令，要求它们把合作事业作为其政治活动的一个组成部分。

① 《中国的重建》(Reconstruction in China)，汤良礼编，转载于《中国年鉴》(*The Chinese Year Book*)，1935—1936 年，第 859 页。

"此外,江苏省政府颁发了一系列有关合作社的暂行规章制度,并于1928年7月16日组织了江苏农民银行以便发展农村经济并为农民提供方便的低息贷款。"①

8. 改革中的困难

人民愿意接受改革,主要在于实际利益,例如增加了家庭收入。现在我们可以看一看改革计划在多大程度上满足这种期望。

蚕种的消毒、稚蚕公育、教员的定期指导使成本有所降低,蚕茧增产。这一部分改革使得农民的收入大约比以前增加了一倍(B栏,Ⅲ项,C. 1. a)。缫丝改革的成果并不理想。1929年每股分得红利约10元。但自从那年起,他们再也没有从工厂拿到什么。相反,他们还有义务供应原料而且是延期付款30%。至目前为止,由于有了工厂而收入真正有所增加的是工厂的工人和职员,以工资的形式增加了收入。他们是这一社区的少数。(B栏,Ⅲ项,C. 1. b)

工厂未能分给社员年利是由于两个基本因素。首先,改革者未能控制价格水平。他们成功地生产了高质量的丝,但质量和价格之间比率不相称。确实,好丝应该能卖好价,但丝的总的价格在不同时期波动较大。只要改革者不能控制市场,单是改进产品质量未必能获取高的报酬,因此,村民的收入未见提高。

造成目前这种状况的更直接的因素是资金问题。在1930年

① 《合作运动》(The Co-operative Movement),王志莘,载《中国年鉴》(*The Chinese Year Book*),1935—1936年,第881—882页。

至1936年间工厂并不是没有盈利,因为贷款的数目每年有所降低。换句话说,工厂节约下自己生产的盈利,买回了借来的生产资料。人们不算这笔账。他们只知道家庭的具体收入。一旦他们的愿望没有实现,他们的希望破灭,其直接反应就是不再继续向工厂交纳股金,至目前为止,只缴纳了认购股金的半数。

当然,根据规章,社员自己有权查账,并可要求经理解释。但人们只停留于怀疑和偶尔的议论上,而不采取一定步骤进行调查。他们大多数是文盲。他们不明白写在资产负债表上的数字。规章赋予他们的角色,对他们来说是新的。改革者只教授女孩子如何缫丝,而没有教社员如何当工厂的主人。他们对自己的责任没有认识。只要教育工作跟不上工业改革的步伐,合作工厂可以只是为人民而开设,部分属于人民,但决不可能真正由人民管理。

现代机械被引进农村经济,正如我们已经看到在农业中引进了水泵,使有缫丝机的家家户户发生了一个新的劳动工具利用的问题。换句话说,这个村庄过去至少有350名妇女从事缫丝工作。现在开办了工厂,同等量的工作,不到70个人就能轻易地担负起来。生产所需的劳动量减少了。例如,现代的缫丝机,每个工人同时能照看20个锭子,而旧缫丝机一个人只能掌握4个至5个。从技术观点来看,这是一个很大的改进。但这一改进对农村经济意味着什么呢?将近300名妇女失去了他们的劳动机会(B栏,Ⅲ项,C.2.b)。"失业"的问题引起了比较广泛的反响——根据男女性别不同的传统分工仍然不变,但农田面积如此之小,要把妇女劳力引向田地是不可能的。然而也没有引进新的工业来吸收多余的妇女劳力。(C栏,Ⅲ项,C.2.b)

改革者曾经想用分红办法来解决问题。但如我们在上面表明的,并未获得成功。结果是:(1)为那些由于多种原因不能到城镇去的人保存了或在某种程度上恢复了传统的家庭工业,通过原料的竞争成为改革计划的一种阻力;(2)妇女向城镇移动,这是与改革者原来的意图相矛盾的;(3)农村中产生了一种特殊的挣工资的阶层。

对残存的传统家庭工业,可以作量的估计,这个村庄蚕茧的总生产量约为72,000磅。假定这一生产量是稳定的,直接卖给城镇的茧子为数极少,那么对工厂的供应减少表明了家庭的储存增加。1929年,留给家庭的蚕茧约为总生产量的六分之一,但1932年增加到三分之二。1936年我离开村庄以前,留给家庭的约为三分之一。卖生丝能比卖蚕茧多得多少,很难说,因为蚕茧和生丝价格都有波动,农民不知如何预测。如果我们按生丝最低价格看,一元钱三两,生产者仅能比原料的价值多拿少许,如果后者的价格约为每担50元。但蚕茧市场开放时生丝的价格还是未知数。农民保留原料以便从事家庭缫丝的原因,并不在于实际考虑丝和茧的价格,而是因为他们相信缫丝能比卖原料多挣钱。

在蚕丝工业中工厂取代家庭工业是一个普遍过程,并不限于这个村庄。近二十年来附近城市机缫丝业的发展极快,[①]城市工业吸引农村劳力,无疑这种人口流动对农村社区的传统社会结构是一种破坏性的力量。改革者的原意之一就是要阻止这一过程。但村庄里的小型工厂为当地原料供应所限,未能充分利用村里现有的劳力。相反,它也不能阻止农村人口的外流,我已经在上面表明,1935年有32名16—25岁的女青年住在村外(第六章第1

① 刘大钧,《上海的蚕丝工业》(*The Silk Industry in Shanghai*)。

节),她们在无锡丝厂工作。我在村里的时候,震泽又开了一家蚕丝工厂。村中更多的女青年被吸收到工厂里。本村 16—25 岁的女青年共有 106 名。80% 以上现在村外的工厂或在合作工厂工作。她们就是新的挣工资的人。

挣工资的阶层并不是村里传统的结构。农业雇工非常少。劳动在非常有限的意义上进入商品领域。只有在家庭手工业衰落的情况下,妇女劳动力才在村里形成了一个市场。我们将在下一节再讨论这个问题。

9. 对亲属关系的影响

现在挣工资被看作是一种特殊的优惠,因为它对家庭预算有直接的贡献。那些没有成年妇女的人家开始懊悔了。妇女在社会中的地位逐渐起了变化。例如,一个在村中工厂工作的女工因为下雨时丈夫忘记给她送伞,竟会公开责骂她的丈夫。这是很有意思的,因为这件小事指出了夫妻之间关系的变化。根据传统的观念,丈夫是不侍候妻子的,至少在大庭广众之下,他不能这样做。另外,丈夫不能毫无抗议或反击,便接受妻子的责备。

一个女孩的传统经济地位是依附于她的父亲或丈夫的。她没有机会拥有大宗的钱财(第四章第 2 节)。家的财权在一家之长的手里。这与传统的集体生产相互关联。在地里工作的男人靠他们的女人送饭,饲养蚕所需的桑叶由男人从远处运来。个人不容易意识到在一家的集体生产中的贡献。但挣工资基本上是个人的事。挣钱的人能感觉到她的工资收入是她自己劳动的结果。这是收入者本人和家长都会感觉到的。此外,工资由工厂直接付给她本人。至少在这个时候，她可以将她的一部分工资按她自己的愿望去花费。因此，家中的经济关系就逐步地得到改变。比如，女孩子在合理范围内，为了正当的目的，如买一些衣服，那是可以允许而不受干涉的。但不允许她把所有的工资都花掉，工资的大部分要交给家长，归入一家的共同预算。为了在这个新的形势下，保持集体和集中的经济体系，家长甚至不惜牺牲他的权威，也必须被迫的对家中的成员作出考虑。女孩子挣的钱交给谁，不是一个复杂的问题。女孩子未婚时，如果她有母亲，而家长是她的祖父，她的母亲会将她的钱收下一部分以供她将来结婚时所用。如果经济状况不允许存钱，全部金额归入家的总的预算之中。一个已婚的妇女则将她收入的一部分留作她自己的积蓄。这种情况说明了单个家庭不断从家的复合群体中分化出来。

挣钱的人从一家的成员中分离出来，对亲属关系也产生了实质的变化。儿媳从婆母处分离出来可以减少日常的争吵。但妻子从丈夫处分离出来会使婚姻的关系松散。可以举出一个极端的例子来说明。有一个妇女，在结婚一年后离开了她的丈夫。她在无锡的一家工厂里工作，并和这个厂里的一个工人发生了恋爱。他们这种不合法的结合被发现之后，他们被厂方开除。他们同居了两个月，由于经济所迫不得不分离。这妇女回到村中，受到很大的羞辱。她的公婆拒绝再要她，但后来又收留了她，因为她的公婆准备将她另嫁他人，以便可以收到一笔钱作为补偿。最后，考虑到她在本村丝厂里能工作的本领，她的公婆取消了原来的打算，待她一如既往。她的丈夫对这件事则完全采取被动的态度。

孩子从母亲处分开，就会使家中的亲密关系发生新的安排。母亲喂奶的时间缩短了。当祖母的接过母亲的责任，继续照看、抚养孩子。这也使婆媳之间产生了新的关系。那些在本村工厂里工作而不能带孩子的女人,也有类似的状况。

以上事实说明了亲属关系以新的形式进行着重新组合,并将随着工业的变迁得到调整。我现有的材料只能为进一步的调查提出一些问题。

第十三章　养羊与贩卖

进行蚕丝业的改革仅仅是为增加居民的收入,抵制丝价下跌所做的各种努力之一。但根据我现有的资料不可能对目前采取的其他措施进行详尽的分析。

新兴事业中最重要的一项是养羊。大约10年前就有人开始养羊。但到最近才变得重要起来。养羊业的发展并不是由于某个人的倡议。村里的人从邻居那里听说,镇里新开了一家店铺,收购羊胎和新生的羊羔。市场的需要使这个村子里兴起了这项新事业。但甚至到现在,人们还不甚了解羊胎究竟有何用处,他们经常向我提出这个问题。有些人想要杀掉母羊好取羊胎,羊胎皮是值钱的。这个主意与传统的伦理观念很不相符,尽管人们自己还要溺杀婴儿。

养羊所遇到的主要困难是饲养问题。土地的90%是农田(第十章第2节)。除几块属于城里人的坟地外,几乎没有适于放羊的场地。农田是敞开的,没有篱笆,牲畜乱走,可能损害庄稼。在这种情况下无法在田野中放羊。所以,就盖起了专用的羊圈,把羊关在里面。正如我上面提到的,羊圈已变成了住家普遍都有的附属建筑了。

为了喂羊,就必须割草,冬天用于桑叶喂羊。就这一点而言,家庭劳务中就产生了一种新的劳动分工。割草的事由孩子们担任。如果你在村里走一走,就可以看见到处有三五成群割草的孩子,有些还不到 10 岁,他们有的在桑树下,有的沿着河边,还有些在坟地里。这样,孩子们的劳动与家庭经济结合了起来。对于小学校来说,这就产生了一个新问题,文化教育的价值在人们眼里,还不如孩子们割草直接为家庭收入作出的贡献大。缺课人数与村里养羊的头数相关。陈曾遗憾地表示,学校的课程过于死板,难以与目前的经济状况相适应(第三章第 5 节)。这使人们注意到关于经济与教育的关系的令人感兴趣的问题,但目前我不能讨论这个问题。

把羊关在羊圈里饲养的另一个好处是便于收集羊粪。羊粪是一种有价值的肥料。村里有 300 多个小羊栏。每个羊圈养 1—5 只羊。粗略估计,村里养羊的总数约为 500 头。

为了开展养羊业,需要一定数额的资金,至少要有足够购买母羊的钱。公羊可以从亲戚那里借来或者租来为繁殖之用。对于这项服务所付的报酬没有固定的数目,多数是采取送礼的形式。如果一个农民自己筹不起款子来买母羊,他可以养别人的羊。这样就产生了一种特有的方式,村民称之为“分羊”,从字面上讲就是“把羊分开”。养羊的人的责任是饲养,到时便能分得半数小羊羔和羊栏里的一半粪肥。周的父亲是最大的羊主,他有 40 只羊,其中只有 4 只养在他自己的羊圈里。

当羊胎即将长成前不久,就可以把母羊卖掉。每只羊胎的价格为 3—5 元。羊主也可以把刚生下的羊羔卖掉,把母羊留下。这时,羊羔的价格略低,但一只母羊一年能生一两次羊羔,而把羊羔饲养成熟却需要一年多的时间。所以人们喜欢卖羊羔,而不卖羊胎。反对屠杀孕期动物的传统也使得人们更加愿意这样做。一只母羊平均每年生产 2—4 只羊羔,能为羊主增加 20—30 元的收入。

农民收入的另一个来源是贩卖。在较长的农闲季节里,人们从事这种买卖(第九章第 3 节)。货物并非自己生产,而是用自己的船从邻省浙江运至沿岸的一些城镇贩卖。这是一种地区之间的流通。但从村民的观点看来,实际是像贩卖或搬运工一样出卖自己的劳务。

为我提供情况的当地人说,每条贩运船一年可赚 40 元。当然,收入取决于贩运货物的种类及其价格的波动情况。我没有机会跟着他们一起去,因为他们这行的活动时间是 8 月底至 10 月中,然后又从 12 月中至 1 月底,那时我已经离开这个村庄。这些商业活动都是按阳历时间安排的。我不能在此作很深入的分析,只是想说明,这是农民收入的一个重要来源,根据提供情况的人说,从事该项行业的船只数目,近几年来有所增加。

第十四章　贸　易

交换方式——内外购销——小贩——零售店——航船，消费者的购买代理人——航船，生产者的销售代理人——其他收集方式——贸易区域和集镇——销售与生产

1. 交换方式

交换是个人之间或一些人之间，他们的物品或劳务在某种等价的基础上，相互转换的过程。哪里有专业化的生产，哪里便需要交换。生产专业化甚至发生在家庭的不同成员间，但在家庭中，交换方式同在市场中所见到的不同。因为首先在集体经济中，分配和交换的过程不易区别。在田里劳动的丈夫靠妻子为他煮饭。从妻子对生产过程的贡献来说，她对农产品的权利，应该列在产品分配的项目下。但如果她消耗的要比她分配所得的那一份多，实际上便产生了交换。其次，当财产为一个群体的成员共同所有时，交换的要素是模糊不清的。有了劳动分工，成员通过不同的职业向共同生活的来源作出自己的贡献，同时从这一来源获取各自生活所需的资料。各成员之间究竟作了些什么交换因而是不明显的。

这并不意味着权利和义务的相互关系的概念、贡献和享受对等的概念不存在于亲近的社会群体中。相反,它们是家庭生活中发生争吵和不满的最常见的原因,并且往往发生一种妒忌性的坚持不下的局面。对这种家庭群体的经济关系作出定量分析,需要精确的实地调查技术,但并不是不可能的。

比较不明显的、不直接的交换形式通过群体固有的制度的约束,已经成为可能了。例如,父母对孩子的义务可以通过年轻一代以后对父母的赡养,或者年轻一代对下一代的义务来取得平衡。时间越长,物品和劳务的转换范围越大,群体中社会纽带亦越强。物品或劳务的交换是社会纽带的具体表现。只有在一些需要很长时期才能相互完成的义务,有关的个人才会感到他们之间有着牢固的社会关系,其结果是形成了群体的一种内聚力量。从这一角度考虑,慷慨可以被看作是一个人向另一个人提供劳务或物品的预支性质取得使两个人的关系密切起来的结果。

在大一些的社会群体中有同类的交换。例如扩大的亲属关系群体和邻里群体。在村里邻居之间,需要时可以互相挪拿东西用于消费或其他用途。在一定的限度内,一个人对他的邻居有用,他会感到高兴。如果借用者立刻要付酬并说明同等交换,出借者便会很不高兴地说:“我们不是外人。”田里如果需要额外劳力,住在附近的亲戚便来帮忙,不要报酬;有重大婚丧喜事时,邻居也这样来帮忙(第六章第2节)。从长远看,亲戚和邻居之间的互相接待、留宿和服务都是取得平衡的。社会关系越亲密,对等的交换也越少。

送礼亦可被看作是另一种交换。这不是专业化生产的结果。不同职业的亲戚,也不把他们的专业产品作为一种礼物。用来作为正式礼品的一些东西是根据习俗而来的,主要是食品。在重要礼仪场合则送一些现金。人们送礼的食品,或是从市场买来的,如年底送的火腿和糖果,或是自己制作的,如端阳节(第九章第3节)送的三角形的糯米粽子。接受礼物的人,也做同样的粽子,买相同的东西回送亲戚。这种类型的物品转让意义不在于弥补相互间的欠缺而是加强社会联系。

从上述分析可以看出,社会义务、互相接待、留宿和互赠礼物是不够的,它不足以使村里的一个农户获得他自己不生产的日常必需品。在消费品中,消费者生产的只占总数的三分之一(第七章第8节)。另一方面,农民生产的东西,很多不是生产者消费的。羊羔和羊胎的真正用处,看来养羊人本身也不知道(第十三章)。在产丝区,丝绸衣服很少,甚至于米,也只是部分地供人们自己消费。所以非常明显,必须有广泛的流通系统。

2. 内外购销

购销是一种交换方式,在交易中对等的价值被明白地表达出来,立即付给或许诺偿付。简单地说,这就是购买和销售的过程。在农村里,除少数例外,交换一般是通过货币来进行的。

我们可以把购销分成内部和外部两种:内部购销是在村庄社区范围内交换货物和劳务,外部购销是村和外界进行的交换,它们是互相依赖的。

村的内部市场是同这个社区职业分化有密切联系的(第八章第1节)。我们已经看到,村里三分之二以上的人口从事生产稻米、生丝和羊羔的工作。他们不在村里出售这些产品,而要到城镇里去出卖。从事渔业的也只能出售一小部分产品给同村的人。生产专门货物和给村民提供专门服务的限于少数，只占总人口的7%（第八章第2节）。大部分工作并非完全专业化而是普通农户所需的工作的一种补充。木匠、篾匠、泥水匠主要是从事修理工作，他们在自己家里干活，也到顾客家中去做活。

职业分化程度小，这使社区内部市场非常狭窄，人们靠外界供应货物和劳务。因而，产生了一个问题：货物如何运到村里来？农民可以直接在外部市场购买货物并带回村来，或者货物可由不同的中间人带到村里来。中间人，主要可分三类：

（1）定期到村里来的小贩，在买主家门口卖东西。

（2）零售店，在村里有固定的地点，店铺里存放着从外界买来的货物，吸引顾客去购买。

（3）航船从城镇代消费者购买货物并运到村里。

3. 小贩

小贩可以是固定的或不固定的，根据他们出售的货物种类而定。小贩卖的货可以是他们自己制作的，也可能是从市场上零买来的。大多数不固定的小贩出售他们自己的产品，他们来自其他村，不是来自城镇。这是一种城镇外的村际分散性的贸易活动。这种市场的范围受到这种情况的限制，即附近村子的地方生产方面分化程度不大。如已经提到过的（第七章第5节），唯一的分化是蔬菜的种植。在村里，菜园太小，不能种足量的蔬菜供村民消费。但太湖附近的农民可以种植大量蔬菜，并把附近的村子作为他们的市场。同样，时令水果，村里没有种植，是邻县供应的。卖者用船载着他们的产品到周围的村子来兜售。

这些小贩只盼望回去时赚到一些钱,对每一笔交易并不坚持一个固定的价格。譬如卖者报一个价,三个甜薯卖两个铜板,买者并不和他讨价还价而是给了钱以后,再拿几块甜薯。卖者可能拒绝不给或装着拒绝,但我从未见到过因为买者拿得太多而否定交易的。这种讨价还价之所以可能是由各种因素造成的:卖者对价格没有严格的概念,买者对他自己的要价也没有严格的想法。卖者和买者都没有直接竞争者。付钱以后买者拿取额外货物的量不会超过买者看来是合理的范围,同时还有其他不同的情况。譬如说,男人就不拿额外的货物,因为他们认为,这有损于他们的自尊心;但他们的妻子可以随便这样做。对话和开玩笑,特别是异性之间开玩笑,将增加拿取额外货物的数量。在这种情况下,卖者将不经要求自愿多给一些。当然,不能拿得太多,除非把额外货物当作礼物来送。从长远看来,这种买卖的价格不比城镇里的市场价格高,因为如果被发现确实是这种情况,卖者下次将不易出售他的货物。可能价格也不低于城镇的商品,因为如果卖者的利润比他把商品卖给城镇的店铺要少,最后他就不到农村来卖货了。但在某些具体交易中价格上下的界限是比较宽的。

从城镇来的有两名固定的小贩:一个卖缝纫和梳妆用品,另一个卖小孩吃的糖果。女人由于有家务在身,还需照顾孩子,因此到城里去的机会比男人少。缝纫和梳妆等用品是专为妇女的消费品。此外,对这些商品的需求与个人喜好有关。妇女不愿托别人或丈夫替她购买,这才使小贩有他的市场。与这种小贩做买卖的形式和上述有所不同。买主不是先接受小贩的要价然后拿取额外的商品,而是先还价。因此价格如不能使双方满意时便不能达成交易。小贩要的最低价格决定于他买货时付的价钱和维持他的生活所需的利润。货物不会消失,他可以等待好一些的价钱。

卖糖果的小贩用另一种方式。对这种货物的需求必须通过卖者人为的创造。小贩用一个很响的喇叭来吸引孩子。通常孩子们不是都有零钱用的。很多孩子必须要求大人买给他们。因此,小贩常常会引起戏剧化的家庭场面。孩子的吵闹和母亲的呵责往往与买卖糖果声混杂在一起。这种买卖,讨价还价并不厉害,因为,买主或是不懂得隐瞒自己真正兴趣的那些孩子,或者是一心想摆脱麻烦的孩子母亲。部分糖果是在小贩自己家里做的,原料便宜。因此糖果的价格主要决定于小贩的生活费用。

每一个小贩都有一个习惯卖货的地区,有时是几个村,范围的大小取决于小贩能走多少路,能赚多少钱。售货的次数也取决于上述因素。卖缝纫和梳妆用品的小贩每隔两天至四天到村里一次,而卖糖果的则几乎每天都来。

4. 零售店

小贩不住在村里。他们定期到消费者那里去。而零售店则坐落在一个固定的地方吸引顾客到店里来。这就产生了一群专门从事商业的人。他们出售的东西并不是自己生产的,而是把从城镇里买来的东西再卖给村庄。下表说明了各行业的店铺数目:

杂货店	3
肉　店	3
豆腐店	2
药　店	1
砖瓦店	1
总　共	10

三家杂货店在三座桥附近。它们主要出售香烟、火柴、糖果、纸张、蜡烛、纸钱及其他带宗教色彩的物品。我未能估计他们的存货数量。我也无从计算他们每天的平均销售量。主要困难是他们不记账。按他们所说,每天销售额两角至一元不等,很明显,他们不能供应全村以各种日用必需品。我即将谈到,大多数货物是靠航船从城里购运来的。周向我描述了杂货店的功能。“我们有客人时,便到杂货店去买纸烟。”换句话说,这只是航船的一种补充。航船为了满足顾客的订货,需要花一整天的时间在城里购买,紧急需要时,顾客等不及它们回来,便到店铺里去买。带宗教色彩的东西不属于紧急需要,但在预期的某一时间内使用。又由于这些东西用航船运输有一定困难,所以人们常常可在零售店里见到这些东西。纸钱是用锡箔做成旧的银锭形,里面是空的不能受压,航船无法提供如此大的空间来运输它。

在村里,肉类是重要食物之一。肉贩在半夜去到城镇屠夫那里购买第二天早晨需要的猪肉后,将其运回村里。消费者到中午煮饭时就能有肉。由于没有保存鲜肉的手段,所以卖肉的商人根据他能卖出多少来买进。最后一个主顾去买肉时往往就销售一空,如果有人一定要买到肉,必须在前一天傍晚订购。

豆饼是农田的肥料,份量重,像砖一样,也占地方。航船不能运这类货物。村里有专门的店铺出售这类货物。药店出售中草药,药零售价格较高,又常常是急需的,所以在村里,药店有一个固定的地方。

5. 航船,消费者的购买代理人

村庄店铺不能满足农民全部日常的需求。例如村里没有地方卖盐和糖这样的重要物品。这些东西必须由航船去买。航船提供免费的日常服务,从城里购买日常必需品,同时充当村民的销售代理人,从中赚得一些收入。他们在乡村经济中起着重要的作用。这种制度在太湖周围地区非常普遍,它促使附近城镇有了特殊的发展。

每天早晨,约七时许,航船开始活跃起来。村里共有四条船,两条往返于河 A,两条往返于河 B 与河 C(第二章第 4 节)。船沿着河划出村时,农民们便向航船主订货。“请在这个瓶里打 20 个铜板的油,在那个坛里打 30 个铜板酒。”航船主收了瓶和钱,数也不数,他把钱扔在船尾的底板上,便和顾客随便交谈起其他的话题来。船到了村的西端,从这里就可以直接到城里,那时他已经收了数十个瓶子和很多铜板。那些要到城里去的人,船经过他们的家门口时便搭上船,他们不用付船费。

每一条船有它自己固定的顾客。村子可分为两个区域,每个区域有两条船为他们服务。在一条河里的两条船,它们的顾客是同一区域的。这两条船互相就有竞争,但是友好的竞争。如果一条船上的乘客很少,它就会等另一条船,把乘客都合到一条船上。摇船的是年轻乘客。航船主按照顾客订货把瓶子和容器分类,把船板上的铜钱收起来,一面与乘客聊天,或帮助他们把蚕丝按照出售的要求捆起来。

从村庄到城里需要两个半小时。船约于 10 时到达。每条船与城里的一些店铺有联系,航船主就向这些店铺购买农民订购的东西。店里的学徒下船来拿瓶子和容器并接受订货。下午店铺里的学徒回到船上以前,航船主要到店铺去结账。下午 2 时,航船开始返回,约四五点钟到达村里。船经过时,村民都在门口等待,接受他们托买的东西。

其中有一条船在我到村子以前约两个月才开始做此项经营，另三条船已做了多年。有一个航船主，现在已年老，这一职业是从他父亲处继承的。因此，我们可以了解到，这是一个存在已久的制度。

从理论上讲，任何人可以经营航船，航船主没有正式的资格，他只要向公众宣布，他将做航船这行业，接受别人委托买东西即可。但一旦开始了这个行业，他必须每天有规律地继续下去，无论他接受多少委托。有一个航船主名叫周福生，我在村里时，他病得很厉害，但他无法停止他的服务工作，因为所有顾客都靠他供应日常必需品。有一个新经营这行业的叫周志法，他有时到城里去，连一家订户都没有。这意味着，航船主必须把全部时间和精力花在经营这个行业中，大多数有地种的农民是不可能达到这种要求的。此外，航船主必须与城里的店铺有关系，特别是作为一个销售代理人。要懂得商业上的知识和习惯，需要时间和实践。

一个地区有多少航船，要看有多少居民及航船主个人有多大能力。一个像福生这样有非凡能力的人，过去垄断沿河 A 的整个地区，约 150 多户。个人能力即脑子清楚，记忆力好，不会记错各种口头的委托。一眼看去，不借助任何记录，能处理这么多瓶瓶罐罐。这简直是不能使人相信的。实际上，只有经过一个缓慢的过程，才能逐渐熟悉每一个顾客的瓶子或罐子，记得每个顾客经常的需要。有时也会记错，有一次一个顾客说，给了福生一元钱，但福生不记得他这件事了。虽然福生毫不犹豫地负责还了他一元钱，但顾客还是埋怨。当福生的能力逐渐衰退时，志法已能够在他这地区开始接替他了。

航船主为顾客服务并不向顾客索取佣金,也不从中赚钱,城里的店铺定时送他一些礼物或招待他。货物通过航船主的手,价格并不提高。如果农民自己直接到城镇商店去买,他们可能得到更少或更坏的东西,城里的商人可能欺侮个别来的买主而他不敢欺侮航船主。这并不是因为航船主个人能力比城里的商人强,而是由于城镇商人竞争需要保持经常的主顾。大多数城里的店铺依赖航船来得到农村这个广阔的市场。对商人来说,失去一条船即意味着很大的损失。他们力图保持旧主顾,吸引新主顾。因此行贩在交易中是处于有利地位的。

航船的存在使村庄的店铺处于一种辅助性的地位。村庄店铺无法与航船竞争。它们太小,不能像城镇商店那样直接向城市里的大批发商店订货。它们也像航船一样向城镇店铺购货。但航船代客买东西免收服务费,而村庄的商人零售时要赚钱。如上所述,村庄小店里只有那些急需品以及船船不能运输的货物才有买主。

航船主不记账,所以我无从估计他们的交易额。福生作了一个估计,每天约 10—20 元。快到年底时,最高记录为每天 40 元。看来,这一估计是可靠的,可以从农民向外购货的总金额来核对一下。按农户开支的分析(第七章第 8 节),估计每年约为 8 万元。如果我们从这一数字减去衣服、蔬菜、重型工具和桑叶的费用,这些东西不是通过航船购买的,约为 3 万元,这与福生的估计大致相似。

我不能把航船从城镇购买的商品开列一个清单。这个清单一定会很长,因为所有可从城镇购买的、航船可以运输的商品都可以委托航船去购买。船不挤的时候,少量的豆饼、砖、纸钱一类的商品也可代购。委托航船购买最多的东西是食品和烹调用的配料或调料。

为了对购买过程进行全面的描述,必须重提一下消费者从城镇市场或其他村庄直接购买的商品。譬如,村里桑叶不够,这是蚕丝工业的重要原料。村民必须从太湖附近的其他村庄购买。买主自己去购买和运输,每次他们进城,都要买些其他东西。通过这一渠道进行的贸易额就难以估计。但由于村民不常进城,所以买的东西也有限。

6. 航船,生产者的销售代理人

航船的一个重要特点是作为消费者的代购人,是不赚钱的。同样,乘客也不付船费(年轻人得出劳力划船除外)。城镇店铺给航船主的礼物远远不足以维持他们的生活。他们只有在充当生产者的销售代理人时才得到报酬。

销售货物需要更多的技巧和有关市场的知识,农民不一定具备,因此他们出售产品时需要依靠航船主。后者经常与城镇里的收购商品的行家保持联系。他了解各个行家的情况。行家与不同的商人或纺织厂相联系,他们收购货物是有挑选的。生产者为了出售他们的某种产品应该知道与那些有关的收购人保持联系,这是很重要的。此外,在收购生丝的时候,有一种已经被收购者接受了的习惯做法,即允许生产者在丝里加一定量的棉花和水以加重分量。但如果超过惯常的限量,收购者便要扣钱,扣的数量比外加分量的钱更多。因此,生产者需要就这方面的业务与内行的代理人商量。

航船主还帮助生产者按照购买者的要求来包装蚕丝,以便使同样数量、质量的丝能卖到较高的价钱。生产者与航船主一起到收购人那里去,但收购人只认识航船主,他的账上有航船主的户头。如果生产者不接受对方的价格,他可以不出售他的产品。但在一般情况下,他听从他所信任的航船主的忠告。生产者如果出售 100 两蚕丝,约合当前的市价 25 元,他便付给航船主一元钱佣金。换句话说,航船主按生产者出售蚕丝的数量拿 4% 的佣金。佣金数不随蚕丝价格的变化而变化。因此,蚕丝价格高时佣金率反而低。每出售 3 蒲式耳米要给佣金 5 分,生产者收益约合 7 元,佣金百分率约为 0.7% 。这个村庄的蚕丝总生产量约为 9 万两,航船主可得 900 元佣金。大米的总出口量为 7,000 蒲式耳,航船主可得总数约为 650 元的佣金。如果四个航船主平分这个数额,每人一年约得 400 元。有这样一笔数目,生活可以过得不错了。

那些卖出产品后付给航船主佣金的人,有权把船当作交通工具使用,而且可委托航船主购买货物。因此,此项服务的支付额是根据生产量来定,而不是根据顾客的消费量来定的。

新近的养羊工作为航船主增加了一项新的收入来源,但我不知道卖羊收佣金的确切办法。

蚕丝业的改革对航船制度的存在提出了挑战。新的丝厂不利用航船到城镇市场去代销蚕丝。产品直销上海。开始时,航船主要求补偿。改革者考虑到航船是村里一种有用的制度,因此决定根据传统的佣金额给他们补偿。合作社的每一个社员收到一张卡片,上面记录着他供应蚕茧的数量。生产者可以把卡片交给他委托购买东西的航船主。根据合作社社员卡片上记载的蚕茧供应数量,航船主可收到一定数量的补偿费。这样才把航船制度保存了下来。

7. 其他收集方式

大宗的农村产品由城镇通过航船或由城市通过工厂收购。但对一些零星物品和废品——如旧衣服、纸钱灰、废铜烂铁等还有另一种收购方法。有时候是以货易货的形式出现,即:货物直接交换。收购者带着陶瓷器或一种特别的糖果来换取旧衣服和金属器皿。纸钱灰含锡,可换叠纸钱的锡箔。

8. 贸易区域和集镇

贸易区域的大小决定于运输系统——人员及货物流动所需的费用和时间。消费者直接购买货物的初级市场局限于这样一个区域,即买者不需要花很多时间以致妨碍他的其他活动便可在其中买到货物。在这个村里我们可以看出来,有两个初级购销区域。住在河 B 的桥附近的人们不会到河 A 的桥附近的商店去买东西。例如,理发店、肉店、杂货店和庙宇都分设在两个地区,大致与航船活动分工范围相当。但银匠、鞋匠和药店坐落在河 A 的西桥附近,是村内道路系统的中心(第二章第 4 节)。这些行业在村里各自只有这一家店。从这个意义上说,这个村子也是一个初级市场。

中级市场就是初级市场的零售商用批发价格购买货物的地方。在这个地区,航船不能被看作是一个零售商。它代替消费者买货,但正如我们知道的,这项服务不收费。这样,航船便限制了村里初级市场的作用,并使远处的城镇成为消费者初级购买的中心。

专门从事这项工作的航船主能把他所有的时间用于这一活动。因此,购买者和出售者之间的距离便延长到适于当日往返的旅程。实际距离取决于船的速度,估计每小时为1.6英里。能够派出航船到镇上代购货物的村子,其最远的距离不能超出5英里以外。因此,这样一个购销区域的直径是8—10英里。

每个贸易区域的中心是一个镇,它与村庄的主要区别是,城镇人口的主要职业是非农业工作。镇是农民与外界进行交换的中心。农民从城镇的中间商人那里购买工业品并向那里的收购的行家出售他们的产品。城镇的发展取决于它吸引顾客的多少。正如我们已经了解的,航船的制度使这一地区的城镇把附属村庄的初级购买活动集中了起来,从而减弱了农村商人的作用。这一类购销区域的范围比中国北方的购销区域大得多,中国北方主要是陆路运输,代购或代销体系不发达。杨庆堃的研究[①]说明了在村庄初级市场之上的典型的中国北方购销区域的直径约为1.5—3英里。更高一级的购销区域,包含六个基本购销区域,其直径约为8—12英里。后者与我们现在正在研究的城镇市场规模相仿。

这个村庄所依托的城镇,就是航船每天去的镇,叫做震泽,在村庄以南约4英里的地方。其实,这个镇没有垄断这个村庄的全部贸易活动。在北面,还有一个镇,叫大庙港,离村庄约1.5英里,在太湖边上(地图Ⅱ)。这是一个专门与太湖里的岛屿进行贸易的小镇。镇附近有一座太湖神庙,镇由此而得名。人们去庙宇的时候,通常在这个镇里购买物品。徒步走去需要约1.5小时。但这个村庄和大庙港之间的贸易同这个村庄和震泽镇的贸易相比是

① 杨庆堃:“山东邹平的贸易系统”,中国,燕京大学社会学系,未出版的专著。

无足轻重的。

在收购农产品的过程中,震泽镇垄断了这个村庄全部大米的贸易。但它从未完全垄断蚕丝产品,自从村中丝厂成立以来,加过工的蚕丝被直接运到上海。即使在过去,这个村庄也供应大量生丝给村东约12里处的盛泽镇丝织工业时,也有一条航船直接往返此镇。路程太远,不能当天往返,班次也不定期,所以只管售货。十多年来,一方面由于该镇丝织工业衰落,另一方面由于这个村庄的蚕丝业改革,此船已经停止了。

关于城镇之间如何竞争以保持它们的附属村庄,将是一个有趣的研究。但是对这一问题的详细分析,需要对整个地区作更广泛的调查,这不是目前的研究所能达到的。

9. 销售与生产

丝和羊完全是为出售而生产的。我们已经看到,在这些行业中,价格是如何影响生产的。土产生丝的价格低廉,刺激了技术改革。改革结果,土产生丝产量大大下降。但近年来,其产量并未按其价格下降的比率下降。相反,还有一些增加的迹象。正如已经解释过的,这是由于缺乏其他工作来吸收村里剩余的妇女劳力的缘故。村里开始养羊,这是因为市场有新的需要。但目前缺乏草的供应,产量不可能增加。因此,价格不是决定产量的唯一因素。

生产大米,部分是为出售,部分是为消费。储备粮的数量不一定根据价格的波动而升降。每一户都要准备够一年消费的储备粮。市场大米价格上涨不会诱使生产者出售他的存粮,因为未来的大米价格不确定。但大米价格低会迫使农民出售更多的大米。

这是因为收割的时候要求佃农用钱交租,那时每户所需要的货币收入或多或少都已知道。这一事实,对大米收购者来说很重要。他们通常为了增加贸易额而压低大米价格。农民的总储备量往往就这样被减少到不够他们自己消费。来年夏季,他们就只得靠外界供应(第十五章第3节)。这对商人也有利可图。

价格波动不影响大米的总生产量。总生产量决定于土地的大小、生产的技术以及最终决定于降雨量的多少。这些都是人们几乎不能控制的事。改变职业是困难的,甚至改变农作物,村民脑中都很少想到。因此,生产结构是受到严格限制的,它不能随着市场的需求作出灵活的反应,变化是缓慢而长远的。

让我们以丝业作为例子。尽管在蚕丝业方面有很好的改革计划,计划者对改革也作出了特殊的努力,但市场的新需求与生产系统之间的调整过程经历了几乎10年的时间。从我们对变迁过程的分析(第十二章),我们看到供应和需求的有效性取决于对市场的了解,这是农民不具备的。如果没有特殊的力量来影响并促使变革,人们几乎不理解蚕丝价格下跌的原因,更不明白市场对货物类型所提出的新的需求。为了实现蚕丝改革,需要专门的知识和社会组织。所有这些因素延误乡村经济在供求方面的及时自动调整。

在农村,改变职业比改革现有作业更加困难。除养羊以外,没有发现人们想在村里发展新的职业。甚至养羊也仅仅是现有生产系统的一种补充,而不是职业的改变。农村居民只有离开农村才能改变他们的职业。换句话说,在目前情况下,职业流动意味着人口从农村流向城镇。在村里,出去找新职业的大多数是女青年,她们在这个社区里尚未进入一个固定的社会位置。甚至在这个群体里，这种流动已经向传统亲属关系和家庭群体的稳定性提出了挑战（第十二章第9节）。反抗破坏社会稳定的力量变成了一股阻碍当前人口流动的力量。目前很难说，在新的情况下，传统力量会作多少让步。但总的来说，人口流动是缓慢的，特别是男性人口流动得很少，这说明了外界对劳动的需求不大和村里传统生产系统的僵化。

尽管如此，市场强烈地影响着生产，这一点是显而易见的。它导致了各方面的变化，这些变化不仅仅局限于人们的经济生活。生产系统对市场情况的反应不是一个简单的过程，而是一个长期复杂的过程，要了解这一过程需进行范围更广泛的调查研究，单纯从经济方面研究是不够的。

第十五章　资金

积蓄与亏空——互助会——航船，信贷代理人——高利贷——信贷合作社

在交换过程中，货物、劳务或现金不能及时偿还时便发生了信贷。简单地说，信贷就是一方信赖另一方，经过延迟一段时间，最后偿还。

在这一意义上讲，相互之间的义务，互相接待留宿，互赠礼物等非即刻交换的形式也是信贷的形式。这些信贷的偿还是通过社会制度中固有的互惠原则来保证的，并与亲属关系及友谊有密切关系。对于有这种关系的群体之外的交易，偿还的时间必须有明确的协议，并且信贷只有对贷方有利才能被接受。

贷款可以作任何用途，或可能限于协议中规定的某种用途。但信贷一词不能仅限于指对未来产品的预先付款。在这个村里，信贷在多数情况下是用于消费或付租付税，租和税与生产过程仅有间接的关系。同样地，也很难把借来办婚事的钱看作是对借钱人的生产能力有所帮助（除非是隐喻的意义）。

在讨论中国农村的信贷体系时，托尼教授写道："这个体系的特点……是借钱人和出借人对用于农业生产的信贷和补助家庭开支的借款两者之间的区别看来都不清楚。这就是说，把一切都记

作一笔笼统的账，其结果，在欠债人或债权人的脑海中对借贷来作生产用途或家庭用途的钱无所区别。他们不明确用于生产的钱最后应该产生利润并足以偿还利息，家庭开支在没有意外的不幸事故的情况下，应能以收入偿付。”①

在本章，我将从信贷的广泛意义上来使用这一术语。

1. 积蓄与亏空

信贷只有在一方面有积蓄，另一方面亏空时才可能产生。积蓄是指村里的经济单位家庭的收入超过支出时的剩余。收入指家庭的全部产品。它可以转换为钱，也可以不转换为钱。支出则包括家庭的成员用于消费、用于完成社会义务和用于生产而由自家生产或从市场购买的全部物品。

村里每家的生产量，相差不大，因为这种群体的大小，大致相仿，生产技术亦基本相同。它们的消费量也有一致性（第七章第1节）。除个别情况有特殊原因外，其财产分配不平等的原因，主要是土地占有制问题。佃农必须负担很重的地租。村里三分之二的土地为不在地主掌握。村民每年交付租米总额为4,800蒲式耳。这一负担并不是平均分摊在村民身上，而是由70%以上的人分担。在这些人中间，负担又不同（第十一章第5节）。土地占有制的这种情况导致了每年大量财富从村里外流到城镇，以及村中财富分配不均的情况。

蚕丝业兴旺时，尽管地租很高，但村民仍可维持足够的生活水

① 《中国的土地和劳动》，第62页。

平，并且尚可有所积蓄。这种积蓄通常被储藏起来。在村里，很少有投资的机会，除交租以外，城镇没有其他手段吸收积累的财富。农民储藏的货物或金钱首先是用作储备以对付经常发生的灾难，其次是供昂贵的礼节性开支。与个人生活有关的繁重的礼节或当地群体定期的宗教集会实际上是农村地区所积蓄的财富的重要出路。在礼节性场合，炫耀财富的思想替代了勤俭节约。在丧葬、结婚聘礼、嫁妆、宴席等方面，特别是举行村际游行时，财富挥霍严重（第七章第 7 节）。

蚕丝业的萧条使村里的平均收入减少了三分之一（第十二章第 2 节）。在开支方面，消费和社会义务仍然像过去一样。唯一可以缩减或暂缓的款项是礼仪性开支，据我估计，目前这种开支占总货币开支的五分之一（第七章第 8 节）。由于收入迅速降低，支出依然不变，结果是亏空。

亏空可以是紧急的或非紧急的。紧急亏空需要采取立即措施。食物不足、资本货物缺少、无能力付租付税等属于这种情况。除非给以资助，否则对有关个人会产生灾难性结果。由于付租义务并不是人人都有的，这种紧急亏空限于一部分村民。一小部分人，即使在目前情况下，仍能有些积蓄，还有另一些人则可以维持最低限度的生活。非紧急亏空，例如无力支付礼仪所需的费用，这在比较有钱人中间也是较普通的。我已经描述过村民是怎样推迟婚期、暂停每年的团聚、缩减礼仪性开支等情况。

积蓄减少造成了对外界资金流入的需求增加。内部借贷系统只能对付这个社区内部财富分配上的不平等，不能解决普遍无力偿付债务的问题。因此外界资金流入便成为村里紧急的金融问题。

以下各节,我将描述各种内部和外部的信贷系统。但目前掌握的材料不足以从定量分析方面来阐明它们相对的重要性。这种数据很重要,但需要比我现在所能做到的更广泛的调查研究。

2. 互助会

物品、劳务和少量的钱可以不付利息,短期地向亲戚朋友借用。这种补贴的办法主要见于遇有暂时性亏空时,债权人相信借款人有能力在短期内还债。此类借贷可能延续数个月。这种相对较长期的信贷在分家后的兄弟之间常见。他们虽然有各自的房子和财产,但仍然有社会纽带把他们联系起来,照顾彼此的福利。为少量借款,向兄弟要利息,被认为是不可能的。

但需要大笔款项时,向个人商借并在短期内归还常有困难。因此,兄弟之间或其他亲戚之间的互相帮助便不能满足需要。这样才产生了互助会。

互助会是集体储蓄和借贷的机构,由若干会员组成,为时若干年。会员每年相聚数次。每次聚会时存一份款。各会员存的总数,由一个会员收集借用。每一个会员轮流收集使用存款。第一个收集人即组织者。一开始,他是该会的借债人。他分期还款,交一定量的利息。最后一个收集人是存款人。他最后收集自己那笔存款和利息。其他成员则依次收集存款,从存款人变为借债人。收款次序按协议、抽签或自报公议的办法决定。每次聚会时,每一会员存款数目的计算往往由于各种因素而变得较为复杂,我将在以后描述。

这种互助会,经常是由于某人需要经济援助而发起组成的。参加互助会的会员被认为是对组织者的帮助。按以上描述的办法,每个人似乎都轮流得到好处。但我们必须记住,投资的机会有限,借一笔款并付利息,可能是不经济的。此外,由于收钱时间不定,收款人可能难以把收来的钱用于最适当的需要。所以组织者对会员不能只强调他们在经济上会得到什么好处,而必须说他自己需要经济上的帮助。因此,会员通常只限于某些有义务帮助组织者的人或一些为了其他目的自愿参加的人。

通常组织这种互助会的目的是为办婚事筹集资金,为偿还办丧事所欠的债务。这些也是筹集资金的可以被接受的理由。但如为了从事生产,譬如说要办一个企业或买一块土地,人们往往认为这不是借钱的理由。

有了一个正当的目的,组织者便去找一些亲戚,如:叔伯、兄弟、姐夫、妹夫、舅父、丈人等。他们有义务参加这个互助会。如果他们自己不能出钱,他们会去找一些亲戚来代替。

会员的人数从8—14人不等。在村庄里,保持密切关系的亲属圈子有时较小。因此,会员可能扩展至亲戚的亲戚或朋友。这些人不是凭社会义务召集来的而必须靠互利互惠。如果一个人需要经济上的帮助,但他没有正当的理由来组织互助会,他将参加别人组织的互助会。被这个社区公认为有钱的人,为了表示慷慨或免受公众舆论的指责,他们将响应有正当理由的求援。例如,周加入了十多个互助会,他的声誉也因此有很大提高。

但这种互助会的核心总是亲属关系群体。一个亲戚关系比较广的人,在经济困难时,得到帮助的机会也比较多。从这一点来说,我们可以看到,像“小媳妇”(第三章第8节)这样的制度,使亲属圈子缩小,最终将产生不利于经济的后果,另一方面,扩大亲属关系,即使是采取名义领养的方式,在经济上也有重要的意义(第五章第3节)。

在理论上,组织者将对会员的任何违约或拖欠负责,他将支付拖欠者的一份款项。但由于他自己需要别人的经济援助,因此他的负责是没有实际保证的。拖欠或违约并不是通过法律的制裁来防止而是通过亲戚之间公认的社会义务来防止。拖欠的可能性又因互相补贴的辅助办法的存在而减少。一个人在这样的环境中,很容易提出要求补贴,特别是他届时有从互助会中收集存款的机会。不利于自己的后果也是一项重要的考虑。拖欠人会发现,他需要帮助时便难于组织起他所需的互助会。然而事实上还是有违约或拖欠的,尤其是以往数年来,有这种情形发生。正如我已提到过,当地信贷系统的有效程度取决于村民普遍的储蓄能力。经济萧条使拖欠人数增加,从而威胁着当地的信贷组织。这对现存的亲属联系起着破坏的作用。但由于我对此问题没有详细的调查,只好将它留待以后作进一步的研究。

有三种互助会,最流行的一种叫“摇会”,在这个会中,组织者召集14个会员,每人交纳10元。组织者总共得140元。摇会每年开两次会:第一次在7月或8月,那时蚕丝生产告一段落,第二次在11月或12月,水稻收割完毕。在每一次会上,组织者偿还摇会10元本钱和3元利息。这样,在第十四次会结束时,他可以把债还清。

在相继的每一次会上，有一个会员收集70元钱。收这笔钱的人就是摇会的借款人，他在以后的每一次会上应还5元本钱及1.5元利息。由于会员只拿相当于组织者一半的钱，所以计算时稍为复杂。组织者每年交款的半数将在会员中平分$(\frac{13}{2}\div 14)=0.464$，这叫组织者的余钱。会员拿的实际数为70+0.464，借款人每年交款为6.036(6.5－0.464)元。

组织者和借款人每年交的钱和会员收的钱数均为恒定。没有收款的那些人为摇会的存款人。由于每一次会有一个会员收款，所以借款人逐步增加，存款人随之减少。在每一次会上，存款人存款数目根据以下公式计算：会员的款数(70.464)－{组织者的存款(13)+〔借债人数×借债人存款(6.036)〕}÷存款人数。

在每一次会上存款人存款总数减少①。对每一个会员来说，存款总数，按照收款的次序逐步减少。由于收款数不变，存款和收款数目之间的差即借债人付的利息或存款人收的利息。借债人的利率规定为年利4.3%。但由于存款和借款以及两种余额混在一

① 在第十一次会上，组织者和借债人交纳的钱数已经超过会员的集款数。存钱人不需再交付任何款项而可以分享新的余款。分配余款的原则是：前四次会的组织人和收款人除外，其余会员根据他们集款的次序按比例均可分得一份。例如，在第十一次会上，第五次会的集款人将得0.11元或总余款(2.432)的5/110。但这个会上的三个存款人，其集款次序尚未确定，他们将各得余款的13/110。从第十一次会后的每次会的总余款为：

第11次……2.432
第12次……8.004
第13次……14.968
第14次……21.004

起,因此,会员之间以及每年的实际利率不同①。每次会的收款人根据抽签的办法决定。每个会员掷两颗骰子,点数最高者为收款人。组织者为每次摇会准备了宴席,由各次摇会的收钱人负担宴席费用。席后,组织者收齐了会员交纳的款项,再进行抽签。

摇会的办法比较复杂。但有它的优点:

(1)参加会的会员对收来的钱没有预计肯定的用处。减少会员交纳的钱数,会员的负担减少,从而也减少了拖欠的危险。(2)用抽签办法决定收款人,每个存款人都有收款的均等希望。这促使需要经济援助的人去交款。(3)存款人交款数迅速下降弥补了他们延期收款的不足之处。(4)丰盛的宴席吸引会员。有些人,把宴席改在冬天,每年一次,下一阶段的收款人预先决定。人们发现

---

① 见下表:

收款次序	交款数	收款数	每半年平均利率[a](%)	
			借款	存款
组织者	182.00	140.00	2.2	—
第一人	88.47	70.47	2.1	—
第二人	86.85	70.47	2.3	—
第三人	85.10	70.47	2.6	—
第四人	78.96	70.47	2.0	—
第五人	74.71	70.47	1.5	—
第六人	71.99	70.47	1.0	—
第七人	69.06	70.47	—	2.0
第八人	65.62	70.47	—	3.4
第九人	62.70	70.47	—	2.8
第十人	57.08	70.47	—	3.1
第十一人	51.41	70.47	—	3.4
第十二人	44.91	70.47	—	3.6
第十三人	38.43	70.47	—	3.8
第十四人	31.06	70.47	—	4.0

ⓐ 平均利率是这样计算的:把交款数与收款数的差被收款数加存款与还款次数之间的差除。

春天收款极为困难,所以放弃了这种办法。

摇会次序	存款人数	每个存款人的存款
第一次	13	4.420
第二次	12	4.286
第三次	11	4.126
第四次	10	3.936
第五次	9	3.702
第六次	8	3.410
第七次	7	3.035
第八次	6	2.535
第九次	5	1.838
第十次	4	0.785

这种会的办法比较复杂,普通农民很难理解它。事实上在村子里,懂得这种计算办法的人很少,所以必须请村长来教。为了解决这一困难,不久以前,有人提出一个比较简单的互助会办法,叫徽会,因为据说这是从安徽传来的。这个会的收款次序,及每个会员交纳的款数,均事先规定①。

每次会收款总数不变,规定为 80 元,包括收款人自己交纳的一份。这一借贷办法便于计算,每个会员能预知轮到他收款的时

①

收款次序	每次会的交款数
组织者	13.5
第二人	12.5
第三人	11.5
第四人	10.5
第五人	9.5
第六人	8.5
第七人	7.5
第八人	6.5

间并纳入他自己的用款计划。

第三种互助会称广东票会，来源于广东，采取自报的方式。所有存款人自报一个希望在会上收款的数目，报数最低的人为收款人。存款余钱减去收款人的款数后，在会员中平分。在村子里，此种会不很普遍，向我提供材料的人告诉我，这种方式的赌博性质太重。

3. 航船，信贷代理人

村庄和城镇之间亲属关系非常有限。住在城镇的农民很少。几代在城镇居住的人，他们与村子里同族的关系已经比较疏远。我已提到过，族人分散后，族就分开了（第五章第1节）。城镇与农村通婚也很少。在我看来，城里人和村民的关系主要是经济性质的。例如，他们可能是地主和佃农的关系，在目前的土地占有情况下，他们之间的关系不是个人的关系。主人和暂时在城里当女佣的妇女，他们之间的关系较密切。但就整体来看，城里人和农民之间的社会关系不密切，不足以保持一个在经济上互相补贴或互助会的系统。当村民需要外界资助时，他们通常只得求助于借米和高利贷系统。

在稻米是主要产品的农村里，粮食供应不足并非常态。这是农产品价格下降的结果。要使收入与过去一样不变，产量必须增加。结果是村民的稻米储备往往在新米上市以前便消耗尽，以致需要借贷维持。从这方面讲，航船在村庄经济中起着重要的作用。

村民通过航船出售稻米给城镇的米行。米行与航船主联系，而不是与真正的生产者联系。为了能得到经常不断的供应，特别是为对付城镇市场的竞争，米行必须与航船主保持友好的关系。另一方面，航船主对生产者来说，是不可缺少的服务对象。生产者依赖航船主进行购销。这些关系使航船主在需要时建立起米行和村民之间的借贷关系。

航船主代表他的顾客向米行借米，并保证新米上市后归还。他的保证是可靠的，因为借米人生产的米将通过他出售。此外，收购人出借大米不但可以获利而且也有利于保证未来的供应。

向米行借米的价格为每3蒲式耳12元，比市场价高。借债人将以市场价格偿还相当于12元钱的大米（冬天，3蒲式耳米约为7元）。如果借期两个月，每月利率约为15%。这一利率比较高利贷还算低些。这是因为一方面有航船主作为中保，另一方面对米行来说，可以保证其未来的大米供应，出借人所担的风险不大。由于镇上存在好几家米行，出借大米，价格并不划一，有利于借米人以较低的利息借进大米。

这是一种比较新的信贷系统。它尚未超出借米的范围。但用同样的原则，这种系统可逐步扩展至通过米行和丝行变成银行来出借钱，作为对收购产品的预先支付。这种产品相对来说比较稳定，而且是可以预计的。

4. 高利贷

当农村资金贫乏时，从城镇借钱给农村是必然会发生的。农民向城镇里有关系的富裕人家借钱。其利息根据借债人与债权人之间关系疏密而异。然而，如我已经提到过的，农民和城里人之间的个人关系有限，而且与农民有个人关系的人也可能没有钱可出借。结果城镇里便出现了一种职业放债者。职业放债者以很高的利息借钱给农民。这种传统制度，我们可称之为高利贷。

例如，无力支付地租并不愿在整个冬天被投入监狱的人，只得向别人借钱。高利贷者的门是向他敞开的，出借的钱按桑叶量计算。农民借钱时并没有桑叶，也没有桑叶的市场价格。价格是人为制定的，每担(114 磅)7 角。譬如，借 7 元钱，可折算成 10 担桑叶。借期在清明(4 月 5 日)结束，必须在谷雨以前还款(4 月 20 日)。借债人必须按照当时桑叶的市场价格归还相当于 10 担桑叶的钱，那时每担桑叶为 3 元。因此，如 10 月份借 7 元钱，到第二年 4 月必须还高利贷者 30 元。在这五个月中，借债人每月付利息 65%。这种借贷办法被称为“桑叶的活钱”。

清明时节，人们正开始从事养蚕业。在村里，这是经济上最脆弱的时期。冬天付不起地租的人，也不见得有能力还钱给债权人。在前五个月中，人们除了做一些生意外，不从事大的生产活动。在这种情况下，借债人可以向债权人续借贷款，按米计算。这种方式被称作“换米”。不论市场米价如何，借米的价格为每 3 蒲式耳 5 元。借期延续至下一年 10 月。偿还时按市场最高米价计算，每 3 蒲式耳约 7 元。一个人在 10 月借 7 元到第二年 10 月应还 48 元，利率平均每月 53%。

借债人如果仍无力还清债务便不允许再延长借期。借债人必须把手中合法的土地所有权交给债权人。换句话说，他将把田底所有权移交给债权人。土地价格为每亩 30 元。从此以后，他再也不是一个借债人而是一个永佃农。他每年须付地租(第十一章第 4 节)而不是利息。

地租为每亩 2.4 蒲式耳米或约 4.2 元。如果我们按巴克对农村土地投资所估计的平均利率 8.5% 计算[①]，我们发现每亩地值

① 《中国农村经济》(*Chinese Farm Economy*)，第 158 页。

56 元。因此,7 元钱的贷款一年之后使债权人最终得利为一块价值 89 元的土地。

通过高利贷者,田底所有权从耕种者手中转移到不在地主手中,不在地主系从高利贷者手上购得土地所有权。不在地主制便是以这种金融制度为基础的(第十一章第 4 节)。

高利贷是非法的制度,根据法律,约定年利率超过 20% 者,债权人对于超过部分之利息无请求权[①]。所以,契约必须用其他手段来实施而不是法律力量。高利贷者雇用他自己的收款人,在借债满期时迫使借债人还债。如果拒绝归还,收款人将使用暴力并拿走或任意损坏东西。我知道一个实例,借债人死的时候,债权人便抢走死者的女儿,带到城里作他的奴婢。借债人通常无知,不懂得寻求法律保护,社区也不支援他。他完全受高利贷者的支配,如果借债人既没有钱还债,也没有田底所有权,债权人认为比较巧妙的办法还是让借债人继续耕种,这样可以保留他向借债人未来产品提出要求的权利。借债人被逼得毫无办法时,可能在高利贷者家里自尽。高利贷者便面临着鬼魂报复,也会引起公愤而被迫失去债权。这种极端的手段虽然很少使用,但在某种程度上,对防止高利贷者贪得无厌的做法是有效的。

高利贷者住在城里,每人有一外号。同我调查的这个村庄有关系的一个高利贷者,姓施,叫剥皮。这一外号说明了公众的愤恨。但他却又是农民急需用款时的一个重要来源。可供借贷的款项极为有限,而需求又很迫切。入狱或者失去全部蚕丝收益的后果更加势不可当。向高利贷者借款至少到一定的时候,还可能有

① 《民法》,第 205 条。

一线偿还的希望。

我未能计算出村里高利贷者放债的总数。因为田底所有权转移到村外的其他方式即使有的话,也是很少的。租佃的范围可能就说明了高利贷制度的范围。

高利贷的存在是由于城镇和农村之间缺乏一个较好的金融组织。在目前的土地占有制下,农民以付租的形式,为城镇提供了越益增多的产品,而农民却没有办法从城镇收回等量的东西。从前,中国的主要纺织工业,例如蚕丝和棉织工业在农村地区发展起来,农民能够从工业出口中取得利润以补偿农村的财富外流。农村地区工业的迅速衰退打乱了城镇和农村之间的经济平衡。广义地说,农村问题的根源是手工业的衰落,具体地表现在经济破产并最后集中到土地占有问题上来。在这个村子里,为了解决当前的问题,曾致力于恢复蚕丝业。这种努力的部分成功是很重要的,它也是在尖锐的土地问题下减轻农民痛苦的一个因素。

5. 信贷合作社

关于信贷问题,我也应该提一下政府为稳定农村金融而采取的措施。农村的合作信贷系统实际上不是农民自己的组织,而是农民用低利率从国家银行借钱的一种手段。江苏省农民银行专拨一笔款项供农民借贷。这一措施指望基本解决农村资金问题。但它的成功与否取决于它的管理水平和政府提供贷款的能力。在我们这个村里,我知道这个"合作社"借出了数千元钱。但由于借债人到期后无能力偿还债务,信贷者又不用高利贷者所用的手段来迫使借债人还债,借款利息又少,不足以维持行政管理上的开支。

当这笔为数不大的拨款用完后，信贷合作社也就停止发生作用，留下的只是一张写得满满的债单。

目前，至少在这个村里，这种实验的失败告诫我们，需要对当地的信贷组织有充分的知识，这是很重要的。如果政府能利用现有的航船、互助会等系统来资助人民，效果可能要好一些。建立一个新的信贷系统需要有一个新的约束办法。在当地的信贷系统中，对到期不还者有现成的约束办法。如果能利用传统的渠道，再用政府的力量将其改进，似乎成功的机会会大一些。

第十六章　中国的土地问题

上述一个中国村庄的经济生活状况是对一个样本进行微观分析的结果。在这一有限范围内观察的现象无疑是属于局部性质的。但他们也有比较广泛的意义,因为这个村庄同中国绝大多数的其他村子一样,具有共同的过程。由此我们能够了解到中国土地问题的一些显著特征。

中国农村的基本问题,简单地说,就是农民的收入降低到不足以维持最低生活水平所需的程度。中国农村真正的问题是人民的饥饿问题。

在这个村里,当前经济萧条的直接原因是家庭手工业的衰落。经济萧条并非由于产品的质量低劣或数量下降。如果农民生产同等品质和同样数量的蚕丝,他们却不能从市场得到同过去等量的钱币。萧条的原因在于乡村工业和世界市场之间的关系问题。蚕丝价格的降低是由于生产和需求之间缺乏调节。

由于家庭手工业的衰落,农民只能在改进产品或放弃手工业两者之间选择其一。正如我已说明的,改进产品不仅是一个技术改进的问题,而且也是一个社会再组织的问题。甚至于这些也还是不够的。农村企业组织的成功与否,最终取决于中国工业发展的前景。目前的分析对那些低估国际资本主义经济力量的改革者来说,是一个警告。

如果农村企业不立即恢复,农民只得被迫选择后者。他们将失望地放弃传统的收入来源,正如纺织工业已经发生的那样。如果从衰败的家庭手工业解除出来的劳动力能用于其他活动,情况还不至于如此严重。必须认识到工业发展中,某些工业并不一定适合留在农村。但就目前来说,尚无新的职业代替旧职业,劳力的浪费将意味着家庭收入的进一步减少。

当他们的收入不断下降,经济没有迅速恢复的希望时,农民当然只得紧缩开支。关于中国农民的开支有四类:日常需要的支出,定期礼仪费用,生产资金,以及利息、地租、捐税等。正如我们已经看到的,农民已经尽可能地将礼仪上的开支推迟,甚至必要时将储备的粮食出售。看来,农民的开支中最严峻的一种是最后一种。如果人民不能支付不断增加的利息、地租和捐税,他不仅将遭受高利贷者和收租人、税吏的威胁和虐待,而且还会受到监禁和法律制裁。但当饥饿超过枪杀的恐惧时,农民起义便发生了。也许就是这种情况导致了华北的"红枪会",华中的共产党运动。如果《西行漫记》的作者是正确的话,驱使成百万农民进行英勇的长征,其主要动力不是别的而是饥饿和对土地所有者及收租人的仇恨。

在现在这个研究中,我试图说明单纯地谴责土地所有者或即使是高利贷者为邪恶的人是不够的。当农村需要外界的钱来供给他们生产资金时,除非有一个较好的信贷系统可供农民借贷,否则不在地主和高利贷是自然会产生的。如果没有他们,情况可能更坏。目前,由于地租没有保证,已经出现一种倾向,即城市资本流向对外通商口岸,而不流入农村,上海的投机企业危机反复发生就说明了这一点。农村地区资金缺乏,促使城镇高利贷发展。农村经济越萧条,资金便越缺乏,高利贷亦越活跃——一个恶性循环耗尽了农民的血汗。

中国的土地问题面临的另一个困境是，国民党政府在纸上写下了种种诺言和政策，但事实上，它把绝大部分收入都耗费于反共运动，所以它不可能采取任何实际行动和措施来进行改革，而共产党运动的实质，正如我所指出的，是由于农村对土地制不满而引起的一种反抗，尽管各方提出各种理由，但有一件事是清楚的，农民的境况是越来越糟糕了。自从政府重占红色区域以来到目前为止，中国没有任何一个地区完成了永久性的土地改革。

我们必须认识到，仅仅实行土地改革、减收地租、平均地权，并不能最终解决中国的土地问题。但这种改革是必要的，也是紧迫的，因为它是解除农民痛苦的不可缺少的步骤。它将给农民以喘息的机会，排除了引起“反叛”的原因，才得以团结一切力量寻求工业发展的道路。

最终解决中国土地问题的办法不在于紧缩农民的开支而应该增加农民的收入。因此，让我再重申一遍，恢复农村企业是根本的措施。中国的传统工业主要是乡村手工业，例如，整个纺织工业本来是农民的职业。目前，中国实际上正面临着这种传统工业的迅速衰亡，这完全是由于西方工业扩张的缘故。在发展工业的问题上，中国就同西方列强处于矛盾之中。如何能和平地解决这个矛盾是一个问题，我将把这个问题留待其他有能力的科学家和政治家去解决了。

但是有一点，与中国未来的工业发展有关，必须在此加以强调。在现代工业世界中，中国是一名后进者，中国有条件避免前人犯过的错误。在这个村庄里，我们已经看到一个以合作为原则来发展小型工厂的实验是如何进行的。与西方资本主义工业发展相对照，这个实验旨在防止生产资料所有权的集中。尽管它遇到了很多困难甚至失败,但在中国乡村工业未来的发展问题上,这样一个实验是具有重要意义的。

最后,我要强调的是,上述问题自从日本入侵以来并未消失。这种悲剧在建设我们的新中国过程中是不可避免的。这是我们迟早必然面临的国际问题的一部分。只有经历这场斗争,我们才有希望真正建设起自己的国家。在斗争过程中,土地问题事实上已经成为一个更加生死攸关的问题。只有通过合理有效的土地改革,解除农民的痛苦,我们与外国侵略者斗争的胜利才能有保证。现在日本入侵,给我们一个机会去打破过去在土地问题上的恶性循环。成千个村庄,像开弦弓一样,事实上已经被入侵者破坏,然而在它们的废墟中,内部冲突和巨大耗费的斗争最后必将终止。一个崭新的中国将出现在这个废墟之上。我衷心希望,未来的一代会以理解和同情的态度称赞我们,正视我们时代的问题。我们只有齐心协力,认清目标,展望未来,才不辜负于我们所承受的一切牺牲和苦难。

附　　录

关于中国亲属称谓的一点说明

由于对人类学中亲属称谓问题具有特殊的兴趣，我想为本书增写一个附录，作为“亲属关系的扩展”这一章的补充。

必须弄清楚亲属称谓的结构分析至多只能作为研究整个亲属系统问题的一部分，如果仅仅提供一个称呼表是没有什么用处的，因为这不能说明它们的社会意义。过去的有关研究都用这种方法处理，从摩尔根和哈特的旧著直至冯汉骥[①]最近的出版物都是如此。这是由于对语言的概念谬误，把词语看作是表现现实的结果，因此才相信对亲属称谓的分析就足以了解亲属关系的组织情况。

像其他一切语言资料一样，亲属关系的称谓应该结合其整个处境来研究。它们被用来表示某人身份或对某物享有某种权利，表达说话人对亲属的感情和态度，总之是说话人对亲属的部分行为。我们必须直接观察称谓究竟是如何使用的，然后才能充分地分析。[②] 但在本说明中不可能详尽地研究这一问题，我只想为今

---

① 我对用历史书面语言研究中国亲属制度的批评，参见《中国亲属关系制度问题》(The Problem of Chinese Relationship System)，《华裔学志》(*Monumenta Serica*)，第Ⅱ卷，1936—1937 年；我对冯汉骥的《中国亲属制度》(*The Chinese Kinship System*)的评论，见《人类》(*Man*)，1938 年 8 月，第 135 页。

② 语言理论，参见马林诺夫斯基《珊瑚园和它们的巫术》，第Ⅱ卷。

后的进一步调查研究提供一个提纲。

中国亲属称谓从语言处境来说大致可分为四类：

(1)某人直接与亲属说话；

(2)某人说话时间接提到亲属；

(3)某人用通俗口语描述亲属关系；

(4)用书面语表达亲属关系。

1. 对话时的称呼

对话时的称呼是个人生活中最早使用的一套亲属称呼。人们教孩子用亲属称谓称呼他所接触的不同的人。孩子最先接触要称呼的人便是他家里的人——父母、父亲的双亲，有时包括父亲的兄弟和他们的妻子、孩子以及父亲的未婚的姐妹等等。在多数情况下母亲抱孩子，母亲的家务繁忙时，她便把孩子交给别人抱，这时孩子的祖母、父亲的姐妹，孩子的姐姐以及父亲兄弟的妻子将代替母亲担任起照看孩子的功能。

家中的男性成员对照看孩子负较少的直接责任。但当孩子长大时，父亲作为孩子的纪律教育者，他的作用便逐渐显得重要起来。(孩子与亲属的关系，参看第三章第 4 节和第五章第 1、2 节。)父亲方面的亲属称谓见下表。

表中所记载的有时只是实际生活中所使用的称谓的基本词。对讲话的人来说，每一个称呼代表一个确定的人。如果与讲话人有同样关系的有两个以上的人，例如他父亲的两个哥哥，则须在基本称呼词前面加修饰词，以表示特指的关系。他将称父亲的大哥为“DA PAPA”(“DA”意思是年纪大的或年长的)。称父亲的二哥

父系亲属称谓表：

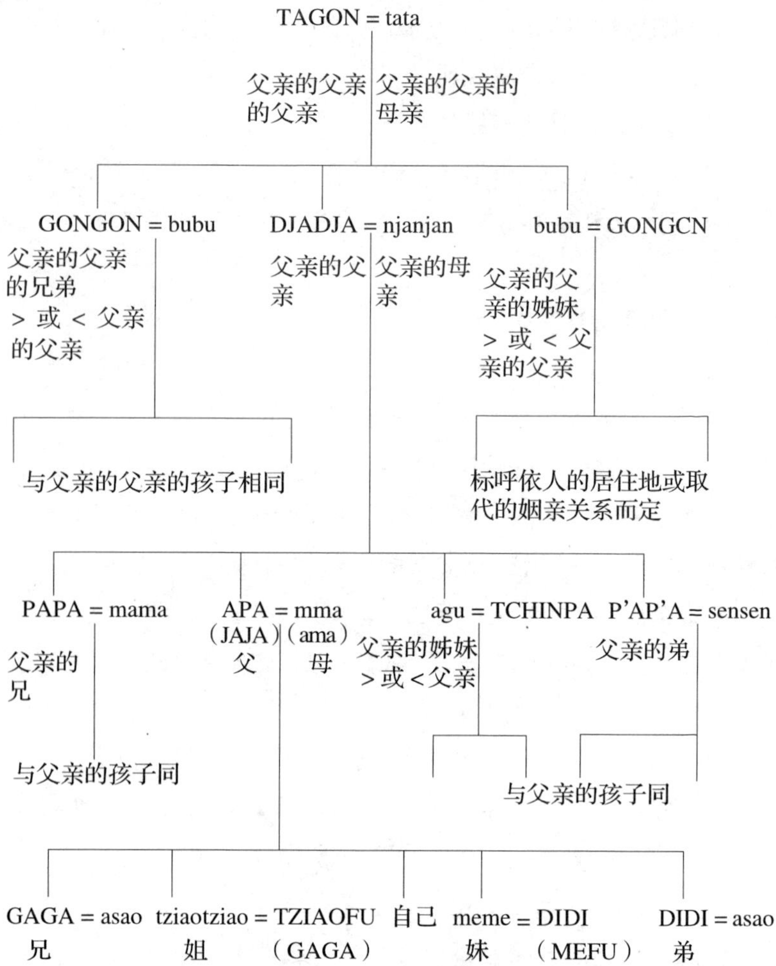

说明：=代表婚姻关系；>代表年长的；

<代表年幼的；(　　)表示近来用的称谓。下同。

为“NI PAPA”(“NI”意思是第二)。修饰词有两种:数词和个人名字。一般说来,对近亲或亲属中年纪大的,如父亲的兄弟姊妹及自己的哥哥、姐姐加数字。对远亲和弟弟妹妹则加个人的名字作为称谓前的修饰词。

所有下代的亲属均用个人名字或以简单数字称呼。

对父系亲属分类时可从上表看出几个主要规则:

(a)性的区别:这一规则没有发现例外。在这一页中,语言区别与社会关系方面的区别两者之间的相关关系大。在家务劳动、其他社会功能、权利和义务方面的性的区别在上面已有描述。

(b)亲属关系级别的区别[①]:根据亲属关系级别而分化的社会义务和权利,在亲属关系社会学中已有很好的表述。例如,祖父对孙子往往不像父亲对儿子那样行使他的权威,相反还经常姑息孩子,在父亲和儿子之间充当调停者。只要父亲还活着,孙子对祖父没有特定的经济义务。但上二代上三代的男性称谓,除父亲的父亲外有同一个基本称谓词 GON;TA 是修饰词,意思是大。实际上,TAGON 这个称呼在直接对话中很少用,因为罕见有四代同堂的。

(c)血亲关系与姻亲关系之间的区别:由于婚嫁而产生的姻亲与由于生育而产生的血亲总是有区别的。譬如,父亲的姊妹与父亲的兄弟的妻子有区别。在日常生活中就保持这种区别。父亲的兄弟的妻子,即使不住在一所房屋内,但也住得不远,而父亲的姊妹出嫁后通常便住到另一个村子里。前者,在需要的

---

① 根据雷蒙德·弗思,亲属关系级别在下述意义上与世代不同,即“前者根据出生,含有生物学上分类的意思;后者根据家谱等级,属于社会学上的次序”。《我们提科皮亚人》(*We The Tikopia*),第 248 页。

时候便接替母亲的任务,后者则多数在逢年过节、走亲戚时才见面。

(d)自己同代中,年长的或年幼的亲属的区别或自己直接的男性上代中,年长的和年幼的亲属的区别:这种区别只存在于自己的一代或自己的上一代。但称呼后者,发音区别不大,因为父亲的哥哥和弟弟都用 PA 这个音,只是称呼哥哥的音长一些,称弟弟的音短一些,然而区别还是有的。对父亲的姊妹和她们的丈夫用同样称呼,大小没有区别。

哥哥和弟弟的区别可与长子的特殊权利和义务联系起来(第四章第 3 节)。上代亲属的社会关系区别较少,从称谓的融合来看也反映了这一点。

(e)家庭群体的区别。这一规律不影响自己这一代。自己的上一代,父亲这个称谓与称呼父亲的兄弟用同一个主要词素 PA。而近来又有一种新的称谓 JAJA。用于描述这种关系时,JA 是父亲的称谓。母亲和父亲兄长的妻子用同一个主要词素 ma。虽然如此,保持的区别说明了同样一个事实,即在较大的亲属关系单位的家中,家庭核心并未完全被淹没。

从上述情况,我们可以看出亲属关系的语言与亲属社会学之间大体上是相关的。这种关系只能在分类的普遍规律中找到,而不能在具体称呼中找到。

第二类亲属是孩子母亲方面的亲属,他们通常住在邻近的村子里。虽然,孩子的外婆在他母亲生孩子时就来帮忙,但她待得不长;女儿出嫁以后,母亲只是在这种情况下偶尔在女婿家待一夜。但是孩子却常常和母亲一起到外婆家去,每年数次,每次住十天或十多天。在外婆家,他是客人而且是受娇宠的(第五章第 2 节)。

他在这个环境中学到了母亲一方的亲属称谓,其含义与他在父亲一方学到的自己的亲属称谓不同。

母系亲属与父系亲属在称呼上的区别主要存在于上一代,母亲自己的父母例外。正如我已在上面说明的,与自己有亲密关系的母系亲属限于母亲的父母、母亲的兄弟和姐妹以及他们的儿女。特殊的称谓也限于他们,与自己同一代的亲属除外。年长的和年轻的区别仅在对母亲的姊妹的称呼。这种区别是在称呼前加修饰词来表示。他们和自己在社会关系方面没有区别。

通常一个人,在童年时便学会了全部亲属称谓,有时弟弟妹妹的称呼除外。成婚后再加上的新称谓很少。

已婚妇女在她的婚礼结束后,人们便把她丈夫一方的亲戚介绍给她。在介绍时,她同她丈夫一样称呼他们,公公除外,她称公公为“亲爸”。称丈夫的兄弟的妻子,同她称自己的姊妹一样。结婚初期,她是一个新来的人,不便于同她丈夫一方的亲属有过多密切的接触。她甚至不称呼自己的丈夫。因此,彼此间没有特别的称呼。例如,她烧好了饭,便招呼“大家”,意思是大家来吃饭。这种无名的称呼是大家认可的做法。她要提起丈夫时,用一个简单的代名词就足够了。但如果她必须称呼亲戚时,她用丈夫所用的称谓。生下了孩子后,她代表着孩子,与丈夫一方亲属的接触增多。她也有义务教育孩子称呼长辈。亲属关系称谓是这种教育的一个组成部分。代孩子问询或问到孩子并教孩子认识亲属关系时,她用孩子应该用的称谓。例如,在这种情况下她叫孩子的祖父为 DJADJA。但这并不意味着,放弃在别的场合用 TCHINPA 的称谓。事实上她可以根据不同情况选择她自己专用的、她丈夫用的以及孩子用的称谓。母系亲属称谓见下表:

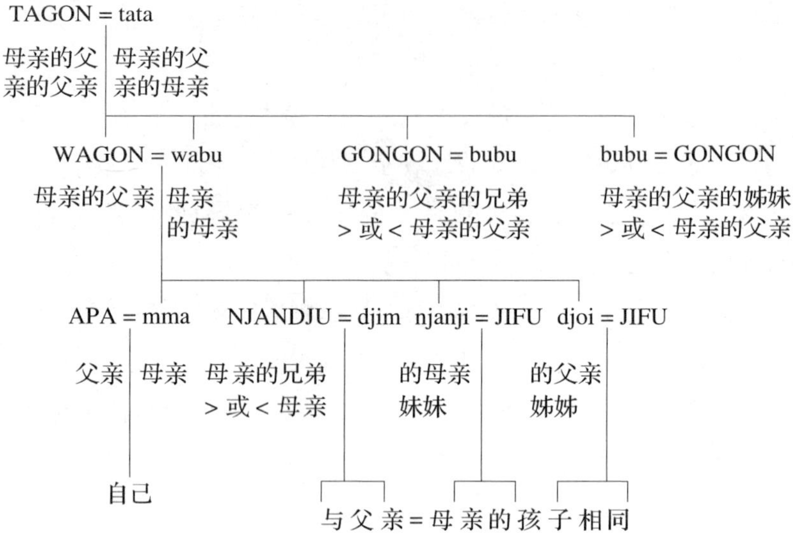

一个男人称他妻子的父亲为 TCHINPA，称妻子的母亲为 tchinm。TCHINPA 的称呼也用于父亲的姊妹的丈夫。它既然也被媳妇用来称呼公公，这表明了两种表亲婚姻——"上山"型和"回乡"型(第三章第8节)。在实际生活中"回乡型"不受欢迎。因此，称谓的识别不能只用婚姻方式来理解。

对于他妻子的其他亲戚，根据不同的场合用他妻子或孩子用的合适的称呼。

实际使用的称谓，其数目取决于亲属关系群体的大小。在农村，家的规模小，所以称谓数目不会大。此外，一个孩子的母亲如果是通过"小媳妇"制度成婚的，则整个母系亲戚群可能就消灭了。

2. 间接称谓

如果一个人对另一个人谈起某一个亲戚，对这个亲戚用什么称呼呢？牵涉到三个人。A，说话人；B，同 A 谈话的人；C，A 和 B 谈及的人。

A 对 B 谈及 C 时可用：

（Ⅰ）他招呼 C 时所用的称谓，或

（Ⅱ）用 B 招呼 C 时所用的称谓，或

（Ⅲ）用口语或书面语描述 A 和 C 之间的关系或 B 和 C 之间的关系时所用的称谓（见下节），或

（Ⅳ）用提及非亲属时所用的称谓（第五章第 4 节）。

应用这些原则还须视 A、B 和 C 之间存在的关系而定——他们是否属于同一亲属群体，在亲属级别和社会地位方面哪一个是长者。

一般的规则可列公式如下，但没有篇幅一一举例说明并描述特殊例外。

（1）A、B 和 C 属于同一家：

　（a）C<A 和 B，用 C 本人的名字

　（b）C=A 和 B，用（Ⅰ）

　（c）C>A 和 B，A<B，用（Ⅰ）

　　　　　　A=B，用（Ⅰ）

　　　　　　A>B，用（Ⅱ）

（2）A、B 和 C 属于同一个扩大了的亲属群体：

　（A）C 在 A 的家中：

（a）用（Ⅲ）或个人名字，

（b）用（Ⅲ）或个人名字，

（c）A<B，用（Ⅰ）或（Ⅲ）

A＝B，用（Ⅲ）

A>B 用（Ⅱ）

（B）C 在 B 的家中：

（a）用 C 的个人名字

（b）用（Ⅱ）、（Ⅲ）或（Ⅳ）

（c）A<B，用（Ⅰ）

A＝B，用（Ⅰ）或（Ⅲ）

A>B，用（Ⅱ）、（Ⅲ）或（Ⅳ）

（3）A 和 B 之间没有系属关系（哪一个是长者系按年龄大小和社会地位高低来计算的）：

（A）C 是 A 的亲属，

（a）用（Ⅲ）或个人名字，

（b）用（Ⅲ）或个人名字，

（c）A<B，用（Ⅰ）或（Ⅲ）

A＝B，用（Ⅲ）

A>B，用（Ⅲ）或（Ⅳ）

（B）C 是 B 的亲属，

（a）用（Ⅲ）或个人名字，

（b）用（Ⅲ）或个人名字，

（c）A<B，用（Ⅳ）

A＝B，用（Ⅲ）或（Ⅳ）

A>B，用（Ⅱ）、（Ⅲ）或（Ⅳ）

在上述情况中，A 和 B 是直接对话，C 是间接地被谈及。另一种情形是 A 和 C 对话，B 作为涉及的中心。我已经指出，孩子由别人作为代言人的例子。孩子的母亲代孩子说话称公公为 DJADJA，即祖父。在这种情况下，A 并不是作为他或她自己在说话，而是替别人说话。这不能同直接对话时用的称呼混淆。

3. 描述亲属关系用的称谓

这类称谓与上述称谓不同，后者指特定的人，前者指这种关系。一个孩子叫母亲 ma，但两者之间的关系被描述为 NITZE（儿子）和 njian（娘）。

如上节所示，这种称谓在间接提到时也使用。例如，一个大人问小孩“你的 njian 怎么样了”？或“他 njian 好吗？”在这种情况下，除非完全不可能混淆，一般要加一个代名词。

描述关系用的一般称谓是可以“归类的”，因为可能有一群人与自己有同一类关系。例如，父亲有两个弟弟，他们同自己的关系是一样的，即 SOSO（叔叔——父亲的弟弟）和 ADZE（阿侄——兄弟的儿子）的关系。

对话时用同一个基本称谓表述的亲属分类与描述亲属关系时用的称谓的分类不同。例如，称母亲的兄弟的儿子与称父亲的兄弟的儿子用同样的称呼。但在描述关系时，前者为 PIAOGA（表哥）后者为 AGA（阿哥）。称呼所有下代的亲戚用个人名字或用数字，但描述关系的称谓则分类了，自己的儿子叫 NITZE（儿子），兄弟的儿子叫 ADZE（阿侄），姊妹的儿子叫 WASEN（外甥）等。

在这一类称呼中，口头语言和书面语之间可能不一致。口语和书面语的总的区别在于前者系当地人口说的，后者为所有有文化的中国人写的。当然两者都可以口头说和用文字写，在实际运用中，总起来说，一直保留着这种区别。虽然近来有一种发展口头文学的尝试，换句话说，就是写成口说的形式，即白话，实际上是“北京话”。另一方面，几千年来有文化的中国人用的书面语言是以书写的文字表达的，可以根据地方的特有语音，读法不同。但总是写在纸上，随时可以读它。由于书面语的语法与口语语法不同，将前者读出来，普通人听不懂。书面的词语仅在特殊的情况出现于口语中。书面表示一件东西或一种关系与口头表达所用词语可以不同。这种区别可以用亲属称谓举例说明。例如，描述父亲的关系：书面词用 Fu（父），但口语，在村庄中用 JA（爷）。此外，在书面语中分类别的亲属在口语中可能就没有区别。例如，父亲的兄弟的儿子这一亲属关系和父亲的父亲的兄弟的儿子的儿子，在口语中都叫 Z-ZOSHONDI（自族兄弟——我本族的兄弟），但在书面则分别称 TONSHON（堂兄）和 ZETONSHON（族堂兄）。

我不能在此充分阐述书面的和口头的亲属称谓之间的关系问题。我已在别处扼要发表了我的观点。“在称谓的书写系统中，理论家系统地、完全地实现了分类原则，这些分类原则是在亲属关系系统变化的实际过程中注意到的。每一代用同一主干定名，垂直分裂成两组，年长的和年轻的，然后在这个‘家庭’（父母子女这个团体）的称谓前加修饰词以此表示它不同于其他‘家庭’；其他‘家庭’又根据其与这个‘家庭’的亲疏加以区别。这种逻辑结构不仅模糊了年长和年轻的类别的存在，特别是年少的一类失去了特殊的称呼，而且还错误地表述了这些原则实际应用时的现实性。这种结构的结果是，书面语的称谓系统与实际上实行的称谓系统相去甚远。当然,上面提到的变化方向曾受到了书面称谓系统的很大影响。然而中国社会组织的新变化,如族的部分瓦解,母系亲属的日益重要,妇女社会地位的变化等,正如对吴江情况分析中所显示的,已经形成了一种变化的趋向,这些是过去的理论家所未预见到的,同时也是在已编纂的书面称谓系统中找不到的。故新的社会变化将促使实践中的称谓系统更加远离书面的称谓系统。”①

① 《中国亲属关系制度问题》,第 148 页。在上述引语中,实际上实行的称谓系统指口语的称谓,书写的称谓系统指书面称谓。书面称谓的详单可见陈和施赖奥克(Chen and Shryock),《中国亲属称谓》(Chinese Relationship Terms)一文,《美国人类学家》(*American Anthropologists*) 1932 年,第 34 卷第 4 期;或冯汉骥,同前引文,《哈佛亚洲研究杂志》(*Harvard Journal of Asiatic Studies*),1937 年,第 2 卷第 2 期。

译者说明

为了满足社会学研究工作者和广大读者的需要，我利用业余时间完成了本书的翻译工作。初稿供当时去吴江县调查的研究人员参考。后来，译稿由北京大学社会学系潘乃穆同志帮助校阅，又承蒙费孝通先生亲自过目修改，谨在此向他们表示衷心的感谢。

有关译文中的一些技术问题，说明如下：

一、对度量衡单位未作换算，如 mile 直接译作英里(1 英里 = 1.609公里)，Bushel 译为蒲式耳(1 蒲式耳〔英〕= 36.36^8升)。

二、修正了原文中的一些数字。农业用田改按该村土地总面积的 90% 计算，户数改按 274 户农业户计算，每户按平均四口人计算；这样，对第三章第 3 节、第七章第 5 节、第十章第 4 节以及第十二章第 2 节中的其他有关数字也作了相应的修改。

三、附录中关于中国亲属称谓仍用原音符表示，仅译出其解释部分。

此外，我根据费老的意见又将澳大利亚悉尼大学人类学系主任 W. R. 格迪斯著的《共产党领导下的中国农民生活》一文附录于后，以供读者参照阅读。①

限于译者水平，译文有不妥之处，望读者指正。

1985 年 4 月

① 因篇幅有限，本书未收入此文。——编者

重访江村

重访江村

（其一）

我前天才离开开弦弓，在村里住了有20天。

开弦弓是一个农村的名称。这个村子是在苏州南边，吴江县境内，靠太湖不远，可说是在水乡深处，从附近的震泽镇摇船进去，还要二个小时。

21年前我曾经去过这里一次，是1936年的夏天。那时我刚从广西回乡，在瑶山里跌伤了，到家养病。我有个姊姊在开弦弓帮助农民办了一个合作丝厂。她约我到村里去住一个时候。我在村子里顺便访问了老乡们的生活。后来写成了一本"中国农民的生活"，也称"江村经济"，在英国出版。

抗日战争时期，这个村子沦陷后，音信断绝。解放后，我虽则常常想去望望这里的乡亲们，但事与愿违，一直没有去成。今年春天毛主席号召知识分子"下马看花"，我才下了个决心，到这个比较熟悉的农村去受受教育，这样住下了20天。

《新观察》的编者一定要我报道一些关于这个农村的情况，我不好意思推托。但是提起笔来，却好久写不下去；真是千头万绪，从何说起才好。摆摆21年来变化的情况罢，几天也摆不完。这21年是个多么不平凡的时代，变动太大了。每一个人的经历都是一部历史。讲起沦陷时的痛苦使我眼酸声哑；不说别的，我那本书里所附第一张照片上的那个女孩子，阿娜，就是一个被恶霸迫害自杀的实例。讲起了解放前后的斗争，令人可歌可泣；协助我们调查的农业社监察主任周富林同志就是一个生动的典型。从一个贫雇农怎样母死父病说起，讲到解放后怎样参加农民代表大会，躲开地主的毒手，一直到翻身，搞合作社。他足足为我们讲了一天一晚。再说合作化运动的经过吧，从春助夏散的互助组起，讲到去年高级社成立时，满村爆竹的景象，都是一段一段令人难忘的故事。

我应当把这些写下来，讲给大家听。但是我这支笔不听使唤，白费了许多稿纸，还是传达不好。从小没有学文艺，辜负了这样可贵的题材。

那么我还能写些什么呢？

如果一定要我写，我只能向读者汇报一些我在这 20 天里看到的一些农村里的问题。

一

不用说，这个村子和千万个其他的农村一样，这 21 年里发生了历史上从来没有过那么严重和巨大的变化，从人剥削人的社会变成了一个没有剥削的社会。谁看不到这个变化，或是低估了这个变化的意义，那他一定是个瞎子。这个巨大的变化一定会带来繁荣幸福的生活，受过这几年来现实教育的人，是绝不会有丝毫怀疑的。

在我们中国，现在已经不是选择哪条道路的问题了，而是怎样更顺利地在这条大家已经选择定了的道路上前进。问题这样提出来，就要求我们去观察在这条道路上还有什么障碍和怎样消除这些障碍。只看见障碍而不看见道路是不对的,但是只看见道路而不注意障碍也是不好的。我下面将在这个前提下提出一些问题,所以得先交代这一笔。

二

我的姊姊,她是江苏省人民代表,陪同我一起下乡,村子里30岁以上的人可以说全都认识她。

我们的船刚进村栅,两岸已经传开了我们到达的消息。许多许多老婆婆在岸上叫着我姊姊的名字,和她打招呼。船一靠岸,都聚了拢来,握着她的手说:"我们老是想念你,你怎么老是不来呀。你瞧,我已经老成这样了,你还是那样。""不,你们也还是那样!"真像姊妹们久别重逢。有些老年人也还记得我,笑着说:"你一个人来,我们不会认识了,你发福了。"乡亲们这样亲切,使我们感动得眼睛发酸。

拉着手不肯放。说什么好呢?问大家生活吧:"日子过得可好?"许多老婆婆抢着回答:"好是好了,就是粮食——"说到这里就有人插口了,"刚见面就讲这个,改天再谈吧。"接着问我们:"你们老先生可好?——"

许多孩子向着我们挤,我突然觉得奇怪,在这时候,这些孩子怎么会都在河边看热闹?今天怎么不上学?他们都冲着我笑,有的拉了个鬼脸说:"我们不上学,割羊草。"旁边一个老年人补充了一句:"哪里有钱念书,吃饭要紧。"

虽则就是这几句话,我们被粮食两字吸住了。坐定,老乡们散后,我悄悄地问农业社干部:"是不是粮食有问题?"他点点头:六百多户的村子里有不少人家感到了粮食有点紧张。他接着说："问题是可以解决的。"

如果我们走马看花，沉不下气，一定会想这地方合作化出了问题了。幸亏我们住得长一些，算算账，才体会到天下事原不是那么简单的，要说清楚这里的情况，还得花一些笔墨。让我从头谈起吧。

三

农业社办得有没有成绩呢？

成绩是不但应当肯定，而且可以说很大。

水稻单位面积产量：1936 年每亩平均是 350 斤，合作化后，1956 年达到了 559 斤，增产 200 多斤。

农业总产值也有显著增加：我们替这个社的第二大队算了一笔账，1936 年折米 25.9 万多斤，而 1956 年达到了 41.8 万多斤，增产 61%。

这样的增产是不是合作化带来的呢？是的，分析一下增产原因，第一是扩大了复种面积。1936 年这个村子可以说是不种春花的，而现在普遍的种了春花，我们在村里就看到他们种双季稻。第二，在水利上有了改进。这地方是水乡，地面很低，水涨的时候，水面可以比田面高，过去有许多田，一碰到水涨，就排不出水，收成很低。合作化后有力量开了沟，又包了抽水机抽水，使得过去的坏田变成了良田。第三，肥料增加了。首先是由于开了沟，可以用船载了河泥输送到过去送不到的田里。基肥一般已没有问题。又由于农业社的领导，积肥也比以前多了。其他的因素且不多举，只有这三条,从 350 斤提高到 559 斤已是完全可能的了。

农业显著地增产是不是提高了农民的收入呢?那却是另一问题了。农民的收入来源如果只是农业,农业增了产,那就会提高收入;如果不然,收入来源不只是农业,还有许多副业,那就得看农副业的比例和副业是否增产增值了。开弦弓原来是副业发达的农村。21 年前我常听老乡们说:这里种田只图个口粮,其他全靠副业。这次我们又比较细致地估计一下,农业收入在当时大约占 55%。因此,这地方农业虽则增产了大约 60%,但还抵不过当时的全部副业收入。农民收入是否增加的关键就在副业了。

像开弦弓一类的农村,过去副业的比例比较高,有个基本道理,就是人多地少。每个人平均只有两亩左右的耕地,以过去水稻 350 斤计算,所有耕地全部种水稻,每人也只有 700 斤。那时各项剥削重,至少打去四分之一,余下来作为一个人的食粮还是很勉强的。只是吃饱,生活还是不行,于是想出了许多活路,开展了副业。

在地少人多的农村里,这可能是一般的现象。以苏州专区 9 个县的情况说,平均每人只有 1.8 亩耕地。我看,要显著地提高这类地区的农民收入,单纯地从农业入手是绝对不够的。如果忽视了副业的多种经营,那就会发生严重的问题。

四

要进一步弄明白这里的经济情况,我想我们首先得求出一个 21 年来农副业总收入的比较。但是一进入副业收入的计算,碰到的困难却不少。即以当前情况来说,凡是农业社经营的副业,还有账可查,家庭经营的副业,已经不容易摸清。要对 21 年前的情况进行估计,不但项目多,而且变化大;产量、价格都不稳定,如果稍具成见,离开实情就可以很远。但是,如果不求出这个比较,凭印象来说话,自己就没有把握。在这20天里,我们可以说主要是在搞清楚这个问题。白天黑夜的找人谈,聚集了一些老乡,展开争鸣。好几个一同去协助我工作的年青朋友打算盘,摇计算机,开夜车,我们花去的灯油平均是每晚一斤。在我离开时,最后大家能接受的估计还没有确定,我们留着人在继续调查,但是大体上心中是有了个数:1936年,除去成本的农副业总收入是平均每人合谷800斤左右;1956年,是850斤出头,有了50斤左右的增加。如果只算农民的纯收入,就是可以用来做消费的部分,这两年度的差额还要缩小一些,大约只有30斤的增加。

这个数目说明什么呢?1936年在这个村子来说是个比较好的年份,接近过去曾经达到过的最高水平。沦陷后,这个村子的经济每况愈下,直到解放之后,我们才扭转了这个趋势。在农村合作化过程中,超出了过去这个水平。但是我们计算的是平均数,实际情况是不平衡的。过去的贫雇农翻了身,提高得快,早已远超过他们当时的水平。而过去的中农却相反,大多是没有多大提高,有些甚至下降了。感觉到日子没有过去好过的户数也不在少数(农户分类计算,现在还没有做完,所以我还说不出具体数字)。

为什么农业增产了60%,而还是有人感觉到日子没有21年前好过呢?

问题出在副业上。

五

这个水乡原是个有名的生丝出产地。过去在国际上具有突出地位的“辑里丝”就出在这个地区。当21年前我到这个村子里去的时候,是家家户户养蚕,他们所产的蚕茧,基本上可以供给一个小型丝厂所需的原料。我们这次曾抽了农业社的一个大队作比较细致的估计,当时132户人家要养650张以上的蚕种,以出售鲜茧作价计算,每年可以得到9.6万斤稻米。但是1956年只养了130多张种,由于蚕种单位卵量增加,集体经营后技术提高,每张种蚕产量加了一倍,茧价也提高了一些,但总收入却只有过去的60%,合5.7万斤稻米。总的说来是减产了。

为什么减产呢?关键是在桑叶供应减少了。减少的原因有两方面:一方面是本村的桑树在沦陷期间因为敌人怕游击队袭击,铲去一部分,大水时又淹了一部分,留下的不少又是老了,没有更新;而且过去几年没有注意培养,肥料下得少,自给的桑叶比过去减少了。另一方面是过去太湖里的东山一带和浙江的山地,专门植桑,把桑叶供给这个养蚕区,现在这些地方都养蚕了,停止了供应。如果去年不是因为浙江的蚕出了毛病,这个村里买不到一批桑叶,有不少蚕,不到结茧就会倒掉,收入还不会有这个数字。

如果分析一下,这里问题就是一大堆。我们且不细说,只提出两点:第一是为什么让本村可以种桑的地闲掉呢?为什么不把桑地上的缺空补足呢?为什么不用新苗来代替老桑呢?答复是缺桑苗。我听说江苏省去年已开始注意这个问题,现在正在大力培植桑苗。但是桑苗的分配上是不是合理,调配是否及时,似乎还是问题。最近江苏省人代会上就有人提到1956年无锡配到的多少万枝桑苗没有栽种的情况，报纸上这个消息，曾引起了这个村里许多老年人的惋惜和长叹。

第二是产桑和养蚕过去存在过地区分工的情形。这种在一定区域内，按当地具体条件进行专门化的生产，是否合乎经济原则，是值得研究的。现在的趋势却是有饲料的地方自己育蚕，各个农业社势必在饲料上都须自给，那就使饲料缺乏，而有养蚕传统的农业社闲空了许多有技术的劳动力，一时要转业是困难的。打一笔总账，是否值得确是问题。

单以这个村目前情况来看，如果不能供应桑苗，不能供应桑叶，要恢复过去养蚕的副业，一时还看不出路子。即使桑苗的问题解决了，也要三年到五年才能见效，而桑地面积究竟有限，我们粗粗计算，增加现有产量的一倍还有可能，再要多就会和农业发生矛盾了。能增加一倍，在产值上可以达到过去的水平，但是有技术的劳动力还不能全部发挥作用。

六

上面所谈到的只是养蚕，养的蚕结了茧把茧卖出去，可以告一段落。现在这个村里的农民也只做到这个段落为止。但是过去却不然，一直要缫了丝才出卖。原来是家家户户自己缫的，到21年前，由于制丝工业的发达，他们所出的土丝，在质量上落后了，价钱下降。如果卖茧，一般商人总是要杀价，农民又会吃亏。就在那个时候，江苏的蚕桑学校在农村里推广技术改革，我的姊姊参加这个工作，把机器缫丝输入了农村，在这个村里帮助农民办了一个小型合作丝厂,提高了生丝的质量,使缫丝这一个生产过程还是留在农村里。这个丝厂在沦陷期间给敌人拆成了平地。

这件事在外边似乎是已经被人遗忘了,但是在村里,农民们却还是念念不忘。原因是很简单的,因为村子里有一个小工厂,好处是太多了。单说这个小工厂里经常的工人就有 80 多个,每个人的工资在每月 10 元左右。还有许多零星和临时的工作,即使年老的妇女都可以参加。第二,这种小工业等于是一个开设在农村里的技术学校,不断地培养出技术工人来,当时向外输送的就有 20 多个。他们工资较高,每人每年可以寄回家里 100 多元。第三,这是一个合作丝厂,经营的办法是农民交茧,制了丝,算出成本,按供给原料和入股资金分红。原是学校协助下建立的一个集体所有的合作事业。一方面消除了商人的剥削,另一方面农民得到了缫丝过程中的利益。这许多方面加起来,对农民收入的提高是很显著的。

自从这小工厂被敌人拆平之后,在沦陷期间,许多熟练技工在乡间,除了做做家务,还能生产什么呢? 土丝没有了市场,机器缫丝没有了工厂。解放之后,苏州的丝厂开了工,在村里招去了有 40 多个工人,但是还有 60 多个有技术的妇女,没有机会进厂。这 40 多个工人大多是以前培养出来的,但是村里没有了这个小工厂,现在十七八岁的女孩子就没有学习技术的机会了。大家念念不忘这个小工厂是有理由的。

这里提出的一个问题,我觉得有很重大的意义的,就是这一类在农村里,也就是在原料出产地,建立的小型轻工业工厂,在今后是不是还有出现的可能和必要? 谈起了这个问题,我也有一段心事。因为 21 年前我看到过这种小工厂对于提高农村经济的好处,印象很深,所以在解放前我写过不少文章,提倡所谓"乡土工业"。

也许由于我道理讲得不清楚,又过分强调了这种小型轻工业在国民经济里的地位,在思想改造时,曾被当做资产阶级思想,狠狠地被批判过一阵。现在平心静气地想来,我当时的想法不是没有错误,错误是在轻视了重工业,这是应当批判的。但是所提出关于乡村工业的问题,我依旧觉得值得研究,其中有些地方,我觉得很适合于我们中国的具体情况。最近听到了关于第二个五年计划的说明,更打动了我的心。这次我重访江村,我这段衷曲又涌上心头。在百家争鸣的今天,我有了勇气,再度提出来,诚恳地要求领导上能注意这个问题。

在我们国内有许多轻工业,并不一定要集中到少数都市中去,才能提高技术的。以丝绸而论,我请教过不少专家,他们都承认,一定规模的小型工厂,可以制出品质很高的生丝,在经济上打算,把加工业放到原料生产地,有着很多便宜。不但如此,这种小型工厂还是促进农村技术改革的动力,许多屑物都是最好的肥料,工农业在技术改进上都可以联系得起来。何况工业过分集中到城市里去,社会上已经出现了许多不易解决的问题,人口不必要的集中是有害无利的。当然,我从来就没有主张过把所有工业都分散到乡村里去。但是我至今还愿意肯定有些加工工业是可以分散,而且分散了,经济和技术上都有好处。丝厂只是一个例子。

我提出这个主张和当前的趋势是不合的。至少过去这几年,似乎有农业社只搞农业,所有加工性质的生产活动,都要交到其他系统的部门,集中到城镇里去做。甚至像砻糠加工这样的事都不准在农业社里进行。在开弦弓我就看到有个砻谷机,很可以把砻糠加工成为养猪的饲料。但是镇上的砻谷厂不准他们这样做,宁可让村里大批砻糠当燃料烧掉。以蚕茧说,烘茧过程也要划归商业部门去做,结果实在不很妙。但是看来国家遭受损失事小,逾越清规却事大。我希望在农业社经营范围这个基本问题上,是否可以放开来争鸣一下,多从实际研究研究,农业和工业之间究竟怎样配合联系,才最有利于我们在这个人多地少的具体情况中发展社会主义经济?如果领导部门觉得这种建议值得在实践里试验一下,在开弦弓恢复这个合作丝厂,我相信群众的积极性是一定很高的,而且我也愿意鼓励我的姊姊和一些专家们一起来提出个具体方案的。

话说远了,关于这个问题,让我另找机会申说吧。

七

再提一项在过去比较重要的副业,那就是利用船只在农闲期搞贩运。

船只是水乡人民所不能缺少的工具,这一带农村都靠河建屋,河道就是大路。有些田地四面围水像个小岛,没有船只就接近不了。

这个600多户人家的村子,一共有大小船只160条。这些船只除了做交通工具,在农业里的用处是罱河泥,但并不占很长的时间。在过去一到农闲,老乡们就利用这些船只去贩卖和运输了。据说利用来做贩运的船只有140条左右。他们活动的范围也很广,几乎包括整个太湖流域:东到上海、浦东,南到杭州,北到长江,西到宜兴、句容。这些老乡对于这个流域水道摸熟了,而且会走捷径,两天可以摇到上海,速度也是惊人的。贩运的货物种类很多。因为这个地区各地有特产,比如靠山地区出产毛竹、杉木、硬柴和炭,靠海地区出产海蜇,靠太湖地区出产蔬菜,而且还有些地区出产特有的手工业品,比如竹器等等。他们就在这些地区之间互通有无。

这个经济网络看来由来已久,这个村上的老乡和产地的老乡具有传统的关系,有了交情,因此他们可以从甲地赊了货,到乙地卖走了,再把现款带回给甲地,一方面看来带有信贷性质,另一方面,我看主要是利用船只来做运输,当然其中也有些商业性质在内。通过这些船只活动,使各地区都能发展他们的特点。

限于船只,并不是每家都有机会参加这种活动,各人贩运的日子也不一律,每次挣的钱也不一样。如果估计一下,每只船一年挣750 斤米,是并不困难的。

农业社建立之后,贩运活动全部停止了,因为这种活动被认为是资本主义性质。政府的运输部门虽则也曾设法想利用农村里船只的运输力量,但是农民对此并不积极,1956 年参加运输活动的只有 10 条船。

为什么运输活动几乎全部停顿了呢?其他同类村子情况是否相同?对于这个地区的经济影响怎样?这些问题牵涉的面较广,我们住在一个农村里无法全面了解。但是从农民收入这个角度看去,这些可以利用的船只闲空下来,并不很妙。我们不相信搞社会主义了就不能利用这些生产资料,应当是可以利用得更好,但是事实还不是这样。

八

我在上面已提到过孩子们养羊的事,这种家庭副业在 21 年前就有的。草原上的牧民听到了也许不会相信,像这样水道纵横,阡陌棋布的水乡里,怎能放羊呢?一个到这村子"走马看花"的人,也可能根本看不到这项副业,因为,一眼望去,一只羊都没有。但是过去全村却养有近千只羊。这些羊终年关在小棚里,并不需要自己找草吃,而是人们找到了草来喂它们的。

养羊的收入也不坏,一只羊可以卖10元,出的肥料值20元,还可以剪毛,自己纺了绒线结成毛衣。我就看见过不少老乡穿着绒线衫。起初还以为他们学时髦,有点浪费,后来才知道是自给的手工业品。

从养羊这件事更可以看出这地方的农民对土地利用真是无微不至,寸草不留。这许多羊吃的草是由孩子们一棵一棵地割来的。在田旁、路上、水边,孩子们三三两两地在割草。为了要割羊草,很多孩子学也不上了,这是下边我还要谈到的。

合作化过程中,过去许多不能种田的土地现在开成了良田,耕地面积扩大,长草的面积减少。提高了生产力却难为了孩子。他们为了割羊草,要坐船外出,愈摇愈远,时间耗费得也愈来愈多,而所得到的草却愈来愈少。羊的数目现在只有200多只了。

不但如此,过去几年里又发生了养兔这项副业。兔子也要吃草,羊兔之间产生了矛盾。而兔子却占了优势。原因是买小羊来喂,成本高,搭个羊棚更不是易事。一只羊如果没有长成就瘟死了,赔本多,风险大;小兔子只要几毛钱的成本,养两只兔子,连肉连皮毛连肥料一起也有10元左右的出息。现在全村至少有1,000多只兔子。

我小时候也养过兔子,那是养来玩的,到处打洞,满地粪秽,搞得全家反对。想不到这里的兔子却会乖乖地住在缸里,终年不出来散个步。没有亲眼看见，谁也不会相信，动物的习惯这样容易改造，兔子的粪秽很值钱，农民积极积肥是个合作社后的新气象。

我对于养羊养兔还是有意见的。它们为农民创造财富那是很好的事，但孩子们上不了学，花的成本似乎太大了。当然，如果他们能另辟饲料来源，情况也不同了。为了孩子上学，我特别关心养殖业的饲料。当然，如果饲料问题不解决，羊也好，兔也好，总是繁殖不多的。

过去这个村子很少养猪，平时吃的肉大多从外边运进来。最近几年才开始提倡，应当说是有成绩的，现在已经有 200 多只，每户平均三分之一只。养猪的困难，除了这地方缺乏经验外，主要也是饲料问题。猪比羊兔吃得要考究些，多少要吃些调味的米糠，这一项就很不够。我在上面也说到过，原来是有条件可以利用砻谷机把砻糠碾成细末，加上一点米糠，就能成为猪食的佳品，但是由于农业社和砻谷厂的矛盾，砻糠都当燃料烧了，我看见了真心痛。清规戒律之为害有如是也！去年农业社曾为养猪户留出饲料地，但是这里的土地太珍贵，留下的地上长出的东西不去喂猪，而给人自己吃了。猪当然争不过人，结果今年连饲料地也收回去了。这也怪不得社员们没有纪律。想在土地上打主意，看来是打不通的了。

饲养业的好处，不用我说，实在很大，且不说可以解决肉食供应的紧张，就是从进一步提高农业的产量来说，没有猪、羊、兔这些动物的协助，困难就不小。我们一再和老乡研究各项生产的潜力。首先是农业，不论副业多么重要，当前还得承认农业的老大哥地位。老乡们一致的意见，从现在每亩 500 多斤再要提高到 600—

700 斤是不应该说有很大困难的,但是缺少一个宝贝,那就是肥料。在肥料方面用河泥做基肥,这个地方的供应很充足,不发愁,所缺的是追肥。追肥的供应除了化学肥料工厂之外,就是要把动物看成自然的肥料工厂。而这种工厂都可以分散到乡间去的,发展起来可以比重工业快得多,在这种肥料工厂里,猪是头等的。

要把耕地单位面积产量提高到 700 斤,必须增加追肥供应。化学肥料一时还供应不上,就得养猪、羊、兔。要建立这些自然肥料工厂,就得解决饲料问题,这是当前开展副业的关键所在。

九

这个村子的副业还不只上面所讲的那些,如果再要一项一项地讲,文章会拖得太长了。但是重要的几项上面都已提到了。总的看来,副业方面现有的水平是没有 21 年前高了。作一个大约的估计,1936 年,副业占农副业总收入的 40% 几,而 1956 年,却不到 20%,这使农业增产增值是一个原因,副业收入的下降也是一个原因。

副业收入下降的原因,正如我们上面分析的,是很复杂的。但是哪一条也不能算到合作化的账上去,相反地农村合作化提供了发展副业的有利条件,问题是在于领导农村工作的部门对于这种原来副业比例特别高的地区,没有很好贯彻关于多种经营的"统筹兼顾"、适当安排的方针。这里存在着许多值得注意的内部矛盾。今后如果能很好地执行了这个方针,副业发展问题一定是能解决的。

十

以开弦弓这样的农村来说，副业既然是如此多种多样，相互间关系又如此复杂纷纭，应该抓什么？怎样抓呢？这是我想最后谈谈的问题。百家争鸣不应当停于揭露矛盾，还应当讲道理，出主意。主意不一定出得对头，但是这样试试是有益的。

开弦弓的乡亲们对我们这样亲切，他们看见我们来了，抱着很大希望。如果我只写篇论文，出本书，对他们有什么好处呢？这不是太对不住他们了么？但是要拿出主意来，遍索枯肠，半夜不寝，还是不得其门。窗外，春雨连绵，看来今年的春花又要受影响。白天雨稍停，我徘徊田亩间，东张西望，看看所有的土地都已用上，连走道都狭小得叫人举步维艰。再在这土地上打主意，希望是不大的，怎么办呢？

有一天居然云散天晴，我看同去的朋友们一连工作了 10 天，也该休息休息了，所以建议搞条船，到附近去荡荡，这一荡却荡出个主意来了。

这是个水乡，到处是河道、湖泊。水的面积不下于陆地。我在船上产生了一个问题，如果这片水能利用，那多美呀！这一说触动了和我同去的几位青年朋友的灵感："为什么不能利用呢？土地要肥料，猪要饲料，水面上就可以长饲料呀！"

这窍门一开，很自然的引出了一系列的问题。我说水比陆地强，水有底有面，中间还有个体积，立体发展，地有一，水有三，水底的河泥已经利用了，水中可以养鱼，水面可以种水草作饲料。不是一举三得么？

“不但三得,还有一得,就是孩子们可以从割羊草里解放出来,上学学文化了。”一位年轻朋友补充了一句。

我们回到村里就召集社员老乡们一起来研究,靠水吃水的方针大家觉得很对头。看个远景:如果一片水面都能利用起来,农民收入不是增加百分之几的问题,而是增加几倍的问题了。但是具体地研究起来,困难是不少的,当然,如果没有困难,这片水面早就利用上了。几千年来,我们的祖先也不是都比不上我们聪明,为什么这片水老是闲着,当风景看呢?再想一想我们比祖先有一条是强了,我们集体化了,过去做不到的事,现在做得到了。以前克服不了的困难,现在有力量可以克服了。老乡们说,现在有个毛主席,水面可以长出钱来,一点不错。于是主张来了。有人想出了水浮莲,有人提到了去年种的菱角。水面上可以长的东西多着哩。就是认为过去谁都没有力量来管理这不能上门、又不能围墙的湖泊,谁种了东西保不住自己能收得到。现在有社,就可以管理得来。

大家再讨论有哪些困难。技术上有困难,比如去年种了菱角,台风一刮都吹了,怎样防得了风?又比如水浮莲没有根,水一流随着会漂走,又怎么办?

这是件大事情,我们这些教条主义成习的知识分子,不应当自作聪明,乱出主意。但是,把这个问题放进了老乡们的脑筋里,却会长出花朵来。老乡开始找我们谈这个问题了,我说:你们多研究研究,道理合不合,做得通做不通,如果有些苗头,是否先小规模试试看。

在我们离开之前,又和乡里的党支书和社里的干部同志们讨论了几次。听说他们已派船去搞水浮莲去了。

副业和农业不应当是矛盾的,农副业之间安排得好又是可以互相支持的。在资源、劳力、资金的利用上,可以搭成一个有利的循环:水面上长饲料,养猪、羊、兔子,增加肥料供应,提高地面作物产量,包括田里的稻麦豆菜,地上的桑树瓜果,积累了资金,投到渔业里去,满河满荡的鱼,就是荒年,这样的村子也不愁衣食了。

关于农副业暂且说到这里为止,但是进村时所遇到的粮食问题还没有说明,且听下回分解吧。

1957 年 5 月 18 日

重访江村

（其二）

一

从乡间回来，碰到那些知道我下乡调查的朋友们，一见面就常用这样的话问我："离开了21年，再去访问你过去熟悉的农村，面貌一定大不相同了，农民的生活改善得怎样了？"

如果这是一种寒暄，我估计对方早就料到我会说什么。如果要我认真答复，那就得看所谓面貌是指什么了。

如果面貌是指社会性质，特别是生产关系那一方面，21年前是半封建半殖民地的阶级社会，现在是走上了社会主义道路，取消了剥削的集体所有制的社会。在这方面这个农村的面貌已起根本变化，和过去完全不同了。

如果面貌是指那靠水人家、四围桑稻的乡园景色，那却依然是旧时相识，乡音俚语更难辨今昔。

如果面貌是指衣食住行的生活水平，我还有点犹豫，不知怎样说好。过去确有一种看法，认为社会主义了，人们生活必然要提高，提高得和过去大大不同了。有关农民生活的调查不强调一下生活的改善，似乎就是不拥护社会主义。你这样说，我这样说，他也不能不这样说，弥漫着一片农民生活改善的喜讯。

社会主义一定会给我们，不论在城里，在乡间，带来繁荣幸福的生活；而且事实上的绝大部分是农民生活改善了。强调一下农民生活的改善，在合作化高潮前后也可以起加强信心、扩大影响的作用。这些我都没有怀疑。我有点犹豫的却是：再这样宣传下去好不好？把农业上的四十条当作包票一般交给农民，把社会主义远景放进望远镜，变得那么迫近，一似垂手可得。这里说生活怎么好了，那里也说日子怎样好过了，改善的风四面吹。而事实上，人民生活要和生产关系一般发生迅速地和根本地变化，恐怕不是短时期内做得到的，那末这阵风吹起来对社会主义有多大好处是很值得考虑的。

在乡间的20天里，我自己也常常被各色各样的矛盾所迷惑。

作为人民代表，自应关心人民生活，正如我在上篇所提到的，一上岸就遇到老婆婆们诉说粮食紧张，没有钱买米。心里想不是老乡不说实话，那就是合作化出了毛病。

我们坐下来算账，算来算去，农业增产谁都不能否定，副业是减产了，但是农副业总收入至少也已赶上了战前比较高的水平。再看这村子里农民的收入，在全国范围里都可以名列前茅。每家平均分得的粮食又不低，怎么会闹粮食紧张呢？老乡不说实话么？又不然。有一天，我们悄悄地到附近的一个村里去访问一个21年前我在这村里住的时候照顾我生活的保姆。我们到达这村里时，老乡们还以为我们是种牛痘的医生；但找到熟人，一坐下来，我们又被粮食问题所包围了，甚至我这个肥胖的外形都成了打通她们思想时的障碍。

怀疑合作化的优越性是不对的，承认合作化的优越性而以为什么问题都已解决了的，我想，也是不对的。这样不对，那样也不对，我们脑筋搞得简单了当然更会对不上头。请原谅我，说起话来不能不噜嗦一些;更希望读者不要挑出一两句话来,说我又在吹冷风了。

二

还是先算算账。

“上有天堂,下有苏杭”——这句话虽则夸大一些,但还是反映了一些现实的。全国农民每个人平均一年的收入在50元左右,苏州专区平均是78.6元(家庭副业和小的经济作物不算在内),这个村子里农业社去年集体收入的分配每人平均是82元,加上家庭副业和家属寄回来的钱,总的平均收入,我们估计在100元左右,单就这些数字来看,这个村子还要喊穷,实在难于令人相信的了。

粮食是不是不够呢?这几年农业一直是增产的,上面已经说过,去年平均每亩粮食生产是559斤,虽则不能说很高,但是绝不能说低了。那么是不是留得少了?也不然。去年每人平均分到谷子547斤(其中有小部分是麦子和豆子),合米380多斤,应当说是够吃的。

当然,够不够吃的标准原不是简单的。我们小小工作组里就有一位小伙子,他比我多吃3倍,和他计算一下,一天至少要吃2斤。如果放手让他尽量吃,还可以超过这个数目。用这个标准计算当然不太合理,但也可以说明如果大家放手吃起来,即使380多斤加一倍,一个人在一年里也满可以吃得完。

吃多少才够,一方面是营养问题,一方面也是习惯问题。习惯不同,各地认为足够的标准多少可以有些相差。因此,我们请了几位老乡一起来评,依他们多年的实践,怎样才算吃够了。我们得到的数字是男全劳动力一人一月50斤(这个数目似乎高一些,那是因为在做重活时,吃得多些,平时没有这样多)。女半劳动力35斤,10岁以下儿童20斤,婴儿不算。一家开伙,老少可以搭配。以平均四口计算,一男一女两儿童,每月是125斤,一年是1,500斤,和分配给每人380斤的总数恰恰相合。这样看来,即以当地公认标准来说,现在留下的粮食应当是够的,但是也应当说,要满足这样的标准,并不宽裕;必须精打细算,按劳动的需要来调剂,才不致出问题,特别是搭配了少量豆麦,而这地方原来没有把豆麦当主食的习惯,吃起豆麦来就不知道饥饱。

说到这里,读者一定可以看得到,这个村子粮食会不会紧张,将决定于农民怎样吃法了。如果心中有数,把紧了吃,粮食就不至于紧张,如果放松些,很容易在青黄不接时就闹饥荒了。放得愈松,闹得也一定愈早,愈凶。

当地农民的习惯是多年在具体情况里养成的。算算过去的账就可以看得出上面这些数字大致是不错的。比如说21年前每个人平均两亩土地,每亩350斤谷子,四口之家共得2,800斤,除去四分之一被剥削的部分,再合米,大约就是1,500斤。当时我在这村子里调查时,一般都说这个村里所出产的粮食只够口粮,其他要靠副业收入。这种说法和我们的计算也合得上。多年来在这个水平上生活,对粮食必须抓紧,量入为出,一跨出这条界线就会跌入高利贷的圈套。在这种历史条件里养成了这样的习惯,一般说比其他地方似乎高一些,但是不能说他们原来就是心中无数,吃多少算多少的。

当这个村子进入社会主义时,按照习惯来定口粮是正确的。但是必须注意守得住这个习惯。这个关口守不住,问题也注定免不了的。果真,出了毛病了。

三

当合作化高潮卷到这个村子里的时候,热烈的场面真是动人。高级社成立前几天,号召大家积肥献礼,每只船都出动了,罱得满船的河泥,把几条河都挤住了。几村的人都穿上节日的衣服,一队队向会场里集中,一路上放爆竹,生产积极性的奔放,使每个人都感受到万象更新。

合作化发动了生产积极性,生产积极性又化成了农业增产。肥料加到地里,青青的水稻那样得意地长起来,使农民们心花怒放。这是去年夏天的事,农民们从田里回家谁都怀着兴奋的情绪,"700 斤"没问题,接下去的口头禅是"一天三顿干饭,吃到社会主义"。你想,如果一亩田真是一年收到 700 斤谷子,每家 2,000 多斤的米是把稳的。放手吃吧。

谁知道天不成人之美,8 月里刮起了台风,好大的台风。又吹在稻花开放的时候。这一阵风吹来了今年的粮食紧张。一天三顿干饭离开了我们国家当前的具体情况来说,也不能算过分的享乐。劳动积极,看到从来没有过的丰收在望,兴高采烈,多吃一顿干饭,也应当说是人之常情。如果当时我去视察,看到这种光景,还不是要大书特书作喜讯来传报么?当然,现在我们还是可以这样说,台风是偶然事件,偶然发生的灾害所引起的结果,不值得大惊小怪。但是细细想来,过分乐观并无好处。且不说,现在我们在农业里还得靠天吃饭,灾害还不能看作太偶然,合作化高潮里吹起那一阵生活改善的风,不能认为是阵顺风。

四

强调这个村里粮食紧张的情况是不对的,因为事实上并不是绝对缺粮。这个村里只是吃空了定量,附近还有些村子不但不闹紧张,还有余粮可以调剂。是的,这里粮食紧张情况一发生,支援的米就调拨来了,但是,米是要钱买的,大家又闹没有钱了。

怎么会没有钱呢?按我们的计算,就是以每人从农业社得到的 82 元来说,除去 547 斤谷子,值 46.5 元,还应当有 35.5 元,一家四口,还有 142 元。何况还有些家庭副业?这笔钱是怎样花法的呢?

要答复这个问题,我们得进行家计调查。详细的数字还没有算出来,依我们初步估计说:一个中年妇女一年衣着约 25 元,一个中年男子一年衣着约 35 到 40 元,四口之家除了粮食和自给部分外伙食费每年约 35 元。日常杂费每年约 60 元。社交费 20 元,燃料折价 40 元。这笔账就要超过 200 元。加上孩子衣着、房屋修理、工具等,一个中等家庭实际现金支出在 250 元左右。这些数字不能认为很正确的,等将来调查材料经过分析后,再作校正。但是以此作大体估计,可以看到几点:

第一,在这个农村里,单靠农业社的收入是不足以维持上述那样的水平的。他们在家庭副业里还要设法得到大约每个人 20 元的收入。这和我们上面对收入的估计是相符的。换一句话说,如果四口之家不能在农业社收入之外另外开源得到大约一年 80 元左右的收入,就不能达到中等水平。

第二,这种水平应当说比较高的。说说它的内容:衣着方面每年要添布衫布裤两身,夏天穿洋纱衫,冬天穿棉袄。一般说已看不到衣衫褴褛的人,相反的,老年人都有一件结实的棉马甲,青年人男的不少有制服,女的有花布衫。妇女一般不再赤足,下雨天都穿上了胶皮鞋,青年男子很多有了球鞋。成年人两年要穿三双线袜,每年穿四双布鞋和一双棉鞋。到人家房里去看,床上一般有蚊帐和棉被。吃的方面,单说猪肉,一般一年要吃20斤;去年有显著增加,过年时有不少人家吃了20多斤肉,听说有吃到80斤的,因为养蚕得到了一些奖金买了苗猪养到过年,都宰来自己吃了。杂用方面,他们原有喝茶的习惯,一年一家至少要10元,烟的消耗由于旱烟改为香烟支出也增加了,牙刷牙膏中等人家都已有了,晚上出门已多用电筒。

毋庸再列举了,这样还说是中等水平,在当前全国的农村里可能是不多见的了。比21年前怎样呢?我没有具体材料在手上,只凭我的印象来说,过去在这个水平以下的人家现在赶上这水平了。褴褛的衣服现在看不到了,而出现了不少新事物,特别是青年人穿起了"司威脱"、球鞋和用制服来做罩衫等等。社里的干部还有呢帽、棉大衣,从城里回来的女工,还有穿呢裤的。全村没有建新的房屋,但是前年就有不少人家把破漏的房屋翻修了。他们说规律是这样:前两年修理房屋、买水车和棉被的多,去年是添置衣服的多,过年时肉吃得多。总的说来,生活改善是相当快的。

第三,生活改善已超过了增产的速度。我在上篇里已经算过一笔总账,这个村子农副业总收入可以说刚刚赶上21年前的水平。在生活方面虽则我们还没有算出指数,肯定是比21年前提高了;而且在21年中,他们的生活曾一度下降,是这几年里衣食住各方面都要添补一些,加起来就开支大了。收入依然,支出多了,结果是有多少,用多少,手上存不住钱,谈不上积蓄。从一家一家说,生活有点打算,普通日子还好过,但受不起风险。如果手面宽了些,收入不及时,手边就会紧起来。我们去访问时,正巧碰到这个时候,身上穿得相当整齐,来了客人还是煮水沏茶,而口上却闹着没米下锅。这样看来,这一个时候的粮食紧张不能说是合作化化出来的,也不能说是统购统销统出来的,主要是生活没有按比例地提高提起来的。如果去年夏天不那么放手吃三顿干饭,过年不放手吃猪肉,平时不买"司威脱"、球鞋、雨鞋,我看这个时候就不会发生这个紧张情况的。换句话说,会得做人家的,这时也就不会没有米,即使米不够,也可以买得起。

五

今年的粮食紧张是局部性的,本身并不严重,但是这里提出了一个令人思索的问题,那就是社会主义积累问题。社会主义的积累固然可以通过国家的机构来进行。但是羊毛出在羊身上,归根结底还是在每个人生产和消费间的差额,是一个勤和俭的问题。勤可以多生产,俭是少消费。勤和俭加起来,增加了积累。我们的国家现在还是农民占绝对多数,多吃一斤米和少吃一斤米,积少成多,相差的数目是很大的。因此,农民消费多一点和少一点,对于社会主义积累影响很大。我们可以想一想,一个每年每个人的收入在百元左右的农村,如果收支相抵没有剩余,那末我们怎能指望农村来积累呢?如果这样的农村还要闹饥荒,唱穷,其他收入低的地方怎么办呢?如果每年每人可以分到547斤谷子的农村还会发生缺粮,还要国家来调剂,我们国家的粮库又怎能维持呢?所以,我们想,尽管我们所看到的情况并不是普遍的,但是应当看作一个警报,在这里取得教训。勤而不俭,只是一时的虚假的繁荣,不是创家立业的道理。

我的历史知识很差,不知道从奴隶社会进入封建社会时那些封建主的生活怎样,但是我读过一些描写资本主义初期那些企业家的传记。这种人面对着新的生产关系所开辟出来生产力提高的可能性,发生了很强烈的积累资金的要求。他们简直成了一个积累的机器,什么都要打算一下,值得不值得,把盈余作为一切活动的标准。在资本主义的初期,劳动者生活是极痛苦的,强迫着生产剩余价值,而那些企业家却也是极端吝啬的、斤斤计较的人物。他们的生活是清苦的,很多是清教徒,反对生活上的挥霍,就是这种人物把人类社会从封建社会提高到了资本主义社会,把资本主义生产关系所允许达到的生产力水平实现了。人类在资本主义阶段是痛苦的,因为它是通过剥削来实现积累的。

社会主义取消了剥削,为人类生产力的提高开辟了更远大的可能。要实现这种可能,还是要积累,而且要比资本主义更多更快的积累。这种积累要依靠劳动者的自觉,而这种自觉在社会主义的制度下是完全有可能的。因为积累下来的财富是属于劳动者自己的。在社会主义的早期也必然要出现强烈的积累要求,不是资本主义早期那些少数企业家,而是广大的社会主义劳动者。这些劳动者不但是积极的生产者,而且是会做人家的俭朴的消费者,没有这样的广大群众,社会主义的积累怎样能实现出来呢?没有积累,生产力又怎样提得高呢?

从这个角度来看,开弦弓这个村子里所发生的粮食紧张,尽管我们说是局部的,短期的,却不能不引起我们的注意和警惕。

六

这地方的农民原来就不会做人家的么？不可能是这样的。在解放以前,农民们即使小心翼翼地过日子,灾难也是会寻上门来,谁敢大意。那么这几年在这方面是不是起了些变化了呢？我想多少是有些的。为什么呢？

第一是苦尽甘来,生活上各方面都需要充实充实,而且心情也松了些,手面也不免宽了。这地方从沦陷到解放,其间有十几年。这十几年的生活不是好过的。农业上有过荒年,副业一般都下降了,以蚕丝一项而论,原来那个小型工厂就成了平地。这些且不多说,最令老乡们痛恨的是敌伪和国民党反动派的敲诈勒索。他们说,开弦弓被看成了一块肥肉,那些狗永远是吃不饱的。一次又一次,整的零的,要钱要米,没个完。这样把许多原是富裕人家抽干了。这一个原来可以说得上殷实的农村,糟蹋得憔残了,空虚了,穷困了。好容易盼到了共产党,见了天日,农民翻了身,分得了土地,兴修了水利,又来了合作化,田里谷子一年比一年长得好。这种日子过去是没有过的。房子漏了的该修理了,农具不够的该添置了,床上没有盖的该买条棉被了,这是第一年。接着棉衣服得添得结实些了,夏天做身洋纱衫,赤脚不好看买双雨鞋,青年人更爱体面,新的制服做罩衫;过年了,猪已养壮了,不用花钱买的肉宰了腌腌,打打牙祭。来个客人留个饭也体面些。这样一步步在生活上向前走,滑溜溜的钱就这样花出去了。

要说老乡们多穿了,多吃了,实在也不好出口。这些改善看来也不能说过分。添添补补哪项不是需要的？但是东一样,西一样加起来却也可观了。要增加10块钱收入得费不少心思,要花去这10块钱,却那么容易。底子薄了,这一关更难守得住。

第二,社会主义是大家没有见过的新东西。四十条打动了心。一上来就好得很。过去做不到的事,合作化了就做得成。最动人的是农业增产,这是最现实也没有的了。老辈子种了几十年田,没有看见过田里的稻长得这样好过。去年春天,乐观空气盖满了整个村子。很多人来参观,都是赞声不绝。大家没有想到社会主义道路上还是有困难的。干部们也用了预开支票的方法来鼓动群众生产积极性。"一天三顿干饭,吃到社会主义",成了大家的口头禅。8月里一场少见的台风刮伤了庄稼。但是还没有扭转那种盲目的乐观,"反正有毛主席,饿不死人"。

第三,土地交给农业社了,有啥事就找社里去解决,似乎把农业社看成了个大家庭,干部是当家人。过去人人都要动脑筋,想办法,现在一有困难就叫喊,不能解决问题就是干部不好,有些干部挨了骂,想不通。要群众想办法,也不容易。我也向老乡提出过:这是大家的事,要大家出主意。他们回答说:现在主意出不来了,这个也做不得,那个也不准做。原来他们熟悉的是过去的老办法。比如说做丝吧,现在不成了,蚕结了茧就得卖给国家。他们说,我们要做丝,没有茧子。老婆婆们原来都会打棉线,织绵绸(利用生丝的屑物打成丝绵,纺成线,织成绸),而现在没有了原料。再比如,很多老乡还怀念利用农闲和船只去贩运,现在又不成了。事实是这样:很多副业没有安排好,要他们自己出主意对不上头。好像什么事都有个"上头"在管,于是出了问题也不免要"上头"来解决了。

我从乡下出来,补看了近一个月的报纸。这个月里有不少社论和消息提出了“勤俭建国”。我们觉得这次在农村里学习到的主要也是这一课。我们觉得勤俭两项中,勤字容易办到,而俭字比较困难。为什么原来有的那种省吃俭用的习惯现在发生了变化呢?这个问题分析研究得还是不够深刻的。我们出来之后,曾多次提出这个问题向人请教,很多人只看到过去宣传有片面性,过分强调了合作化的优越性,没有充分讲清楚可能遇到的困难。这个意见,我们是同意的。但是似乎还不止这一条,社会主义制度下生产力的提高有赖于劳动人民自觉的积累。这种觉悟也许不只是靠口头上多讲几遍社会主义建设怎样好就提得高的。关键问题在哪里,我们还不十分清楚。我们很希望关心这个问题的朋友们能多给我们一些指教。

1957 年 5 月

三 访 江 村

三访江村[1]

从青年时代踏进这门学科,我就已经向往的荣誉,经过了半个世纪坎坷的道路,到了垂暮之年,突然落到自己身上的时候,欣慰愧赧可能是形容此时内心感受最适当的语词。去年英国皇家人类学会通知我要我在今年冬季到伦敦来接受赫胥黎纪念奖章是完全出乎我意料的。古人云,“人贵有自知之明。”以我学术上的成就来说,我决不敢妄想和从这个世纪开始时起接受这奖章的任何一位著名学者相提并论。但是我一想到这个光荣榜上开始列入中国人的姓名时,我感到衷心喜悦。这表明了英国皇家人类学会的学者们怎样重视这门学科。今后的发展将有赖于全世界各国、各民族的学者们的共同努力。我在这个体会的驱策下,欣然就道,来到我的母校伦敦经济政治学院,经过了 35 年,再一次站到这个讲台上来,虽然使我不胜遗憾的是已经不能再见到主持我那次大学演讲的托尼教授(R. H. Tawney)了。

提到汤姆斯·赫胥黎(Thomas H. Huxley),这是我们中国知识界熟悉的名字。早在 1895 年,我出生前的 15 年,他的名著《进化与伦理》(Evolution and Ethics)已经由英国海军学校毕业的中国清代学者严复用当时优美的古文翻译出版,书名《天演论》。1976 年,又有人改译成当前通行的白话文的版本行世。到今天来说,在

---

① 英国皇家人类学会 1981 年赫胥黎纪念演讲。

中国至少已经有四代人受到这位英国学者的影响了。为纪念他而设的讲座名单上列入中国人的姓名,可以认为是对这位人类学的先驱者在全世界人民思想上所起的促进作用的历史肯定。荣誉属于这位先哲本人。

坦率地说,使我发愁的倒是我自己能在这个庄严的讲台上讲些什么来报答同人们对我这样殷切的期待?在这里我不能不感谢今天在座的我的老师雷蒙德·弗思爵士(Sir Raymond Firth)。他在今年6月里,遥感到我的困难,伸出了援引的双手。他来信说:“我看到你还没有决定在你的赫胥黎讲演里将对我们说些什么。……在我心中涌现的各种意见中,有一种也许更突出一些的是讲讲你对开弦弓村1938年以来所发生的变化的看法。”开弦弓村是我在1936年调查过的一个靠近我出生地江苏吴江县的农村,想用它来代表这一类型的农村,我给它一个“学名”叫“江村”。后来我到这个学校来上学,就在马林诺夫斯基教授(B. Malinonski)的指导下,根据这个农村的调查材料写成论文,1938年出版,书名 *Peasant Life in China*,中文称《江村经济》。

在我收到这位老师的来信之前,我早已有意想在我的余生中写一本书,叙述这个农村的新面貌。今年10月我有机会偕同我在上述书中提到的那位姊姊,现在已经78岁,一起去开弦弓村走了一趟,当然说不上什么实地调查,事实上只可以说是回乡探亲。乡亲们的热情是难于形容的。我完全沉浸在友谊的海洋里。这种感情的余波,也使我忘记了今天我是在一个学术的讲座上。我恳求你们的宽容,让我讲一些只适合于朋友间茶余酒后的谈话,为大家摆一摆这个已经为西方学者熟悉的开弦弓村半世纪来的变化、当前的问题和今后的前景。

莫里斯·弗里德曼(Maurice Freedman)教授在生前曾告诫进行微型调查的人类学者,不要以局部概论全体,或是满足于历史的切片,不求来龙去脉。所以我必须首先指出,开弦弓村只是中国几十万个农村中的一个。(全国有大约500万个生产队,江村现在包括两个生产队或两个村。)它是中国的农村,所以它具有和其他几十万个农村的共同性,它是几十万个中国农村中的一个,所以它同时具有和其他中国农村不同的特殊性。我认为只要把它在中国农村中所具有的共性和个性实事求是地讲清楚,也就可以避免弗里德曼所指出的错误了。

开弦弓村处于苏杭之间,太湖之滨。古语有言:“上有天堂,下有苏杭”,指出了在经济上这是中国的一个富饶地区。不仅因土地肥沃,水源充足,农产较高,而且以农产品为原料的副业和手工业也较为发达。这个特点已有很长的历史,一直维持至今。1979年全国抽样调查了70万个生产大队,该年个人平均年收入不到100元。① 而开弦弓村所在的苏州地区1980年个人平均年收入约250元。这地区在经济上占先的地位是明显的。开弦弓村在苏州地区却处于中级,个人平均年收入接近300元,略高于这个地区的平均数。我们抓这个在全国居上游,上游中又居中级的农村进行解剖,就可以和比它好的和比它坏的农村相比较,从而看到当前中国农村经济正在怎样变化,要致富上升应采取什么道路。

用开弦弓村作为一个观察中国农村变化的小窗口有一个好处,就是我们有近五十年的比较资料。我本人在1936年夏季搜集过一些基本资料已如上述。1956年5月现在澳大利亚悉尼大学

① 《中国农业年鉴》,农业出版社,1980年,第5页及第383页有关数字计算。

任教的威廉·格迪斯(W. R. Geddes)教授访问过这个农村,1963年出版了 *Peasant Life in Communist China*(《共产党领导下的中国农民生活》)一本专刊。我本人在 1957 年夏季又去重访江村。这次调查的资料在过去动乱时期中已经散失,正在访求中。今年 9 月,美国马利兰州立大学的南希·冈萨勒斯教授(Nancie Gonzalez)访问了这个农村。我本来打算同她一起去的,因病延期到 10 月才去成。我的访问时期虽短,但还是搜集了一些基本资料。

开弦弓村在这近半个世纪中所经历的道路基本上是和中国的其他农村一致的,但是也有它的特点。我离开这村子以后两年,1938 年日本侵略军占领了这个地区。我在 1936 年说当时中国的农民问题是个饥饿的问题,在经济方面如果确是如此的话,从 1936 年到 1949 年农民的生活不但没有改善而是更为贫困了。当时全村的土地已有 56.5% 被地主所占有,75% 的人家靠租田和借高利贷过日子。水利无人关心,太湖洪水一发,这些滨湖地区立即受灾。农田的粮食产量逐年下降,亩产稻谷大约只有 300 斤,蚕丝副业几乎停顿,加上苛捐杂税,盗贼横行,真是民不聊生。造成这悲惨局面的根本原因,我在上述书中归结于土地制度和维持这种制度的政治权力。正如格迪斯教授书中所叙述的,1949 年的解放,改变了政治权力的性质,1951 年的土地改革改变了土地私有制,农民真正成了自己土地的主人,从此中国进入一个新的历史时期。我必须在这里指出,中国人民能取得政治权力和改变土地制度,没有中国共产党的领导是不可能的。

土地改革后,农民在自己的土地上耕种,积极性空前高涨。若以"土改"完成后的 1952 年和 1949 年相比,全国平均粮食生产增长了 42.8%,农民购买力提高了一倍。以开弦弓村来说,1936 年的粮食亩产量是300斤,1952年据格迪斯教授的数字是500斤,增加了66%。如格迪斯教授所记下的,这个村子完成了合作化后,粮食产量继续上升,到1955年已达亩产560斤。1956年就是合作化后一年,当时农民给格迪斯教授的预算该年亩产量将达700斤,那就是比合作化前1955年增加28%,比1952年增加42%。这年全国粮食产量比1952年只增加14%,[①]像现在一样,开弦弓村当时在全国范围内是属于上游的。

1958年开弦弓村像中国的其他许多农村一样建立了人民公社。由于当时在生产上提出了过高的指标,经济上搞平调,挫伤了社员的积极性,使生产受到挫折,粮食反而减产,社员收入减少。到1960年加上了若干其他原因,全国陷入困难时期。在最严重的时刻,像开弦弓村这样的农村也发生了人口外流的情况。但是在开弦弓村这种情况扭转得比较快,1962年已经纠正了一些过"左"的措施,规定了以生产队为核算单位,和实行了计件工分制。同时还开展了农田基本建设:平整土地,开通沟渠;又推广机电排灌,基本上消灭了我在上述书中所描写的那种用人力踏水车的传统方法。从1962年到1966年,全国大动乱开始前的4年中,开弦弓村粮食产量平均递增率是8.25%,又因恢复和发展了蚕桑生产的传统副业,个人平均收入在1966年达到119元。社员们至今把1962年作为生活进入富裕的转折点,他们用最简单的话来表达说:"从那年起我们每天吃三顿干饭"。"三顿干饭"是说一个壮劳动力一天要吃2市斤粮食。

1966年到1976年,这个全国大动乱时期,农村经济受到的破

① 《中国农业年鉴》,1980年,第34页有关数字计算。

坏看来并没有城市里所受的那样严重。但是由于强调以粮为纲，集体副业和家庭副业都受到了限制，加上管理上强调统一指挥而不考虑各地区的差别，即所谓“一刀切”，和分配上的平均主义，所谓“吃大锅饭”，农村经济进入了停滞状态。以开弦弓村来说，1966 年到 1978 年的 12 年中，粮食总产平均递增率是 3.95%，不到大动乱前的一半。由于单打一抓粮食，忽视了工、副业生产，与粮食生产上忽视了节约成本开支的重要性，加上人口增长，个人平均年收入一直徘徊在 114 元上下，也就是停在 1966 年的水平上。

这次全国大动乱在农村中的消极影响到 1978 年底才得到全面纠正，中国的农村经济又进入了一个新的发展时期。在我继续讲到这几年在开弦弓村见到新气象和新问题之前，我想插进一段讲一讲影响着农村经济的另一个重要因素，它就是人口问题。

从 1949 年解放以来，中国的经济得到了空前的发展，人民生活得到了显著的改善，而同时人口也有较快的增长。1917 年，中国人口有 4.4 亿人，32 年后(1949 年)人口增加了 1 亿，达 5.4 亿。又经过了 32 年，1980 年末估计中国人口已近 10 亿，约占世界人口的 22%，在这段时期里，中国人口增加 81%，每年平均增长 19%。这样多的人口，分布又极不均匀，90% 以上分布在中国的东南半壁，东南一半的人口密度 10 倍于西北半部，其中长江三角洲和珠江三角洲每平方公里平均有 400 人到 500 人，是世界人口最密集地区之一。

开弦弓村就在这人口最密集地区。我在 1939 年得到当时这个村子的人口数字是 1,458 人，格迪斯教授得到 1956 年的数字是 1,440 人。虽则由于该村行政地区划分略有改变，在比较人口数字时还需要加以校正，但已有的数字可以说明在这一段时间里，开弦弓村在抗战时期可能由于战争的影响人口有所下降。而且解放后在全国人口开始暴涨的最初8年(1954—1957年全国出现第一次人口高潮,每年平均增长24%),开弦弓村人口却比较稳定。我至今还没有找到1957年到1965年这段时期的人口资料,而这正是它的人口开始上升的时节。1966年开弦弓村人口已达到1,899人,比1956年增加459人,即31.9%,增加率甚至超过了全国的平均数,出现了人口暴涨。

对于开弦弓村这个特殊现象的解释还有待于今后的研究。但是现在可以提到的是,我在上述书中已经讲过的,这个村子的农民长期以来存在着人口控制的习惯。我在这次访问中曾追问他们为什么后来抛弃了这个习惯而让人口暴涨呢?他们给我的解释首先是政府禁止溺婴,所以儿童多了,后来群众有了节制生育的医学方法之后,儿童还是比较少。这种解释是否可靠还待调查。但是这表明这村的农民并没有改变对人口需要控制的传统观念。

当前开弦弓村的人口2,308人,和1936年或1956年相比,只增加约60%,和全国在相同时间里的增加率相比应当说是比较低的。在这个增加率中除了出生数增加外,还有死亡数降低的一方面。这方面在我这次访问中印象很深,不仅是我还能找到许多30年代相识的老乡,而且从人口资料中看到在70岁以上的人数,1936年是17人,而现在却有114人。人民生活水平的提高和医疗卫生事业的改善改变了过去多生多死的控制人口的公式。在早就意识到人口压力的开弦弓村,用科学方法进行的计划生育正符合人民的需要,这使得这村的干部在答复我问到最近落实计划生育政策的情形时,很有把握地说:“这在我们这里是没有多大困难的。”人口统计也证实了这一点,自从1977年以后不仅增长率已经降低,而且已出现过负号的年头。

我不敢说在开弦弓村所见到的人口现象在全中国有多大的代表性。从已有的资料看来,开弦弓村的历年人口的变化和中国全部的人口变化两者之间的差距是相当大的。但是即以开弦弓村的情况来看,中国的人口压力已经够严重的了。在一个发展中的国家,从个体经济进入集体经济的过程中由于社会安定,生活有了保障,人口激增如果不及早预防是不容易避免的。

由于人口增长过快,影响了个人平均占有农产品的数量。尽管解放以来,我国农业生产有相当大的增长,它的增长的速度也超过人口增长的速度,但是由于人口毕竟增长得过多,个人平均粮食配额就不容易提高。例如 1978 年全国粮食总产量达 6,000 多亿斤,比 1949 年增长了 169.2%,但按人口平均,仅增长 52%。[①] 经过解放以来的三十多年到 1980 年,中国谷类的个人平均配额仅约有 580 斤。一部分农业落后地区还不能自己解决粮食问题。然而,开弦弓村由于土地相对肥沃,人口相对增加得慢一些,情况就显然不同。1962 年已实现了"三餐干饭",1980 年个人平均实际得到的粮食(包括口粮及副业的粮食津贴)已接近 1,000 斤;除了自己充饥之外,已有余粮喂养猪、鸡等家畜,提高家庭收入。从这个小窗户里去看全国形势,且不论人口压力对教育和就业的影响,单是为了解决粮食问题,控制人口的必要性也是很显然的。

然而,无论我们现在采取任何有效办法来控制人口,以全国来说,10 亿人口这个数目决不容易在短时期内有所减少。据最乐观的估计,到本世纪末,中国人口将达到 12 亿。此后,如果政策对

① 《中国农业年鉴》,1980 年,第 34 页有关数字计算。

头,也许可以开始稳定和下降。现在这 10 亿人口中有 80% 住在农村里。因此,我们必须从这个基本事实出发来考虑今后中国社会经济的发展。

回想起我自己对中国农村问题的认识,《江村经济》确是一个重要的起点。在这本书里我注意到中国农村里农业、家庭副业、乡村工业的关系。我的姊姊用了她一生的岁月想从改进农村里的副业和工业,来帮助农民提高他们的生活。1938 年我从伦敦回国,在抗日战争时期,在中国云南省的内地农村进行社会调查,使我进一步看到在一个人口众多、土地有限的国家里,要进一步提高农民的生活水平,重点应当放在发展乡村工业上。我在 *Earthbound China*(《乡土中国》)一书里明确地提出了这个见解。1957 年我重访江村,看到当时农业上有了发展,我感到高兴,但是为那种忽视副业和没有恢复乡村工业的情况而忧心忡忡。现在,历史的事实已经证明我当时的忧虑并不是没有根据的。

这次短短的几天访问,由于激动人心的巨大进步以及令人陶醉的家乡情谊,使我担心我的观察是否会超越了科学的界限。中国有句谚语:"旁观者清",我高兴地知道在我回乡前大约 10 天,亲自到开弦弓村观察的冈萨勒斯教授将有机会用她所观察的事实来讲述她的见解。但是我也不愿意错过这个机会,把我在这次访问中得到的一些看法,在这里传达给关心中国农民生活的朋友们。

我在这个讲演开始说明开弦弓村在全国的地位时,已经说过 1980 年这个农村个人全年平均收入已接近 300 元,位于全国的前列,大约是全国平均水平的 3 倍,所以它在中国可以称作属于富裕的一类。但是开弦弓村达到这个水平还只有 3 年。3 年前,1978 年个人平均收入还只有 114 元。为什么在这几年里这个村子的农民会这样富裕了起来呢?

开弦弓村农民收入的增加主要是由于1979年以来贯彻了党的三中全会决定的政策,改变了农村经济的结构。那就是纠正了片面地发展粮食生产,而落实了多种经营的方针,大力发展多种多样的副业,不仅包括已纳入集体经济的养蚕业,而且扩大了各种家庭副业。在我30年代见到的养羊和50年代见到养兔,现在已成了家家户户经营的副业,并且已是家庭收入的重要部分。以养兔为例,养一只长毛兔,每年可以出售兔毛10元以上。而很多人家养五六只甚至10只以上。全公社一共养兔10万只,一年总收入超过100万元。各种家庭副业合在一起,个人平均收入1980年约120—150元,占个人平均总收入的一半。

开弦弓村有一家,共三人,1980年出售肉猪9头,养羊2只,养兔8只,加上卖给集体的肥料和自留地所种的能出售的油菜籽等等,一年得到1,087元,他们从集体劳动工分(包括农业和集体副业)收入660元,每人平均收入是582.3元。这一家在开弦弓村还并不是突出富裕的人家;另一家,共五人,其中四个劳动力,1980年收入2,429元,人均485.8元。这家全年日常生活费用是960元,储蓄1,469元,预备添盖房屋。

开弦弓村的老乡一致同意,吃和穿,也即是温饱,已经不成问题。现在主要的问题是住,也即是房屋和家具。冈萨勒斯教授能用她在农民家亲自吃过的伙食来说出他们的水平。她会告诉你们所尝到的使她称赏不已的饭菜,并不是特地为她的访问而准备的。她常常在人家家里谈话到了吃饭的时候,主人按当地的习惯一定要留客共餐,那就可以吃到各家日常的饭菜了。

至于穿着,已经超过了保温的要求。对于年轻人来说,时行的式样成了主要的考虑。手表对他们计时的用处可能还不及装饰的功能;上一代的手镯已让位给上海牌的手表了。在这一方面还是让冈萨勒斯教授所摄的相片来替我说话为生动。

冈萨勒斯教授的相片也会告诉我们,我上述书中所附相片上的一些房屋至今还在,只是陈旧了一些。人口增加60%而房屋的增建却远远落后。该村干部提供我们关于住房的数字从1948年到1980年每人平均增加不到一平方米,全村增建一共不到100间。我参观了一个生产队,十多家,挤在三个大门内,在30年代这里只住三家人。建筑房屋的困难,比如土地少,建筑材料不容易买得到等等,我不在这里多说。要说的是这个村子的老乡手边有钱能想到建筑房屋,还是近几年来的事。建造一间房要1,000元,一家至少要三间。在1978年前有多少农民的积蓄能达到3,000多元呢?而这几年来,情况变了,农民现金收入多了,一年上千元的储蓄已经不希奇。这些钱怎样花呢?绝大多数的农民的答案是居住更新。

这次访问中特别引起我兴趣的是农村中居住更新的过程一般是通过青年一代结婚的机会进行的。新婚夫妇需要单独的卧室。在房屋紧张的情况下,不是延期结婚,就得把老房间分隔。在开弦弓村老一代中确有一生娶不起老婆的人。这几年农民具备了盖新房屋的经济条件时,凡是有儿子要结婚的就急于要扩建住所。过去一年中,靠河边大约有250户人家的几个生产队一共建造了50间新房子,几乎全是扩建旧宅的性质。因之,这村子房屋的布局更见凌乱。新建房屋内床柜箱桌等等用具也是大多在结婚过程中添置的。从订婚到结婚这段时间里,男女双方的家长忙于张罗。由于开弦弓村是父系父居社会,所以提供房屋是男家的责任。那些无力提供房屋的男方,也有采取入赘方式,住到女方提供的房屋里去。新房内的用具事实上是男女双方合凑的,比例以女方经济水平决定。名义上,男方要给女方一笔礼金,而这一笔礼金实际上是给女方准备嫁妆的津贴。这几年经济好转后,女方提供的嫁妆,一般说来都超过礼金所能购买的东西。我们曾参观过一家新房,凡是女方提供的嫁妆上都挂着一条红色丝棉,所以很容易看出男女双方贡献的比例。在这个新房里,双方的贡献几乎相等。我们得到的解释是这地区女儿少,特别疼爱,所以出嫁时总是要尽力准备一份丰盛的嫁妆。我们当场估计了一下全部用具和衣服的总值大约 2,000 多元。这个数字曾经引起结婚费用太高的批评。过于讲究排场固然不好,但是也应当看到事实上这正是农村里生活资料更新的重要过程。至于为了取得对男女间新的夫妇关系的社会承认而采取宴请亲友的方式,由于传统的好客风尚,有时未免花费得过分一些。

如果容许我过早地做一个估计,这三年来开弦弓村农民收入的增加,其中相当大的一部分是通过结婚的过程而消费在家庭生活的物质更新上的。而这个更新过程又是从进入结婚年龄这一代开始的。就在我们参观的新房隔间是老一代的卧室。在这间卧室里我看到的是我幼时所熟悉的我祖母房里的陈设,我祖母是太平天国时嫁到我家的。我直觉地感到过去农村里生活物质基础更新率是这样缓慢,使两代卧室的对比如此之鲜明。

上面所叙述的这段话,当然还要在今后进一步核实,并用正确的数字来表达,现在还不能说是科学的观察,但是当我向老乡们指出了他们正在进行生活基础的物质更新时,却接触到了一个当前的实际问题。这几年农村经济从复苏到繁荣提出了许多新的问题,其中之一就是用普通的话来说,农民手上的钱怎样花法?从全国来看,每年流入农村的货币达到几百亿元。用什么商品去满足农民的需要呢?因此我们有必要去调查研究农民需要什么,怎样可以去指导他们的正当消费,这里社会主义制度可以发挥它的优越性。

就在我们参观新房的下一天,在一个和本村干部的座谈会上,大家提出了许多问题:怎样有计划地进行农民生活资料更新?怎样通过民主讨论的方式制定各种房屋的结构和布局?怎样根据本村农民的财力,分期分批地按大家同意的规划来有步骤地更新全村的面貌?人民自己的政府才能根据人民的需要来发动集体的智慧和力量来为人民群众办事。在这件事上,大家要我们人类学者帮助他们进行系统的社会学调查。我本人是心甘情愿做这种能直接满足人民需要的人类学工作的。

最后我想讲一讲中国农村中集体经济的发展的前景。自从中国农村建立集体经济以来,它一直是农村经济的主要部分,至今还是这样。1956 年正当格迪斯教授去开弦弓村调查时,合作化运动已进入高级社阶段,提高了集体经济的地位。1958 年成立人民公社,农村中的个体经济已微不足道。直到 1978 年开弦弓村和中国的其他农村一样,农民的收入几乎全部依赖集体分配所得,按各人在集体经济中所贡献的劳动折合成工分计算。但是一度在平均主义的“左”倾思想支配下,农民所得的工分并不能正确反映他所付出的劳动,所以出现了违犯社会主义按劳取酬的分配原则的所谓“吃大锅饭”的偏向。在这个时期,作为个体经济的家庭副业受到极大的限制,甚至遭到禁止。1978 年才改变了这种抑制农民积极性的错误政策,恢复和发展了农民的家庭副业,因而使农民的收入有了显著的增加。

但是这种承认农民个体经济的作用并不是否定了或削弱了农村的集体经济;相反地,由于农民生活的改善,生产积极性的提高,同时也促进了集体经济的发展。中国的农业和乡村工业主要是属于集体经济的部分,它们的性质一直没有改变。1981 年起所实行的责任制也只是在集体经济的基础上根据各地生产技术和群众的觉悟水平,改善经营方式和贯彻按劳分配的原则罢了,并不是经济制度性质的改变。

在这里应当说明的,上面所提到的农民收入中副业部分的增加,并不反映这个农村结构的全部情况。列入农民收入中的副业部分,只是指从个体经济中得到的副业收入,农民从例如开弦弓村的养蚕业等集体副业中所得到的收入是包括集体分配部分之内的。集体经济的总收入中只有一部分按劳分配给个人,还有相当大的一部分作为集体事业的经费、社区公益费用和用于更新、扩展生产的投资以及公共积累等。因此,我们不能直接从农民个人收入中家庭副业和集体分配所得的比例,得出在农村里个体经济和集体经济的比重。当然,总的看来,这三年农民家庭副业收入的增加是可以说明农村经济结构变化的一个方面,那就是个体经济的增长。至于集体经济和个体经济的相对比重,还需要进一步计算。

农村经济结构另一方面的变化是农村集体经济部分本身的结构变化,主要表现在农业比重下降,副业有所增加和工业激增。

开弦弓村自从抗日战争时期起,合作丝厂被毁,桑田被破坏之后,蚕丝业就一蹶不振。一直到 1966 年才恢复了集体养蚕的副业,使该村每人平均收入突破百元大关。但是农业和副业的比例还是悬殊,1966 年是 87.8% 比 11.9% 。

1968年开弦弓村开始重建缫丝厂，但是设备和技术由于条件太差还赶不上抗战前的合作丝厂。1975年乡村工业受到重视后才扩充设备和技术。1978年以后逐步发展，现在已成为一个有200多工人的小型现代工厂，而且在出丝率上正在赶上日本的先进水平。1979年开弦弓村开办了两个豆腐坊和一个丝织厂。乡村工业的发展使这个农村的集体经济结构发生了重大变化。以这村南部的那个大队来说，1979年农业收入占50%，副业收入占23%，工业收入占27%；1980年农业占41%，副业占19%，工业占40%。这个结构变化是农、副、工三方面都在增产中发生的。由于发展了乡村工业，这个农村的农民1980年每人平均集体分配达到了150元，比1978年前增加约三分之一。苏州地区农村中集体经济结构1980年是农业占19.6%，副业占13.2%，工业占67.2%，[①]所以开弦弓村在这地区乡村工业发展上还是比较落后的。

在开弦弓村所见到的农村经济结构的变化在中国并不是个别的特殊现象。即使不能说中国几十万个农村都已发生这样的变化，也可以说这是中国农村的共同趋势。据了解，到1979年底为止，全国已有98%的人民公社办起了集体企业，包括粮食生产之外的种植业、养殖业和工业。单以社队工业计算，估计产值已占全国工业总产值的9.3%。

现在中国农村经济的发展仍然是不平衡的，穷队和富队之间相差的距离相当大。按人口平均最好的富队已超过千元，而大约

① 《中国农业年鉴》，1980年，第13页。

还有四分之一的队不到50元。[①] 分析富队之所以能富，最普遍的原因是开展了副业和工业，凡是单打一种粮食的大多属于穷队。粮食价格过低固然是一个重要原因，而农业产量的提高在像开弦弓村这样地区已经感到成本太高，以致出现增产不增收的现象。中国粮食产量在过去30年中的不断增长，以占世界7%的耕地，养活世界人口的四分之一，可以认为是人类历史的奇迹之一，但是还要继续增长，如果不改变经营方法至少是相当困难的了。开弦弓村在每人平均只有1.1亩水田的面积上，1980年生产1,510斤粮食，只留下660斤作自己的口粮，一半以上的产品提供给城市居民消费。这样的负担确实不轻。在耕地面积不能增加，单靠提高单位面积产量的办法来解决供应粮食的任务，就开弦弓村来说可供挖掘的潜力，在近期内似乎已经不大了。要使该村经济继续繁荣起来就只有向副业和工业方向发展了。

开弦弓村副业的前途固然还很开阔，但是凡是要利用农业原料的副业，如猪与家禽的喂养需要粮食，养蚕需要桑叶，都已受到限制，而且这限制也将越来越大。开弦弓村蚕业的复兴和增长主要是由于利用电力排水把原来被水淹的和易潦的土地开辟成肥沃的桑田。比如从丝织厂楼房上一眼就看得到的那片桑田，1936年我初访该村时是一块废地，总面积在百亩以上，现在靠这片桑田养蚕，蚕茧收成每年达到3万斤。但是今天还要增加桑田面积至少将和粮食产量一样困难。

开弦弓村发展副业的前途看来是在尚没有大量利用的湖泊和河流，1936年我见到的渔家现在已集中到太湖边上，和这公社的

---

① 《人民日报》，1981年10月22日，“苏州地区选择适宜本地的生产责任制”。

其他渔民一起组成了专业的渔业生产队。本村作为副业的渔业并没有发展。近年试殖产珠的蛤蚌,已告成功,但尚未推广。因此到目前为止开弦弓村副业增产的幅度并不大。

从农村经济新结构中农、副、工三个方面来看,发展前途最大显然是工业。乡村工业还可以分为两种,一种是用本地区所产的原料加工制造,例如从养蚕、制丝、织绸、刺绣,到制成消费品,直接在市场上销售。这在中国称作“农工商一条龙”。另一种农村工业是为都市里的大工厂制造零件。例如上海有一些缝纫机厂,自行车厂把零件包给社队工厂。现在这种方式的乡村工业还只发生在大城市的附近,而且还只是个开始,但是发展的前途是很大的。由于乡村工业的发展,苏州地区有些突出的农村已经出现农村居民职业结构的重大变化,就是主要从事工业的人口在比例上超过了主要从事农业的人口,或是说在农村里用在工业上的劳动力已超过了用在农业上的劳动力。最高的纪录已达到 4∶1 的比例。当然,这种例子的社区还称它为农村显然不太合适了。

我觉得特别兴奋的是在这里看到了我几十年前所想象的目标已在现实中出现,而且为今后中国经济的特点显露了苗头。在人口这样众多的国家,多种多样的企业不应当都集中在少数都市里,而应当尽可能地分散到广大的农村里去,我称之为“工业下乡”。工业下乡同样可以在国家经济结构中增加工业的比重,但是在人口分布上却不致过分集中,甚至可以不产生大量完全脱离农业生产的劳动者。在这个意义上,为具体实现工农结合,或消除工农差距的社会开辟了道路。

雷蒙德爵士为我这次讲演出了这个题目,要我在短短的一个多小时里讲述开弦弓村近半个世纪的变化,我在时间的控制上和内容的选择上，显然都没有能遵守我老师的指示。如果还能给我补救的机会，那将在离开我开始在开弦弓村调查之后的50年，到那时候（1986年）即使我不能再在这个讲台上做一次补充演讲，希望一本《江村经济》的续篇可以在那个时候送到在座的朋友们的手上。我这个希望的根据是我们中国社会科学院的社会学研究所在我出发来伦敦之前已经作出决定，将在开弦弓村建立一个社会调查基地，一个可以进行继续不断地观察的社会科学实验室。如果这个社会调查基地能顺利地建成，通过年轻的研究工作者的集体努力，我相信刚才许下的愿是可以实现的。

我感谢皇家人类学会同人们对中国农民的关切，并给我机会就我自己所看到的事实，叙述他们怎样在30年里建成安定、繁荣的社会主义农村。开弦弓村的父老们知道我要来伦敦作这次演讲，特地叮嘱我，把他们向你们的问候亲自带给你们。谨祝我们两国人民的友谊不断增长。

附录　重读《江村经济·序言》

去年在北大社会学人类学研究所召开的高级研讨班上我许下一个愿，要在90年代余下的几年里对自己一生中"已经写下的东西多看看，反思反思，结结账"。而且还说"我想结合《江村经济》写一篇关于马老师论社会和文化变迁的文章"。许下的愿还得及早还清。半年多来心上老是挂念着这篇欠账。人世纷扰，抽空下笔的闲暇不多。说实话，我送出该书中文版的清样以来的10年中，还没对这本书从头到尾重读过一遍。在1986年中文版发布会上，曾说"愧赧对旧作，无心论短长"，这种心理长期来尚未克服。这次为了已经当众许下了愿，不能不硬着头皮，重新读一遍。

一

重读旧作，开卷就是马林诺夫斯基老师为这本书写的序言。这篇短短8页的文章里触及到社会人类学里许多至今还应当反复琢磨的基本问题。我想就在这些问题中挑选一些出来，谈谈我经过60年的实践后的思考。我原想用《重读〈江村经济〉》作为本文的题目，现在既把范围缩小了，题目也得改为《重读〈江村经济·序言〉》。

关于我写这本《江村经济》和马老师为此书写序言的经过，我在1962年写的《留英记》（收入《芳草天涯》第一篇）中已有交代，在此不必再重复,于是发生了我这篇文章从何下笔的难题。正在踌躇中,我突然想起不久前有一位朋友送我一篇1962年伦院(L.S.E.即伦敦经济政治学院)纪念马老师的演讲会上宣读的一篇讲词的复制件。讲员是英国人类学者弗里德曼(Maurice Freedman)教授,讲词的题目"A Chinese Phase in Social Anthropology"。这篇讲词正好给了我一个下笔的入口。

先交代一下这位作者和这篇讲词。

我没有见过这位弗里德曼教授,但80年代我又获得出国访问的机会时,在国外一路听到许多同行朋友谈到关于弗里德曼的话。语气中都为我没有见到这位对中国社会文化研究具有突出热情的社会人类学家而惋惜,甚至有人听我说还没有读过弗里德曼的著作感到奇怪。事实是这样:我于1948年暑期离英返国后,由于战争的原因,我和国外的学术界已无法继续来往。大概在50年代末和60年代初这段时间里,弗里德曼在英国人类学界初露头角,而且名声日著,1962年已在高规格的伦院纪念马老师的会上发表讲话。听说后来1968—1970年曾一度当过伦院人类学系主任,成了马老师的接班人之一。他极力提倡研究中国社会文化,而且身体力行,做出成绩,获得"汉学人类学家"的名声。他培育了一批对中国社会文化有研究兴趣的社会人类学者,甚至有人认为他实现了马老师曾表达的愿望,开创了一代用社会人类学方法研究东方有悠久历史的国家的社会文化的风气。但不幸他在1975年过早逝世了,享年55岁。那时正在"文革"末期我刚从干校回到北京不久,还带着"脱帽右派"的帽子尚未恢复正常的社交生活。如果他能增寿10年,有机会来华,想来我们双方都会感到知己难逢,相见恨晚了。但天不作美,良缘难得,交臂错失,只能说是天意了。

再说他在那篇讲词的题目坦率指出了社会人类学门学科的"Chinese Phase"。这个提法怎样译作中文？据《英华字典》phase有两解：一是方面，一是时期。用方面来译，意思是在社会人类学中有研究中国的一方面，那是比较普通的译法，因为一门学科可以有多个方面。如果译作时期，意思就有中国研究可以成为这门学科在一定时期里的主流，那就有一点自负的味道，至于译成社会人类学的中国时代，那么这个味道更重了。我倾向于用"方面"，但用"时期"也不能说超越了弗里德曼的本意，因为我读了他的讲词，觉得他是有点想把马老师在序言里所提出的"社会学的中国学派"Chinese School of Sociology 提高一下，把研究文明国家的社会文化作为社会人类学的奋斗目标。这是弗里德曼的"预言"。他们两人都寿命不够长，没有看到所预言的"学派"或"时期"实现于世，令人遗憾。

有人称弗里德曼为"汉学人类学家"，我也想加一点注释。这个名字是最近我从北大社会学人类学研究所副教授王铭铭同志的一篇《社会人类学与中国研究》一文（《人类学与民俗通讯》，第20—21 期）看到的。原文是："后来，弗里德曼成为了研究中国的人类学家（或称'汉学人类学家'）共同推认的学术导师。"

汉学人类学的英文对译我没有见到过，这可能是由于我和外文资料接触太少所致，如果在英国此词现已流行，则弗里德曼所说的 Chinese Phase 确应译作"中国时期"甚至"中国时代"了。

这里插入一段有关掌故可能会有些启发。西欧各国学者研究中国文化已有好几个世纪，一般包括在东方学 Oriental Studies 之内，研究中国的东方学称 Sinology，这类学者称作 Sinologist。汉学或东方学来源于此。记得我在《留英记》里说过，我在接受博士考试时,有一位考官是罗斯(Sir Denison Ross),就是一位当时有名的东方学者。马老师事后曾为我解释说,关于中国社会文化的研究有需要得到东方学者的认可。可见直到30年代中国文化的研究在英国还属于东方学者的"领地"。但是马老师取得罗斯的同意把社会人类学跨进了这种学术王国里的传统界线。弗里德曼接着在60年代就在这块园地上撑起了"研究中国的人类学"甚至有人称之为"汉学人类学"这面旗子了。如果东方学者不出来抗议,就表明英国学术界里发生了变化。

二

弗里德曼是想紧紧抓住了马老师在《江村经济·序言》开始就说的该书"将被认为是人类学实地调查和理论工作发展中的一个里程碑"这句话作为在社会人类学的领域里开创一个新风气的根据。这个新风气就是从过去被囚禁在研究"野蛮人"的牢笼里冲出来,进入开阔庞大的"文明世界"的新天地。

不论在英国还是美国,社会或文化人类学在30年代前一直是以当时被欧洲人称为"野蛮人"作为研究对象的。他们把"人类学"实际上等同于"野蛮学",但并不觉得这是对人类学的讽刺。马老师是在这陈旧的空气里熏染成长的,当他发表他的成名之作时,竟也把"野蛮人"这个我们现在听来十分刺耳的污辱人的名称用在他所著的书名里,但他醒悟得比别人早些,并公开发出了预言说:"未来的人类学不仅对塔斯马尼亚人、澳洲土著居民、美拉尼西亚的特罗布里恩德群岛人和霹雳的俾格米人有兴趣,而且对印度人、中国农民、西印度群岛黑人、脱离部落的哈勒姆非洲人同样关注。”他在给《江村经济》写序言时，就引用了这句预言，并表示终于看到了这预言开始实现的喜悦。至于这句预言原来的出处，在序言中并未注明。

其实他这句预言是用了极为温和的口气表达的。只希望人类学对当时被划分为文野的两类人等同“关注”。这种口气相当于为人类学开阔一个研究的“方面”。60 年代弗里德曼用的 phase 一字就注入了“新时期”甚至“新时代”的意味了。这 30 年里怎样会发生这么大的变化呢？我不能不想起就在这 30 年里发生过震动全人类的第二次世界大战。这次大战使大英帝国瓦解了，世界各地被殖民主义压迫下的民族在不同程度上得到了解放。人类学者还想用过去那种气势凌人地到原来殖民地上的人民中间去进行所谓调查研究的田野作业，免不了要吃闭门羹了。这是大势所趋，人类学这门学科要能继续生存下去，就得另辟路径，开拓新的研究园地。这时自会有人想起马老师的预言。当时在伦院人类学系后来接班当主任的弗里德曼反应得比较迅速，跟着马老师指导的方向，看到了中国，想一举而抹掉“文野”之别。现在又过了 30 多年回头看，他未免急躁一点，在当时要树立起“社会人类学中国时代”或“汉学人类学”，条件似乎不够成熟，以致壮心未酬，赍志而殁。文野这条人为的鸿沟仍未填平。

马老师在序言里提到这预言时，心里明白要跨过这文野之别并不是那么轻松容易的。他在序言里接着说“这一段引语中包含着对现代实地调查和理论工作提出了重要基本要求，研究文化变迁、文化接触的现象、现代文化的传播”。他在写序的当时自己就在非洲研究现代各民族的关系，触及现代文明和土著文化中间这条文野鸿沟，也面对着一系列对他原有实地调查方法和理论的挑战。他也明白自己的探索就会在这条路子上爬上一个台阶，他要为人类学更上这层楼，从对野蛮人的研究过渡到对文明人的研究，筑好一顶楼梯。但是由于寿命的限制，只遗下了一大堆残稿，后来，虽经他的门生于 1945 年整理成了 *Dynamics of Culture Change* 一书，但他想建立的这顶楼梯还只是一个初步设计的图稿，留下许多空隙没有填实。

马老师看重《江村经济》的原因，到现在我才有了进一步的体会，可能是他在我这本书的骨子里看到了一些所希望培育的苗头。也许他曾考虑过，吴文藻老师所带领的这个小小队伍有可能就是实现他的宏图的一个先遣队，为人类学跨过"野蛮"进入"文明"进行一次实地探索。我当时实在不太能领会他说"社会学中国学派"时的期待心情。我曾多次坦白地说过，这本《江村经济》在我是一棵"无心种下的杨柳"。当时我哪里会有这种本领看出了马老师的用心？经过了 30 年的坎坷境遇之后，才如梦初醒，在 1985 年不自觉地吐出"愧赧对旧作"这句话。今天又过了 10 年才进一步发觉当时感到愧赧的原因是辜负了老师当时的这片心愿。能有此悟，还得感谢弗里德曼这篇演讲的启发。

三

弗里德曼在这篇演讲里，讲到了马老师离英后海外人类学者研究中国的企图和困惑。马老师这一代人在社会人类学里奠定了着重"田野作业"的传统，就是要从人们的实际生活中去观察他们的社会和文化。这个"田野作业"的调查方法虽不能说是从马老师开始，但他以后的社会人类学者都以他在特罗布里恩德群岛上土人中的实地研究作为范本。马老师研究过的特罗布里恩德群岛上的土人是世世代代在这小岛上生活的人，为数不过几千人，长期和外界隔绝，往来稀少，有一点像陶渊明所描写的桃花源里的人物。像马老师这样有经验的人类学者在这岛上住上几年，用当地土语和当地土人亲密往来是不难做到的，可以说具备亲自接触和参与当地土人生活的条件，这就是为社会人类学者采取田野作业布置下的理想环境。马老师充分利用这些客观条件结合了主观的才能和努力，为社会人类学提升了一个阶段，走出书斋进入田野。

现在要从这种对过去曾被称过“野蛮人”的研究所用的田野方法去研究“文明人”行得通么？这是一个想把社会人类学再提高一个阶段必须解决的问题。马老师在《江村经济》的序言里一开始就列举若干他认为本书的优点，其中，第一点就是“一个土生土长的人在本乡人民中间进行工作的成果”。他加上一句提醒西方的读者说，中国是“一个世界上最伟大的国家。……本书的内容包含着一个公民对自己的人民进行观察的结果”。

上面的引语，我是用了中文版的译本。原文中前一句是“It is the result of work done by a native among natives”。他写完这篇序言后，特地打电话要我去他家吃便饭。在饭桌上边吃边谈，谈话中提到序里的这句话时着重说明“native”意思是指“本地人”。我当时觉得这位老人家心眼儿真不少。他怕我见怪，因为在西方native一词通常带着贬意，用来指殖民地上的野蛮人。当时我怪这位老师连这一点也值得要当面向我特地说明一下的么？随后我想起这次谈话时，发觉西方殖民主义确已深入民间的语言感觉之中。我觉得这位老师还不明白我们中国人的心态。我们也有野蛮这个词，不过只指粗鲁无礼，并不是人格的区别，更不触及人的尊严，不等于说“你不是人”。而西方把文野区别提高到了人和不是人的界线。在这一点上我们也许能看到至今还十分严重的西方种族矛盾的心态根源。说不定这个以种族绝灭到种族奴役为手段起家的现代西方文明会被这段历史在人们心态里的沉淀物所颠覆。天道轮回,报应说不定还是历史的规律。

话似乎说远了。但这次饭桌上的谈话,还是可以和社会人类学的发展主题联系起来。我在这次读这篇序言时,又深一层考虑到这位老人家既有用 native 这个词来指我和我所调查的家乡父老而怕我见怪之意,为什么偏要用这词,说这句话呢?看看前后文就不难明白这是有意说给有种族歧视的西方人听的,尤其是西方人类学者听的。这句话的前文是“作者并不是一个外来人在异国的土地上猎奇而写作的,本书的内容包含着一个公民对自己的人民进行观察的结果”。后文是“如果说人有自知之明的话,那么,一个民族研究自己的民族的人类学当然是最艰巨的,同样,这也是一个实地调查工作最珍贵的成就”。重读生新意,联系着弗里德曼的演说来看,马老师死后,英国的人类学者中间对马老师这预言的反响就真使我另有一番滋味在心头了。

最令人深思的:马老师在上引这些话中明确反对的是“在异国的土地上猎奇而写作”,提倡的是“一个民族研究自己民族的人民”。这样明确的态度却没有灌入他的一些学生耳中。由于我长期没有与国外社会人类学者有过深入接触,对国外文坛不应凭传说任意作出议论。事实是我实在还没有听说过国外的人类学家中有对自己民族或国家的人民进行过严肃的研究。我希望我这样说是出于我的孤陋寡闻。但是反对研究自己社会文化的人却是有的,比如利奇(Edmund Leach)教授在 1982 年出版的“Social Anthropology”里明白表示，他根本不赞成一个初学人类学的人从研究自己的民族入手，就是说他怀疑本民族的人从研究本民族能进入社会人类学的堂奥。我实在不明白他这种成见是否能说还是欧洲人的种族优越感在作弄他，连人类学者都跳不出这个魔掌？对此我们可以不去深究了。重要的是既然排除了自己的民族作为研究对象，而英美的人类学到他们这一代已面临过去出入无阻的“野蛮人世界”对他们关了门，除了回到书斋里去之外，还有什么地方可去呢？迫于无奈，这一代英美人类学者不能不转向自己国土之外的文明世界了。

四

弗里德曼在那篇讲演中提到了一系列在30年代和60年代研究中国的英美人类学者，这些都是1938年我离开伦敦之后所发生的事。当时我已是西方社会人类学界的局外人，看了弗里德曼这篇演讲的复制件才得知有些西方人类学者把研究对象指向了中国。

我特别注意到弗里德曼首先提到的是现在还和我通信问好的伦院的老师弗思（R. Firth）教授，现在已是雷蒙德（Sir Raymond）了。他是最早赏识我这本《江村经济》的老师。我在《留英记》里已讲过，我初到伦院时，他是系里为我指定的导师。他和我商量写论文的内容时，我先提出“花蓝瑶的社会组织”，后来补充说我在来英之前又调查了一个家乡的农村。他看了我两篇节略后，建议我写《江村经济》，我一直不明白他作出这个选择时的考虑。现在联系了当时社会人类学的处境来说，可以猜测他已看到这门学科正面临从研究野蛮人转向研究文明人的起点上。他这个选择可以说是扭转方向盘的第一手。

弗里德曼的演讲里提到一段我过去不知道的事。他说1938年,应当是我在离英之后弗思曾寄了一篇论文给燕京大学出版的《社会学界》,这一期还标明专门献给“L. S. E. 的人类学”。在这篇论文里他提出了“微型社会学”的概念,用来专指马老师所说“社会学的中国学派”的特点。马老师的那篇序言里曾说过“通过熟悉一个小村落的生活,我们犹如在显微镜下看到了整个中国的缩影”(中文版第4页)。六年后(1944),弗思又在伦院的讲坛上再一次说微型社会学是人类学在战后可能的发展方向。微型社会人类学是指以小集体或大集体中的小单位作研究对象去了解其中各种关系怎样亲密地在小范围中活动。他加重了口气说我想社会人类学者可以做出最有价值的贡献或许依然就是这种微型社会学。他在1952年又强调了局限于小单位的观察有多种好处。关于这个问题我在下面还要提出来讨论。这里要指出的是弗思把研究中国的社会人类学提高到了社会人类学发展方向上来了。从马老师的“社会学的中国学派”到弗思的“微型社会学”是一个飞跃,并为弗里德曼后来提出的“社会人类学的中国时期”开辟了道路。

弗思教授不但在理论上作出先导,而且就在这时候准备在行动上付诸实践,就是打算到中国来做“微型社会学”的试验。他开始学习汉文汉语,据说后来他发现汉文汉语不容易在短期内掌握,所以不得不改变计划,半途在马来西亚停了下来。1939年他选择了马来半岛东北角沿海的吉兰丹(Kelantan)地方的一个滨海的渔村开始用社会人类学方法进行微型社会学的田野工作。弗思教授这次亚洲之行并没有同我和吴文藻联系,当时我国对外通信渠道已经断绝。他改变计划的原因可能并不完全是弗里德曼所说的在语言上的困难，而是当时的国际形势。他启程时日本侵略军已攻占了半个中国，前锋已到达桂黔边境，而日本还没有发动太平洋战争，马来西亚尚未进入战时状态。弗思教授就利用这短短一年多平静的时期取得研究一个亚洲的渔村的机会。在日军进入马来西亚的1941年返回伦敦，编写他那本 Malay Fisherman 的初版。大战结束后，他于1946年和1963年又两次重访这个渔村，改写了这本微型社会学的代表作，正是在弗里德曼发表那篇演讲的下一年出版。

说来也很有意思的是，一向不主张人类学者从微小社区入手研究一个文明的大民族文化的利奇教授，自己却利用参加英国军队进入缅甸的机会，大概在1940年前后，在中缅边境开始研究缅甸境内的景颇族的山官制度(所著的书是1954年出版的)。他在英军溃退时，靠我们的军队掩护，从滇缅路撤退，到达昆明时，我还在云南大学教书，他的临时住所就在翠湖边，和我只隔了一条街。可是他没有通知我，以致我们两人失之交臂，没有见面。

在弗里德曼的演讲中提到的西方人类学者在1938年之后到中国来研究的还有牛津(Oxford)的纽厄尔(W. H. Newell)，科内尔(Cornell)的斯金纳(C. W. Skinner)，哥伦比亚(Columbia)的弗里德(M. H. Fried)和 L. S. E 的克鲁克(I. Crook)。在北京解放前不久，芝加哥(Chicago)的 R. Radfield，应邀来清华讲学。他是继 R. Park 和 A. R. Radcliffe-Brown 极力主张中国社会学和人类学者研究中国社会文化的有力支持者，不幸都没有看到他们所催生的婴儿的成长而逝世了。中国大陆解放之后，以上提到的这些西方学者除了克鲁克之外都离开了中国。直到80年代改革开放之后，才又有一些人类学者来华做研究工作。

令人遗憾的是弗里德曼在世时,至少在他发表这篇演讲前,并没有看到我1945年在美国芝加哥大学出版社出版的介绍我们抗战时期在云南内地农村调查的*Earthbound China*一书。在他这篇演讲里只能说到我返国后在左右两堵政治墙壁上撞破了头,似乎从此休矣。这怪不得弗里德曼,当时国际信息远不如当前这么发达,曾有一个时候西方曾盛传我已不在人世。但是马老师赞扬的研究自己民族的人类学在西方固然没有得到响应,我们中国学者却还守着他的遗训,而且有所发展。他如果在世时能看到我们在中国做出的探索,也许对他所主张的"社会人类学的中国时期"可以提供一些有力的支持。

我觉得抱歉的是在这篇文章中对弗里德曼本人用人类学方法研究中国社会文化的成绩不能多说几句。一是因为我们并无一面之缘,第二是因为除了这篇演讲的复制件外,我还没有机会读到过他的著作。我只能借上引王铭铭的文章里的话来说,他是现在英国"研究中国的人类学家(或称"汉学人类学家")共同推认的学术导师。其影响至今不衰,他的后代现在已成为西方汉学人类学的中坚力量"。他在社会人类学历史上的地位,这几句话已足够定论了。希望有一天我还能向弗里德曼的原著认真学习,提高我对我自己的国家和民族的科学认识。

下面接着我想就我自己实践中得来的思考,对用人类学方法研究中国社会所需解决的几个理论问题发表一点意见,我倒并不急于和西方人类学者对话,更不想抬杠,还是为了推进我们中国人研究中国社会文化,用此余生作出一分努力。

五

马老师在《江村经济·序言》中重提他的预言，社会人类学的研究对象应当包括文明人，又鼓励本民族人研究本族的社会文化。如我在上节提到的，第一个在他指导下得到博士学位后来又成为他接班人的 Firth 教授曾依他所指出的方向，在马来西亚用马老师一贯强调的田野作业方法和功能主义理论，研究了一个海滨的渔村。他在实践中提出了“微型社会学”的概念。微型社会学是以一个人数较小的社区或一个较大的社区的一部分为研究对象，研究者亲自参与当地的社会活动，进行亲密的观察。在研究方法上还是等同于马老师在特罗布里恩德群岛土人中和弗思自己在提科皮亚(Tikopia)岛土人中所用过的田野作业方法。弗思的实践认为可以证明这种微型社会学是可行的。实际上他是想在人类学领域里一步直接跨过了我在上边所说的“文野之别”。

他这样一步跨越的试验，基本上消除了西方社会人类学的研究对象被困住在“野蛮人”里的传统桎梏。但是这也引起了许多值得注意的方法上和理论上的问题。这些问题的来源首先是出于“文野之别”的别在哪里。我们不应过于简单地以西方的种族成见一语把这区别予以抹掉。特罗布里恩德群岛土人和中国农民以及伦敦的居民存在着相同的一面是基本的，因为他们都是人，所以应当都是人类学的研究对象。这一点我在那篇讲马老师的文化论中已经说清楚了。我认为马老师和功能论就是要想以一切人类文化都是人类依据自己的生物需要和集体生活的需要而产生的这种基本认识，来消除人文世界中本质上文野的差异，比如他批判了把理知思考作为文明人所独具的特性等,就是为"文野一致"论找根据。但如果我们只讲文野一致也会导致文野无别的错觉,也就是忽视了人本身在文化上的演化,忽视了人的历史。所以我们既要根本上肯定人类的一致性,也要注意到人类本身还是处在自然的演化过程之中。这个过程首先表现在人在发挥它生物遗传的底子上创造的人文世界,因处境不同存在着各种不同的选择。所以不同民族在社会文化上可以有差别。这种差别也是客观存在的。而且这种差别也曾引起了不同民族在过去的历史里产生了不平等的地位。我们不应当因为反对这种不平等而把差别也根本否定掉。我们既要承认文化本质的一致,也要重视文化形式上的差别。

我并不同意文化的发展是有一定不移的阶段,但也不同意完全是偶发的和无序的。从整个人类历史过程中看去总的来说大体上是,一个社区里共同生活的人是由少而多,人所能支配的环境是由小而大,人和人的关系是由简而繁等等,这些基本上都是日常可见的实际情况。即以 Firth 自己研究过的 Tikopia 人和马来西亚渔民相比较,我想也会看到两者在这些方面的差异。

人口既有多少、社区既有大小、社会既有繁简,有人提出对"微型社会学"的责难就值得我们认真对待。责难是一个包括人数众多、历史悠久、文化复杂的民族或国家,只研究其中的一个由少数人组成的小社区,能不能了解这个民族整体的社会文化?这正是利奇教授在 1992 年所写的 *Social Anthropology* 一书中向研究中国农村的社会人类学者提出的责难。

利奇教授责难我们从一个小小农村入手研究中国社会文化时提出了的这样一个问题,就是"中国这样广大的国家,个别社区的微型研究能否概括中国国情?"我在 1990 年所发表的《人的研究在中国》一文中答复了这个问题。我在当时的答复中首先承认他的“局部不能概括全部”的定式，即方法上不应“以偏概全”，而提出了用“逐渐接近”的手段来达到从局部到全面的了解。

后来我又提出在云南内地农村调查的实际中采用的“类型”的概念，和在90年代城乡经济发展的研究中提出了“模式”的概念，对局部和全面的关系作了进一步的修正。我认为：“把一个农村看成是一切都与众不同，自成一格的独秀，sui generis 也是不对的。一切事物都在一定条件下存在的，如果条件相同就会发生相同的事物。相同条件形成的相同事物就是一个类型。”（《人的研究在中国》，第6页）以江村来说，它果然不能代表中国所有的农村，但是确有许多中国的农村由于所处条件的相同，在社会结构上和所具文化方式上和江村基本上是相同的，所以江村固然不是中国全部农村的“典型”，但不失为许多中国农村所共同的“类型”或“模式”。我这种思考，使我进一步摆脱了利奇的责难。我认为有可能用微型社会学的方法去搜集中国各地农村的类型或模式，而达到接近对中国农村社会文化的全面认识。

最近我在重温马老师的文化论时，又有所启发。在人文世界中所说的“整体”并不是数学上一个一个加起而成的“总数”。同一整体中的个体有点像从同一个模式里印刷出来的一个个糕饼，就是这个别是整体的复制品。生在社会里又在社会里生活的一个个人，他们的行为以至思想感情的方式是从先于他存在的人文世界里学习来的。学习基本上就是模仿，还加上社会力量对个人发生的规范作用，即所谓教育，社会用压力强制个人的行为和思想纳入规范中，一个社区的文化就是形成个人生活方式的模子。这个模子对于满足个人生活需要上是具有完整性的，每个人生活需要的方方面面都要能从这个人文世界里得到满足,所以人文世界不能是不完整的。关于这层意思我在关于学习马老师的文化论的体会那篇文章里已经说过,这里不再重复了。

这样看来,如果能深入和全面观察一个人从生到死一生生活各方面的具体表现也就可以看到他所处的整个人文世界了。在实际田野作业里,要观察一个人从生到死一生的行为和思想是做不到的。所以实际研究工作是把不同个人的片段生活集合起来去重构这个完整的"一生",从零散的情境中,见到的具体镜头编辑成整体的人文世界。他所以这样做,是因为每个人在一定社会角色中所有的行为和感情都不应看作是"个人行为",而都是在表演一套规范的行为和态度。我们都知道每个当父亲的人在他当舅舅时就不是一个面孔。社会人类学者首先要研究的对象就是规范各个个人行为的这个"模子",也就是人文世界。从这个角度看去,人文世界里的"整体"必须和数学里的"总数"在概念上区别开来。这是"微型社会学"的基本理论根据。

利奇认为我们那种从农村入手个别社区的微型研究是不能概括中国国情的,在我看来,正是由于混淆了数学上的总数和人文世界的整体,同时忘记了社会人类学者研究的不是数学而是人文世界。其实利奇也明白这个道理。因为他在自己的 *Political Systems of Highland Burma* 一书里所分析的克钦人的社会结构时也只根据他在缅甸的一部分被称作克钦人的景颇族中所调查到的资料。他根本没有对跨越中缅两国的景颇族全部进行调查,而敢于下笔把在其中一部分克钦人中观察到的政治关系着手分析解放前在景颇族里广泛实行的山官制度。他在社会人类学研究实践中实际也是采用了"微型社会学"的理论根据:只要在一部分克钦人中深入细致观察他们政治生活中所遵守的规范就可以用来概论跨越中缅边境的景颇族的整个山官制度了。如果他有机会在解放后看到在我国境内的景颇族实行了民族区域自治，他就可以说历史的条件变了，所以两地发生了不同的政治结构，而且进而可以用缅甸境内克钦人的山官制度来作了解我国境内景颇族区域自治的参考体系了。这种研究方法，我是可以赞同的。我也同意在人文世界里不必去应用“典型”这个概念，道理是在人文世界有它的特点。但是他在对待我们中国人研究农村时却忘记了这一条研究人文世界的基本原理。

六

既然我对利奇教授翻了一笔旧账，对他提出的微型研究是否能概括中国国情的问题上发了一通议论，补充我在《人的研究在中国》一文中未尽之意，不妨接下去对他提出的另一个问题“像中国人类学者那样以自己的社会为研究对象是否可取?”也附带说几句。虽然不免是炒冷饭，炒炒热可能也有好处。

利奇公开认为中国人类学者不宜从本国的农村入手进行社会人类学的研究工作。这是他用委婉的语气反对马老师所赞赏的“本地人研究本地文化”的主张。他批评若干本中国学者出版的研究中国农村的著作用为例证之前，有一段他自己的经验之谈。他说:“看来似乎是很可怪的，在亲自具有第一手经验的文化情境里做田野作业，比一个完全陌生的外客用天真朴素的观点去接近要观察的事物困难多得多。当人类学者研究他自己社会的一鳞一爪时，他们的视野似乎已被从公众的甚于私人的经验得来的成见

所扭曲了。”（第 124 页）

他的意见简单地说是自知之难，知己难于知人。这一点可以说和我国常说的“贵有自知之明”颇有相同之处。但这是一般印象的总结，并不是经过了实证性的分析推考得出的定论。

利奇也许心里也明白他这样说不一定站得住脚，所以翻过几页，在他逐一批评过了中国学者的著作之后，又把已说过的调子收了回来。在第 127 页最后一段里，语气改了，“尽管我对直接对本人自己的社会作人类学的研究采取消极的态度，我依然主张所有人类学者最重要的见识总是植根于自我的内省。研究‘别人’而不研究‘自己’学术上的辩解是虽则我们起初把别人看成是乖僻，但到头还得承认人们的‘异相怪样’正是我们从镜子里看到自己的模样”。这段话我觉得他说到点子上了。利奇毕竟还是马老师的及门弟子，他尽管可以另有所好，但是功能派的一条基本“律令”他是丢不掉的，那就是“众出于一，异中见同”。

利奇说人类学者的见识根源还是在自我内省。我想就这句话补充一些自己实践的体会。我很赞同利奇从人类学者在田野作业切身的体会说起。我生平说得上人类学的田野作业，只有三次。第一次是在广西金秀瑶山，第二次是在江苏江村，第三次是在云南禄村。这三次都可以说是中国人研究中国社会文化。但是第一次我是汉人去研究瑶人。既不能说我是研究本土文化，又不能说完全是对异文化的研究。实质上我研究的对象是“我中有你，你中有我”，而且如果按我主观的估计，同多于异，那就是说汉人和瑶人固然有民族之别，但他们在社会文化生活上在部分已十分接近相同的了。这是中国少数民族研究的一个特点，各族间存在不同程度的相同和相异之处，似乎不能简单地以“本文化”和“异文化”

的区别来定位。

江村离我出生的吴江松陵镇只有十多公里，同属一个县域，两地居民说是同乡，没人会提出异议。但是我和江村的“乡亲”们能不能说在社会文化生活上只有“同”而没有“异”呢？我觉得没有人会看不到“异”的存在，甚至江村的居民也并不真的感觉到我是他们所说的“自家人”。即以语言说，尽管都是吴语，但是他们讲的话我很多听不太懂。我所说的，他们更不容易一下就明白。若说《江村经济》是本土文化研究的代表作，我总觉得还不够格。这里所包括的复杂性，在下文还要细说。

再说禄村。禄村是我一位燕京大学同学的家乡。他和禄村的关系有点近于我和江村的关系，但也不尽然。无论如何我和禄村居民又隔了一层，本村人间用本地话进行的亲谈杂语，我根本听不懂。他们和我说话时也要改口打“官腔”，异于他们日常的用语。《禄村农田》的本土性比了《江村经济》又少了些。所以严格说两者都还不能说是十足的“土生土长的人在本乡人民中间进行工作的结果”。

如果我自己把这三次田野工作互相比较。我对所接触到的人、事、物能心领神会的程度确是不同的。在江村，基本上我不必通过第三者的帮助就能和对方交往，在禄村就不能那么随心所欲了，在瑶山里我离不开能说汉话的人的帮助。如果社会人类学的田野作业离不开语言作为取得认知的工具，我实在不能同意利奇所说的在熟悉的田野里工作比在不熟悉的田野工作更困难的说法。

更进一步来推考，我们怎样去认识一个和自己文化不同的所谓“异文化”的呢？我在学习马老师文化论的体会中已经讲过我怎样开始我在瑶山里的“田野工作”的情形。我曾说：我记得最初在瑶山里住下已是晚上，我们进入一间为我们准备下的小楼，顿时被黑黝黝的一群人围住了，我们进入了一个“友好但莫名其妙的世界”。这正是我们要认识的对象。怎样办？首先我们只有依靠在自己社区里待人的经验和他们作有礼貌的接触。在和他们接触中逐渐发觉这一群人对我们的态度、行为、感情都有差别。而且这群人之间相互对待也不相同。我们通过这些差别，用自己社会里看到过的关系，分辨出他们之间的社会关系，和他们在这群人中不同的地位。我们首先看出了他们之间也存在母子关系，从母子关系再看出了夫妇关系等等。我把这段回忆在此重述，目的是要说明，我是从比较自己熟悉的文化中得来的经验去认知一个不熟悉的文化的。这是我认为就是利奇所说“反省”的一种具体表现。

当然这个认知过程并不是套取已知的框架，而是依靠已有的经验和新接触的事物相比较，起着参考体系的作用。两者不同之处是作为参考体系的只引导在比较中注意新事物的特点，由相同引路，着重注意其相异，就是作为认知的依傍，而不作为范本。如果遇到轶出于已经验范围的完全新鲜的事物，作为参考体系的已有经验正可肯定其为新事物，而作为完全新的经验来接受，扩大已有知识的范围。用已有经验作参考体系，在心理过程上我认为就是利奇所说的“反省”。如果把这种参考体系本身有系统地综合起来也可能就是马老师所说的“文化表格”。马老师是根据他本人的和其他人类学者的田野经验归综成一个可用以帮助田野作业的比较完整的参考体系。这个体系的原料是田野作业者的个人经验，个人经验要个人反省才能表达出来。

社会人类学田野作业的对象，以我以上的思路来说，实质上并没有所谓“本文化”和“异文化”的区别。这里只有田野作业者怎样充分利用自己的或别人的经验作为参考体系，在新的田野里去取得新经验的问题。我们提出“社会学中国化”或本土化是因为当时我们中国学者忽视了用田野作业的方法去研究我们自己的中国社会和文化。我们绝没有拒绝出生于异文化的学者来中国进行田野作业。如果要以研究者自己不同的文化出生来比较在工作上哪里方便？根据我的经验，只以传媒手段的语言来说，本土人研究本文化似乎占胜一些，当然还得看研究者掌握当地语言的能力。至于利奇所提出的“私人的”或“公众的”成见问题，我在《人的研究在中国》一文已经发表过我的意见。我认为这是个“进得去”—“出得来”的问题，在这个问题上双方各有长短。我不再重复申论了。

七

用微型社会学的方法去调查研究像中国这样幅员广阔、历史悠久、民族众多的社会文化，不应当不看到它的限度。拉德克利夫-布朗和弗思两位前辈鼓励我们的农村研究，以我现有的体会来说，其实不过是指出一条入手的门径，并不是说要了解中国国情，农村研究已经足够。这一点无需我多作说明。如果要加一条补充的话，农村研究实在是了解中国国情的基础工作，只从80%以上的中国人住在农村里这一事实就足够作为这句话的根据了，而且还可以说即是那小部分不住在农村里的人，他们的基本社会结构和生活方式大部分还是等同于农民或是从农民的型式中发展起来的。因之至少可以肯定研究中国社会文化应当从农村研究入手。到目前为止，对中国农村社区进行比较全面的研究还不多。这方面工作自应更认真地继续做下去。

如果再读一下马老师在《江村经济·序言》里所表达对“社会学的中国学派”所抱有的期待，就可以看到这种微型研究事实是存在着相当严重的不足之处。他说：“这本书，集中力量描写中国农民生活的基本方面。我知道，他打算在他以后的研究中说明关于崇祀祖先的详细情况以及在村庄和城镇中广为流传的关于信仰和知识等更复杂的体系。他希望终有一日将自己的和同行的著作综合起来，为我们展示一幅描绘中国文化、宗教和政治体系的丰富多彩的画面，对这样一部综合性的著作，像这本书这样的专著当是第一步。”

马老师心目中我这本《江村经济》只是一部综合中国国情的巨著的初步起点。他还为这部巨著的内容做出了一个启发性的提纲，就是除了我在《江村经济》所勾画的该村土地的利用和农户家庭中再生产的过程，也就是社会基层结构和经济活动之外还应当包括文化、宗教、政治等等方面的社会规范和意识形态方面的叙述和分析，并且把这类研究成果综合起来，成为一幅“丰富多彩的画面”，其实他可能已看到要达到他的要求，当时我采用的微型研究的方法和理论是不够的，所以像这本书那样的著作只能是编写这样一部综合的有关中国国情的长卷的起步工作。

如果把马老师提出的要求作为我们的目标，我们不能不承认微型社会学的限度，承认限度并不是否定在限度内的成就和它的价值。以微型研究为“第一步”可以得到比较结实的基础。我们应当从这基础上走出去，更上一层楼。怎样走，怎样上，首先要在实践中去发现“微型”的限制在哪里。

我在上面各节里已肯定了一个像农村一样的社区可以作为社

会人类学的一个研究的适当对象，因为这个社区的人文世界是“完整”的，从功能上说能满足每一个社区居民生活各方面的需要。从这个意义上 Leach 说我这本《江村经济》不失为一本功能主义的著作，虽则我并没有把社会各方面的功能全面顾及，但是从整体出发有重点地叙述了这个社区的经济生活，也就是马老师所说的“农户家庭再生产的过程”。我后来用建立类型来补充这种研究方法，用以区别于通过数量上的增加以取得总体的认识。

抗战时期我在云南内地农村的研究工作中充分利用了类型这个概念，进行比较的研究工作。江村、禄村、易村、玉村等名称就表示了我的研究方法。我认为可以从发现各种类型的方法逐步接近认识中国全部国情的目的，也就是通过“微型社会学”累积各种类型，综合出马老师所要求我做的那部有关中国文化和社会的巨著。

直到 80 年代，我第二次学术生命开始时，才在总结过去的实践中，清醒地看到了我过去那种限于农村的微型研究的限度。我在 60 年代提出的“类型”概念固然可以帮助我解决怎样去认识中国这样的大国对为数众多、结构不同的农村的问题。但是后来我明白不论我研究了多少类型，甚至把所有多种多样的类型都研究遍了，如果把所有这些类型都加在一起，还不能得出“中国社会和文化”的全貌，因为像我所研究的江村、禄村、易村、玉村等等的成果，始终没有走出“农村社区”这个层次的社区。整个“中国文化和社会”却不等于这许多农村所加在一起的总数。农村不过是中国文化和社会的基础，也可以说是中国基层社区。基层社区固然是中国文化和社会的基本方面，但是除了这基础知识之外还必须进入从这基层社区所发展出来的多层次的社区，进行实证的调查研究，才能把包括基层在内的多层次相互联系的各种社区综合起来，才能概括地认识"中国文化和社会"这个庞大的社会文化实体。用普通所熟悉的现成概念来说就是中国文化和社会这个实体必须包括整个城乡各层次的社区体系。

在《江村经济》中我早已看到江村这个村一级的社区并不是孤立和自给的。在这方面和太平洋岛屿上的社区比较，江村这一类中国农村的社区居民固然在本社区里可以取得满足他们基本的需要，但这些都不是封闭的社区，或封闭性远没有特罗布里恩德群岛土人或提科皮亚岛土人那样强。当然当前世界上绝对封闭孤立的人群已经可以说不再存在了，或是只是极为个别的例外了，但在和社区外的联系程度各地方的情况可以差别很大。自从航海技术有了大发展以来，几个世纪海运畅通。全世界的居民已抛弃了划地聚居、互不往来、遗世孤立的区位格局，不同程度地进入了稀疏紧密不同的人和人相关的大网络。就在这个历史的变化中，在农村社区基础上发展出了若干农村间在生活资料上互相交换的集散中心的市镇。

传统市镇的出现在中国已有几千年的历史。在本世纪的近100年里，特别是近几十年里，中国传统市镇发生了巨大的变动。城乡关系已脱颖而出，成了一个特别引人注意的理论和实际问题。

城乡关系不但把分散的自成一个社区的许多农村联系了起来，形成一种有别于农村的市镇社区。它的社会和文化内容可以说是从农村的基础上发展出来的，所以保留着许多基本相同的一面，但是又由于他作为一个社区的功能已不同于农村，因而也自有其不同于农村的一面，它属于与农村不同层次的社区。

在研究方法上说，在研究农村这种基层社区时，只要不忘记它是有许多方面和本社区之外的世界相联系这一点，然后集中注意力在本社区的自身，还是可以在既划定的范围内观察到社区居民社会生活各方面的活动，并把本社区和外界的关系交代清楚，还是可以在这既定的空间范围内把这个社区人文世界完整地加以概括。比如我在《江村经济》中把居民依靠区外供应日常所需的油、盐、酱、醋、糖、酒，在“航船”的一节里讲清楚了，在江村的经济体系中也不留下很大的缺漏。又比如在《禄村农田》里把当地农业里重要的劳力供应，说明是从附近各地集中到禄村来卖工的劳动市场里得到的，而并没有去追踪这些出卖劳力的人的来源是外村的少数民族，也可以交代过去了。这些例子说了“微型社会学”虽则带来了限制，如果说明把研究的范围限于基层社区，这样做法还是可以说得通的。但也必须承认这些“微型”资料是不可能综合起来说明高一层次的社会情况。

如果我自己不满足于完成一本不失为“功能主义的著作”或是还想沿着马老师在该书序言中希望我能进一步完成一部有关中国社会和文化的综合性的著作，我就不能停留在这本《江村经济》的著作上了，而且也不能只走“云南三村”的老路，尽管这条路还应当走下去。为了更上一层楼，我就势必走出农村社区这个范围而从农村里发展出来，为农村服务的市镇社区拓展我的研究领域了。

至于我怎样从《江村经济》里走出来进入小城镇的研究，这一段叙述，我觉得已超出了对《江村经济·序言》的体会的范围，尽管这一步还是从《江村经济》的基础上走出来的。我在去年年初写了一篇《农村、小城镇、区域发展》，可以作为本节的参考，在本文里不再重复了。

八

“微型社会学”有它的优点,它可深入到人际关系的深处,甚至进入语言所难于表达的传神之意,但是同时有它的限制。我在上一节里指出了在空间坐标上它难于全面反映和该社区有密切的联系的外来辐射,如我已提到的一个农村所倚赖的市镇,和没有提到而同样重要的亲属和行政上的种种关系,这是因为社区是通过社会关系结合起来的群体,在这种人文世界里谋取生活的个人已不是空间的一个点,而是不断在扩大中的一堆堆集体的成员,就是在幅员可伸可缩的一堆堆集体中游动着的分子,这是很难用普通几何学图形予以表述的。

如果我们从空间转向时间,社区的人文世界同样是难用几何形象来加以表述的。这正是社会人类学和历史学争论已久的问题的根子。时间本身,以我们常识来看,日换星移总是在一条线上向前推进,以个人生命经历来说,从幼到老,不能倒流。这就是我们熟悉的过去、现在和未来后浪推前浪的程序。在西方拉丁语系的语言中的动词还要用这个三分法来定式。这三分法就成了我们一般认识历史的标尺。这种以时间里运行的一切事物总是按照先后次序一幕幕地层次井然地推演的认识框架在社会人类学里也就出现了所谓社会演化规律。把人类的历史看成和其他事物的历史一般像是一条流水线。这线又可以划成若干段,一段接一段,如野蛮、未开化、文明等等。一个人不论生在什么地方,都可以根据他生活上一部分的表现,划定他在历史框架里的地位,而推论他全部生活的方式和预测他的未来。这种方法的内容可以搞得很复杂,其实把人文世界看得太机械化和简单化了。

马老师对这种机械的社会演进论是深恶痛绝的，但也由于他反对这种错误的历史观，又由于他主要的田野作业是在特罗布里恩德这一个太平洋小岛上居民中进行的，这些小岛上的居民生活比较简单而且看来长期没有发生过重要的变动，以致他的著作给人一种印象就是研究这类居民的人文世界可以不必去追问他们的历史演变，甚至误解功能主义是非历史主义的。功能主义确是主张一件事物的功能是它对人生活发生的作用，这里所说的作用又被认为是这事物当地当时对个人需要的满足。个人的需要持续的时间和包括的范围也就成了人文世界的时间和范围。因而被认为功能主义的社会人类学可以不讲历史。我认为这是一种误解。马老师在他的著作里可以说确是没有历史的分析，但这是出于他所研究的对象首先是在他进行田野作业这段时间里社会变动不大，其次当地居民并没有文字去记下他们的历史和他们的历史还是靠个人的头脑里记下的上辈人口头传下来的传说。这就使过去的历史和现在的传说分不清，以致这两者之间在时间框架里互相融合了。传说有它当前的作用，满足当前的需要，并不一定符合已过去了的事物发生当时的实际。在了解当前的人文世界自应当把两者分开而着重在当前发生作用的功能。这就出现了他强烈否定所谓“遗俗”这一类“失去了功能的事物”，因而他被认为不注意在客观时间中发生过的一般所谓“历史”了。

以上是我个人的体会，就是说在功能的分析里，一件人文世界中的事物都可以存在时间框架上的多重性，即我们习以为常的过去、现在、未来结合在一起的情况。上面我已说过人们对过去的记忆可以因当前的需要而和实际上过去的情况不相符合，而且在当前决定个人行为的心理因素里还包含着对未来的希望和期待。早在《江村经济》一书的"前言"里我也说过以下一段话：

"任何变迁过程必定是一种综合体，那就是：他过去的经验，他对目前形势的了解以及他对未来结果的期望。过去的经验并不总是过去实事的真实写照，因为过去的实事经过记忆的选择已经起了变化。目前的形势也并不总是能得到准确的理解，因为它吸引注意力的程度常受到利害关系的影响。未来的结果不会总是像人们所期望的那样，因为它是希望和努力以外的其他许多力量的产物。……"

我全部引用60年前的话，因为这段话里我表明了我们习以为常的时间的三分法，不能简单地运用在分析变动中的人文世界。我当时所说的时间上的"综合体"，其实就想指出我们单纯常识性的时间流程中的三分法是不能深入理解人文世界的变动过程，我在《学习文化论的体会》一文中所说"三段直线的时间序列（昔、今、后）融成了多维的一刻"也就是这个意思。在这个问题上我总觉得不容易说清楚，所以反复地用不同说法予以表述。

马老师在《江村经济·序言》中已说明了他对历史的态度。"正因为那个国家有着最悠久的没有断过的传统，要理解中国历史还必须从认识中国的今天开始。这种人类学的研究方法对于现代中国学者和欧洲的一些汉学家所进行的以文字记载为依据的重要历史工作是一种不可缺少的补充。研究历史可以把遥远过去的考古遗迹和最早的记载作为起点，推向后世；同样，亦可把现状作为活的历史，来追溯过去。两种方法互为补充，且须同时使用。"（见本书第16页）

马老师当时已看到中国社会的特点是在它有考古遗迹和文字

记载的悠久文化传统。这是和殖民地上土人的重大的差别。但由于自己没有在像中国这样的地方进行过田野作业，所以他只能做出原则性提示，认为历史学和社会人类学应当是两门可以互为补充的学科。至于在具体研究工作上怎样合作和补充，他并没有详细说明。但这却直接涉及到是否能应用“微型社会学”的方法来研究中国农村的问题，或“从农村社区能否全面研究中国国情”的问题了。

以《江村经济》来说我在关于历史材料方面应用得确实很少，而且很简单。像在江村经济中起重要作用的蚕丝副业，我只查了赖特(A. Wright)的一本关于20世纪对香港、上海等商埠的印象记，和用了他1908年在这本书里所写的有关“辑里丝”的一段话(见本书第31页)。有关江村的人口数字我只用了1935年的普查数字。当然我在许多地方讲到开弦弓的传统时，除了我从现场视察到实事外，也以我自己过去的生活经验来加以说明，而我的生活经验最早只能推到1910年。总括一句我在这本书里并没有如马老师所说的结合了历史来进行的。我自己也多次说所写的这些记录今后将成为历史，时至今日这本书确可以说是一本记载了这个村子的历史。当时是活历史，现在只能是已过去了的历史，所以决不能说是结合了历史的社会学分析。

在实践中我不能不怀疑像《江村经济》一样的村一级“微型社会学”调查、社会学和历史学结合的田野工作是否切实可行？同时我是赞同马老师所说的话，要读这部历史得有历史学者和考古学者从文字和实物中得来的有关过去情况的知识作为补充。至少我认为今后在微型社区里进行田野工作的社会人类学者应当尽可能地注重历史背景，最好的方法是和历史学者合作，使社区研究，不论是研究哪层次的社区都须具有时间发展的观点，而不只是为将来留下一点历史资料。真正的“活历史”是前因后果串联起来的一个动态的巨流。

九

写完了上一节我总觉得意犹未尽，问题是在对马老师的“活历史”怎样理解。序言里的原文是“History can be read back，taking the present as its living version”（原书 p. xxii）。中文版的译文是“可把现状作为活的历史，来追溯过去”。我心里对这句话反复琢磨，想进一步体会马老师的原意。从我所理解的马老师对文化的分析中可以说他是着重从活人的生活中认识文化的。在活人的生活中他不能不看到很多行为和思想是从前人学来的，这里见到了文化有传统的一面。文化是在时间里积累而成的，并不是一切都是现在活着的人自己新创的。如果从上节里所说到的昔、今、后三段的直线延伸观念来说，就得承认今日的传统就是前人的创造和昔日传下的“历史”了。这样的思路就会给马老师一向反对的“遗俗”这个概念一个结实的基础。为了否认从今日文化里的传统拉出这条一线三维的时间序列，他提出了“活历史”的概念。“活历史”是今日还发生着功能的传统，有别于前人在昔日的创造，而现在已失去了功能的“遗俗”。传统是指从前辈继承下来的遗产，这应当是属于昔日的东西。但是今日既然还为人们所使用，那是因为它还能满足人们今日的需要，发生着作用，所以它曾属于昔，已属于今，成了今中之昔，至今还活着的昔，活着的历史。

历史学者和人类学者在这个今中有昔的问题上出现了分歧的

态度。历史学者咬定历史是一线三维的序列，对于文化的传统必须回顾它本身的面目，那就是要追根求底。人类学者着眼于人们当前的生活，所以马老师主张到活生生的生活中去观察才能明白人们为什么这样生活。他不否认活生生的生活中有许多是从过去传下来的，但这些传下来的东西之所以传下来就因为它们能满足当前人们的生活需要。既然能满足当前人的生活需要，它们也就是当前生活的一部分，它们就还是活着。这也等于说一个器物、一种行为方式之所以成为今日文化中的传统是在它还发生"功能"，即能满足当前的人们的需要。凡是昔日曾满足过昔日人们的需要的器物和行为方式，而不能满足当前人们的需要时，也就会被人们所抛弃，成为死历史了。

当然说"死了的历史"并不正确，因为文化中的活和死并不同于生物的生和死。文化中的要素不论是物质的或是精神的，在对人们发生"功能"时是活的，不再发生"功能"时还不能说"死"，因为在生物界死者不能复生，而在文化界或人文世界里，一件文物或一种制度的功能可以变化，从满足这种需要转而去满足另一种需要，而且一时失去功能的文物、制度也可以在另一时又起作用，重又复活。人文世界里自有其"逻辑"，不同于自然世界。关于这一点，我在这里不去发挥和展开讨论了。总之马老师用"活历史"这个概念是值得我们进一步思考的。我在上一次研讨会上讲对马老师文化论的体会时曾提"三维一刻"时间观，可以参阅。

十

我接着想联系到在去年暑期召开的那一次研讨会上李亦园教

授发表的关于“大传统”与“小传统”的讲话。我受到的启发是他对文化的层次分析。他指出了大传统和小传统的区别，因为他在田野作业中看到了中国文化的结构里有着具有权威的一套经典性的以儒家为代表的人生观和宇宙观，另外还有一套在民间流行，表现在民俗信仰的人生观和宇宙观。前者称之为大传统，后者称之为小传统，即伯格尔（Berger）教授所说的“李氏假设”。

我很赞赏李教授的分析，认为对中国文化宏观研究或微观研究都应当应用这个文化层次的分析，因为这种文化里存在着经典的和民间的区别，的确可以说在研究中国文化时表现得特别清楚也影响得特别深刻。我想在这篇重读《江村经济·序言》文章后面加上我对这个问题的一些个人的体会，或说不成熟的假设，因为这也和上面我提到的马老师的“活历史”有关。

我认为这个特点在中国很可能和历史上很早就发生了文字而且是用图形作为符号，因而发展成一套和语言脱钩的文字体系有关。这个体系是怎样发生和发展的，是个历史问题，留给历史学家去讲更为适合。我着眼的是由于这个体系所发生的社会和文化后果。

这个体系对中国文化和社会的影响很大很深，我只举出其中一些特别引起我注意的方面。首先是由于它和语言脱了钩，冲破了地方性和民族性的限制。这个特点的意义只要和其他以语音为基础的文字体系相比较一下，就很容易看得清楚。我们普通所谓“方块字”在解放前后曾受到过很猛烈的冲击，提出所谓“拉丁化”或“世界语”的文字改革方案。尽管这种改革有权威性的支持，但是群众对此并没有积极的响应，结果只成为一种“注音”性质的符号，作为学习“方块字”发音的辅助工具。热心于文字和语音结合的人们没有注意到“方块字”在中国几千年文化中所起的积极作用，那就是阻挡了以语音差别为基础，由方言发展不同语言而形成分割为不同民族的历史过程。最清楚的例子是多语言和多民族的欧洲，到现在还不容易合成一体，在东亚大陆上我认为正因为产生了这个和语音脱钩的文字体系，汉族才能保存地方方言而逐渐统一成一个民族，而且掌握这“方块字”作为信息媒介的汉族才能起到不断吸收和融合其他民族的作用以成为当今世界上人口最多的民族，同时还起着形成多元一体的中华民族的核心作用。

“方块字”在中国文化上所起的积极作用是不应当忽视的，但也不能不看到它消极的一面，那就是和语音脱钩之后要学习这种文字是比学习文语合一的文字要困难得多。学会全部“方块字”需要相当长的时间，比学会拼音的字要多好几倍。而且如果不常使用这些“方块字”，就会所谓“返盲”。这已成为当前“扫盲”运动中的一个严重问题。识字的困难限制了文字的普及性。在一个以小农为基础的大国里，在这样长的历史过程，能掌握这个信息媒介的人数在开展扫盲运动和义务教育之前总是在全民中占很小的比例，这就引起一个很基本和很严重的社会现象，那就是文字被少数人所独占。直到目前，为了要消灭这种独占性还得付出很大的努力。

这些识字的人在中国历史上常有专称，“士”可能是最早的名称。从有文字以来直到我的幼年，20世纪初年，这种掌握文字的人在社会上还是占有比一般不识字的人民高一等的地位。读书门第是高出普通人一级，这一级的人在20世纪年代里被称作“知识分子”，在“文革”时期里被称作“臭老九”。这些称号都反映了他们在社会上具有一定的特殊地位。

我在30年代抗战时期在西南后方进行农村调查时曾注意到这种在社会上具有特殊地位的知识分子,曾想作专题研究,但这个愿望并没有完成。以我记忆所及,我曾把这种人看成是城乡之间的桥梁。这种人就是历来被称作士绅的人物,他们一般和基层农民是有区别的,但存在着血缘关系,许多是农民出身或和农民保持着亲属关系,而另一方面又大多走出农村,住入乡镇和城市,成为具有政治权力的统治阶级的一部分或和统治阶级相互沟通,特别是科举时期各级政府的领导人大多出于这种人。这种人长期以来被称为"士大夫",士是指读书人,大夫是指当一官半职的人。在乡镇和城市里他们是头面人物,尽管没有官职,但是有社会名望,被称为缙绅先生。我曾根据初步的见解写成过一些文章,后来被译英文,用 *China's Gentry* 的书名出版,在这本书里我曾表述过中国士绅在城乡间的桥梁作用。

这桥梁作用如果和"李氏假设"联系起来就找到了大传统的载体和大小传统之间的联系人物,或是把他们看作一个社会阶层。这些以掌握"方块字"的技能,把上下双方的文化嫁接调适在一起。我有一个假设,就是在这些士大夫手上,广大民间的基层思想和愿望整理和提高出了一个头绪,使它们能和过去在民间受到尊重的经验和教训,结合历史上各代掌握有权力的统治阶级所需要的维持其地位和扩大权势的需要,编制成一套行为和思想规范。其实就是在民间的实际习俗中通过选择使其能得到历代帝王的支持,用文字表达出来成为影响社会的经典。我这种想法是把小传统作为民间广大群众从生活的实践和愿望中形成的传统文化,它的范围可以很广,其中有一部分可以和统治者的需要相抵触的,在士大夫看来是不雅驯的,就提不到大传统中去,留在民间的乡风民俗之中。在我看来大传统之所以能表现一部分中国文化的特点正在于它是以小传统为底子的。它又不同于小传统,因为经过了一道选择和加工的过程。选择和加工过程就是司马迁所说的“其文不雅驯,荐绅先生难言之”。雅驯与否是选择的标准,也就是这些文人们看不入眼的风俗民情。孔子对鬼力乱神一字不提,因为他觉得这些民间信仰不雅驯,看不入眼。这些掌握着文字的人就通过“难言之”把这些不雅驯的东西排除在以文字为符号的信息系统之外,就是拔除在大传统之外;但并没有在民间把这些东西消灭掉,仍在民间用口头语言口口相传,这就成了“小传统”,还可以传给后来人。大传统在民间还是发生作用的,因为它仗着这可以超越时间的文字构成的消息系统,从识字的人传给识字的人。这些人又凭他能接触到历代传下来的经验保存了人们生活中有用的知识,利用这些传统知识能帮助别人适应生活环境,成为“人师”,取得社会的信誉名望和特殊地位,大传统也依靠他们影响着民间大众。

在小传统里还可以分出“地上”和“地下”两层。在民间的生活中有种种思想信仰和活动,士大夫是看不入眼的,认为不雅驯,而没有被采用,未成为大传统。这部分依旧在民间活动,凡是到民间去观察的人还能看得到,而且在民间是公开的,不受限制的,这些就是我所说地上的小传统。但有一部分是犯了统治阶级的禁例,不能公开活动,但是在民间的思想信仰里还是保留着,只在大人先生们不屑看或视而不见。这些我认为可以包括在地下的小传统里。

另外还有一部分由于受到社会上权势的镇压,不得公开露面,只能改头换面,设法在民间的私生活中存在下去,久而久之甚至已打入了人们的潜意识里,即本人也不自觉这种思想信仰的意义,只作为一种无意义的习惯盘踞在人们的意识里，这种东西不去发掘是不易暴露它的本来面目的，我觉得可以称之为潜文化。在被视为邪教等等名目下就有这种潜文化存在，而且当其发挥作用时，也常常以曲折和隐蔽的方式有力地暴发出来，所以更难捉摸和正视。

我这样的假设又暴露了《江村经济》这一类微型社会调查的又一种限制，可说这是文化的层次上的限制。农民的人文世界一般是属于民间的范围，这个范围里有多种层次的文化。它有已接受了的大传统，而同时保持着原有小传统的本身，有些是暴露在“地上”的，有些是隐蔽在“地下”的，甚至有些已打进了潜意识的潜文化。作为大传统载体的士绅在近代已有很多离乡入镇，而其社会活动和影响还在农村里发生作用。当前的情况又有很大的变动，士绅阶层可说已经解体，在农村里它的作用已由基层干部所取代，而基层干部的性质和过去的士绅阶层又有差别，这个演变现在我还没有追踪调查，说不出来。由于文化差别形成的社会层次的原则我觉得在文盲没有扫尽，现代知识没有普及之前还不会有很大的变化。因之如果以农村社区为范围进行微观研究，这方面的情况就难于作深入具体的观察了。如果要了解农村的社会结构，这个文化层次的问题单靠微型研究方法看来还是不够的，因之我把它列入微型社会学受到限制的一个方面。

十一

以上三节是想指出我认为“微型社会学”在空间、时间和文化层次上所受到的限制。我再回头一看，我发现我所指出的限制实在是出于我对自己所研究的要求超过了微观的范围。我一直想闯出微观的限制走出农村,逐步扩大我的研究范围和层次,因为它已不能满足我的要求。如果我像利奇教授一样安心于他对社会人类学的要求,自然可以安身立命于微型社区的观察了。

利奇教授代表了30年代英国人类学者的流行观点。他们认为社会人类学的目的是在理解或发现不同人群组合社会以谋取生存及发展的基本原则,组成社会的基本结构和结构中各部分有机配合的规范,即想从各地、各时、各类的个别人群中去找出集体生活的共同原理。如果以此目的来要求自己的研究工作,我想从任何一个正常活动的社区都可以作为取得这些原理的研究对象,因为它既然是个充满生机的社区,必然具备其所以能生存和发展的必需的条件和必需的结构以及各部分必需的配合。我们把任何一个标本仔细地予以观察和分析,都可以得出其所以能生存和发展的原理的。对一个单身进行田野作业的社会人类学者来说,为了观察得更精细和深入,要求他能接触到社区里的一个个人,观察他们的行为、感情、思想和希望,所选择的研究对象就贵在全而不在大了。我想这应当是强调个人进行田野作业的“微观社会学”的理论出发点。正如弗思教授(1951年)所说微观社会学是“the microcosm to illumine the macrocosm, the particular to illustrate the general”,“以微明宏,以个别例证一般”。这句话引起后来社会人类学的疑问的就在“以微能否明宏,以个别能否例证一般?”

如果研究者的目的不是在发现一般的文化和社会结构原理,而是在认识一个具体国家、一个具体地方或一个具体村子,即一个具体社区的情况,那就不同了。这些研究者就需要运用一般原理工具去理解和说明一个或大或小的具体社区里人们的生存情况和发展的前景。前者也许可说是纯科学的研究,后者可说是应用科学的研究,我回头看我自己可能就属于后者。这一点,马老师在《江村经济》的序言里实际上已经点明。介绍我时首先是他说我是"中国的一个年轻的爱国者",他同情我当时关心自己祖国"进退维谷"的处境,更同意我以我这个受过社会人类学训练的人来进行为解答中国怎样适应新处境的问题。从这一点出发我提出要科学地认识中国社会文化的志向,为此我走上了这一条坎坷的人生道路,一直坚持到暮年。实际上,真正了解我学人类学的目的,进入农村调查工作的,在当时——甚至一直到现在在同行中除了马老师之外,为数不多。我在西方的同行中长期成为一个被遗忘的人。我有一次在国际学术会议上自称是被视为在这个学术领域的一匹乱闯的野马。野马也者是指别人不知道这匹马东奔西驰目的何在。其实这匹四处奔驰的马并不野,目的早已在60年前由马老师代我说明白的了。

作为一个应用社会人类学者并不轻视纯学理的研究。如果不明白社会人类学的原理如何谈得上应用这门知识来为人民谋利益呢?如何谈得上来促进社会的发展呢?关于这一点我在《江村经济》的前言里已讲得很清楚,马老师在序言里引用了我的一段话来说明应用科学和纯粹科学的关系。

"如果要组织有效果的行动并达到预期的目的,必须对社会制度的功能进行细致的分析,而且要同它意欲满足的需要结合起来分析,也要同它们的运转所依赖的其他制度联系起来分析,以达到对情况恰当的阐述。这就是社会科学学者的工作。所以社会科学应该在指导文化变迁中起重要的作用"。(见本书第2页)

他接着在下页里说:"他书中所表露的很多箴言和原则,也是我过去在相当一段时间里所主张和宣扬的,但可惜我自己却没有机会去实践它。”在这里他表白了内心的慨叹。我自以为能明白他慨叹的由来。可惜的是他生逢那个时代，他所出生的民族还没有摆脱被统治的地位，他对此连纸上谈兵的时代都没有。他接着说：“我们中间绝大多数向前看的人类学者，对我们自己的工作感到不耐烦，我们厌烦它的好古、猎奇和不切实际，虽则这也许是表面上的，实际上并不如此。”（见本书第3页）

这是马老师写这篇序言来推荐这本我自认为还远没有成熟的果实的实在原因。他看到这书字后行外的意向，指向人类应当用知识来促进世人的幸福和美好社会的实现。这触及了马老师心中早已认识到的社会人类学的应用价值和它的使命。

我的“愧赧对旧作”也就是因为我并没有完成老师在这篇序言里表达的深厚的期待和明确的指向。我享受到的天年超过了我的老师，但是尽管生逢盛世，但在临近谢幕之前，所能回报于世的还只有这么一点说不上什么成就的一堆不成熟的残意浅见。可以告慰于自己的也许只是我这一生并没有忘记老师的教益和亲友的抚育，能在这条学以致用的道路，一直走到现在这垂暮之年。我更高兴的是60年前所记下的我姐姐费达生所开创的“工业下乡”的实验，现在已经开花结果，并在祖国的工业现代化的事业里作出了重大的贡献。我想还是用我在《江村经济》中文版发布会上即席写下的诗句最后两句作为本文的结语：“阖卷寻旧梦，江村蚕事忙。”愿江村的乡亲们，继续不断从劳动中创造自己的光辉前途。

1996年3月25日